烟台大学黄海法学文库

共同海损法律适用研究

董水清——著

GONGTONGHAISUN
FALÜ SHIYONG YANJIU

法律出版社
LAW PRESS·CHINA
——北京——

图书在版编目（CIP）数据

共同海损法律适用研究 / 董水清著. -- 北京 ：法律出版社, 2025. --（烟台大学黄海法学文库）.

ISBN 978 - 7 - 5244 - 0729 - 4

Ⅰ. D996.1

中国国家版本馆 CIP 数据核字第 2025SE4055 号

共同海损法律适用研究
GONGTONGHAISUN FALÜ SHIYONG YANJIU

董水清 著

策划编辑 陈　睿
责任编辑 陈　睿
装帧设计 汪奇峰

出版发行 法律出版社
编辑统筹 法律出版社
责任校对 晁明慧
责任印制 胡晓雅
经　　销 新华书店

开本 710 毫米 × 1000 毫米　1/16
印张 15.75　**字数** 220 千
版本 2025 年 8 月第 1 版
印次 2025 年 8 月第 1 次印刷
印刷 北京建宏印刷有限公司

地址：北京市丰台区莲花池西里 7 号（100073）
网址：www.lawpress.com.cn
投稿邮箱：info@lawpress.com.cn
举报盗版邮箱：jbwq@lawpress.com.cn
销售电话：010 - 83938349
客服电话：010 - 83938350
咨询电话：010 - 63939796

书号：ISBN 978 - 7 - 5244 - 0729 - 4
定价：68.00 元

凡购买本社图书，如有印装错误，我社负责退换。电话：010 - 83938349

总　序

张卫平*

坐落于胶东半岛黄海之滨的烟台，不仅是我国的历史文化名城、最佳中国魅力城市之一，也是我国法学研究和法学教育的重镇。作为法学研究和教育的重要基地，烟台大学法学院从1984年创建以来，在法学研究和法学教育这两个方面都作出了突出的贡献。法学研究方面，在老中青三代法学家的共同努力之下，研究业绩亦令学界瞩目。尤其是在民法学研究领域，其一直处于前沿方阵之列，为我国民法学研究的一支重要力量，2016年烟台大学法学院成为中国法学会“民法典研究方阵”理事单位就是其明证。

进入21世纪20年代，齐鲁大地在政治、经济、文化各个方面进入了新的发展时期。烟台大学也迎来了新的机遇，进入了发展的高速通道。随之，烟台大学的法学事业也进入了一个崭新的发展阶段。由法律出版社推出的“烟台大学黄海法学文库”研究丛书系列正是烟台大学法学新一轮发展的表征，是烟台大学法学研究发展的必然。

“烟台大学黄海法学文库”作为一个学术展示“平台”，不仅展示了烟台大学法学工作者最新的一批法学研究成果，也体现了烟台大学法学持续发展研究的实力和潜力，必将激励和推动烟台大学法学工作者，尤其是青年教师的科研工作，不断提升其研究品质和

* 烟台大学“黄海学者”特聘教授、清华大学教授。

能力。

即将出版面世的“烟台大学黄海法学文库”丛书在其选题上，无一不是我国法学研究的前沿课题，反映了撰稿人对其相关研究领域中前沿问题把握的学术敏感性。在问题的提出、研究路径的选择、命题的概括及论证、研究方法和资料的运用等方面，均体现了著述人的心智和努力。如关涛教授的专著《我国典当法律制度研究》，通过回顾我国典当制度的发展史，结合现代民商法理论，对于典当实务中存在的难点问题进行了系统阐述和论证，并在此基础上，对于我国典当制度的完善提出了建设性意见；于海防教授等的专论《消费者在线权益综合保障机制研究》一书，面向网络消费领域，系统、深入地研究了消费者在线权益保障机制问题，对我国消费者在线权益保障制度的建构和实践提供了有益理论指导；毕潇潇副教授的研究作品《临时禁令制度研究》不仅为我国禁令制度的建构提供了域外制度建构、实践及理论样本，并结合我国的行为保全制度进行了阐述，是为我国相关领域研究的“解渴”之作；陈浩副教授的著作《网络即时通讯记录司法认定问题研究》关注了证据实践中的前沿问题——网络即时通讯记录证据，作者通过对这一问题的深入研究，以破解该类证据实践运用中的困境与难题。在此，笔者不能一一列举丛书中十余种专著的主题和意义，仅在此提示这套丛书的创新性、前沿性和发展性值得学界和实务界关注。

笔者注意到，这套丛书的作者主体以“80后”的青年教师为主，系清一色的法学博士，是烟台大学法学研究的生力军。他们的研究视野更加开阔，更善于吸收先进的理念和方法，思维更加活跃和灵动，研究更富有激情和热情，这无疑为“烟台大学黄海法学文库”的创新性、前沿性和发展性提供了最充分的保障。

烟台大学是我国大学中与大海“最亲密接触”的大学。在校园内，人们就能深深地呼吸到大海的气息，看到浪花的跳跃。因此，我有理由相信，烟台大学法律人也自然具有大海的胸襟和气魄，也敢于在法学研究的“大海”中搏击，在风浪中探索前行，成为我国法学研究新时代的“冲浪者”“弄潮儿”。

“烟台大学黄海法学文库”的推出，正是烟台大学法学在前行中打出的“旗语”！烟台大学法学也将在法学研究的“航程”中不断前行，高歌猛进！

笔者作为烟台大学“黄海学者”特聘教授，受法学院之托，为此书作总序，于我无疑是一件极大的幸事和荣誉，也是一种责任。

2022 年 3 月 11 日于清华园

序　言

作为海事领域最为古老的制度之一，共同海损制度承载着人类于海洋之上探索及拼搏的历史记忆。这一制度与航海相伴而生，在漫长的历史进程中历经了无数次的实践检验与发展变革。这一制度恰似一颗璀璨明珠，在海商法的浩瀚星空中散发着独特光芒。

在国际私法体系里，海事国际私法作为重要分支，为解决复杂的海事法律冲突提供了理论与实践指引。其中，共同海损法律适用虽看似微小，却蕴含着巨大的能量与价值。它的核心在于当共同海损事件发生时，如何公平、合理地确定各方权利与义务，确保受损利益得到妥善的补偿，让人们有勇气、有能力、有意愿继续从事亟须冒险精神的航海活动。

之所以选择“共同海损法律适用”作为研究对象，正是源于笔者对共同海损这一古老制度的深深敬意与殷切期待。随着全球贸易的持续发展，海上运输的规模与复杂性日益增大，一旦出险，损失巨大，由此保险制度的作用日益突出，因此有人说共同海损制度正在“没落”，但是2021年3月23日震惊全球的“长赐”号货轮搁浅事件告诉我们，共同海损制度仍然在全球航运领域发挥着并将继续发挥着不可替代的作用。苏伊士运河管理局主席曾表示“长赐”号货轮搁浅造成的损失可能达10亿美元，给全球贸易带来的货物迟延交付、供应链中断、市场波动损失更是难以估量。各方“对峙”107天后，共同海损以其不可替代的制度优势，推动着各方积极解决利益冲突，最终顺利地帮助“长赐”号货轮驶离苏伊士运河，让苏伊士运河恢复了昔日的畅通与繁华。

本书致力于系统研究共同海损法律适用问题，通过比较分析国内外相关法律制度，深入探讨共同海损法律适用的基本原则、方法，并结合具体案例进行分析，旨在为解决实务难点问题提供有益的参考和建议。笔者期望通过本书研究为学术界和实务界找到共同海损法律适用问题的研究新视角，激发更多的思考与讨论，推动共同海损制度在新时代不断完善与发展。

古老的制度通常蕴含智慧的结晶，共同海损制度正是如此。笔者坚信，在广大法律学者、实务工作者以及社会各界的共同努力下，共同海损制度必将在海商法中持续绽放其强大的生命力，为构建公平、公正、高效的海上贸易秩序贡献力量。

目　　录

引　言

由于海上运输活动会受到各种自然因素的影响，相关主体所承担的风险不仅远高于陆上风险，而且往往无法预测。人类的海上活动始终伴随着各种与海上风险相联系的特殊制度，如共同海损这一海商法中古老、特殊的法律制度，至今已有约三千年的历史。

共同海损源于海上航行的船货各方遭遇共同危险时，一方为了共同利益而作出的特殊牺牲和损失。1721 年的《鹿特丹法典》确立了共同海损的准确定义："产生于为保存船舶或货物，或为防止更大和更明显的伤害而自愿所为的任何事项的所有损害，应当视作共同海损，并由船舶和货物承担。"因此，为了保护船舶和货物，或者为了防止发生更大损害而主动采取措施所造成的损害，可以作为共同海损，由船货各方分摊。本书采用共同海损广义的定义，是指解决共同海损问题所要遵循的规则或行动准则的一种损害负担法律制度，主要包括共同海损认定、共同海损理算以及共同海损分摊、追偿等内容。

共同海损具有国际性，纠纷发生时，往往涉及不同国家的不同当事人，这必然会导致法律冲突问题。如何适用法律是审判案件要解决的首要问题之一，然而，国内外法学界对于共同海损法律适用问题并没有给予足够的重视，有关理论研究甚少，有关法律规定也并不完善。中国现已成为世界上主要的海运国家之一，在海上运输过程中，涉及共同海损的案件不在少数，所以明确该类案件的法律适用规则，无论是对我国涉外商事海事审判还是对海洋运输业的发展，都具有重要的现实意义。

《海商法》是我国主要的海事法律规范，也是我国与国际接轨程度最高的法律。但是，《海商法》中有关共同海损及其法律适用的立法规定存在以下不足：一是体系上缺乏统一性，不同法律与规则之间的规定存在冲突；二是层次上缺乏明确性，实体规则与冲突规则的适用次序规定不明。这些都是我国《海商法》需要修改的重要方面。通过对共同海损法律适用问题的研究，借鉴国际先进立法经验，可为我国相关立法提供重要参考，具有显著的立法价值。

20世纪80年代，国际海事委员会（Comité Maritime Internation，CMI）向各国海事委员会送交了海事国际私法问题单，就船舶、碰撞、救助、共同海损、诉讼时效等十个方面的法律适用提出了一系列问题，要求各国回答，以便于制定可供参考的统一规则。其中就共同海损法律适用问题，英国、德国、日本等航运发达国家都做出了回答。遗憾的是，直至今天国际社会也没有出台有关共同海损国际私法的相关规定，这既反映了该问题的复杂性，同时也体现了其在国际社会统一法律规定的构建中的重要意义。

理论方面，笔者翻阅国内外著作论文发现，大部分文献资料是将共同海损法律适用放在海事国际私法的宏观框架下进行研究，对该具体内容并未展开论述，更没有进行深入的探讨。实证方面，我国有关共同海损的案件并不在少数，但真正分析共同海损法律适用的案例几乎没有，这说明我国还没有足够重视该问题。立法方面，有关共同海损法律适用的规定比较单一、不全面，相关条款之间、法律和规则之间也存在着或多或少的差异和冲突。当遇到法律选择问题时，如果没有适用合理的法律选择规则，将有违共同海损制度公平的初衷。因此，对共同海损法律适用规则进行研究，具有不可估量的理论价值。

正是由于共同海损法律适用论题的重要现实意义及相关理论研究的匮乏，使得探讨共同海损法律适用问题成为一个具有重要意义的课题。笔者试图通过对这一论题的研究，总结统一的解决共同海损法律冲突的冲突法和统一法的理论，提出完善我国相关立法和规则的建议，以明确无论在哪里提起诉讼，都适用统一的、可适用的准据法，从而更有效地解决纠纷，更好地实现当事人的期待利益。

第一章　共同海损法律冲突

共同海损是一项古老而公平的海事救济措施，一直被视为最古老的航海惯例之一而得到普遍遵循，为近现代各国的海上立法所公认。由于海上环境的特殊和恶劣，自然灾害或意外事故往往给船东和货主造成巨大的损失。如果所有的损失全部由承运人或货主单独承担，则势必给受损失方带来沉重甚至灾难性的经济打击，制约其从事海上货物运输的积极性，从而影响海上运输事业的长远发展。共同海损正是基于这种海上风险的特殊性，针对船舶在载货航行期间发生的损失进行分摊的法律制度，其目的在于平摊风险与损失，以保护航海运输。这一制度不仅对各利益方至关重要，而且对保障海上货物运输的顺利进行及推动航运业的发展也起到了重要的作用。

共同海损是一项复杂的制度，发生事故，船货就要进行估价、提供保证金和指定专人理算，进行分摊和补偿。船舶所载运的货物通常属于不同国家的货主，案件审理的法院或仲裁机构可能在不同的国家和地区，所以在共同海损领域内发生的争议，经常涉及法律冲突问题。如今，各国的冲突规则在不断完善，国际统一规则也取得了显著进展，但有关共同海损的法律冲突问题仍然存在，原因是什么？冲突又是如何体现的？这些都是解决共同海损法律冲突必须首先明确的问题，本章将逐一进行分析论述。

第一节　共同海损法律冲突的原因

冲突法上所讲的法律冲突即国际民商事法律冲突，是指在涉外民商事法律关系中，与特定案件有联系的两个或两个以上国家的法律体系，因内容不一致而竞相要求被适用于涉外民商事法律关系的现象。由上述定义可以推出，共同海损法律冲突，就是与特定共同海损案件有联系的两个或两个以上国家或地区的不同法律竞相要求被适用于该共同海损法律关系的社会现象。英美学者常常把法律冲突问题称为法律选择问题，他们认为，法律冲突就是法律选择上的矛盾，这种矛盾就是法官应该选择哪一个国家的法律对案件进行实体审理的问题，法律冲突的存在是法律适用的前提。

从国际私法角度而言，国际民商事法律冲突是下列条件相互作用的结果：第一，内国赋予外国人民事权利，这是国际民商事法律冲突产生的重要前提；第二，各国的立法规定有差异，这是国际民商事法律冲突产生的根本原因；第三，内国在一定条件下承认外国法的域外效力，这是产生国际民商事法律冲突的直接原因。赋予外国人民事权利和承认外国法的域外效力，在国际交往高度发展的现代社会已经成为一种必然，是无法避免的。法律冲突产生的根本原因在于法律规定的差异，这种差异如今已经不仅表现在各国国内法的不同，还体现在国际统一法律规范之间的差异。当一项共同海损事故发生时，究竟适用何种法律或规则是各国不同利益方长期以来争论不休的问题。

共同海损即使不是最古老的航运法律，起码也是有关航运的最初的法律之一。其法律规定承袭了海商法律规范全面、完整的特性：既有国际规范，又有国内规范；既有实体规范，又有冲突规范；既有成文法，又有习惯法，还有判例法。笔者将从国内立法、国际立法和国际惯例三个维度探寻共同海损法律冲突产生的原因。

一、国内立法的差异导致共同海损法律冲突

在一个国家体系中，法律属于上层建筑，制定法律必须以本国的经济发展状况和国家的基本国情为基础。由于经济发展、国情和文化各有不同，各国的法律规定必然存在差异。这种差异主要表现在实体法、冲突法和程序法三个方面。国际社会普遍承认国家有权根据自己的程序法

审理案件，这是国家主权利益的一种体现，所以程序法的适用一般不会产生法律冲突问题，实践中法律冲突主要体现在实体法和冲突法两个方面。

（一）各国实体规范的冲突

共同海损产生之初是不存在法律冲突的，因为至少到16世纪末，欧洲各国海事法在一定程度上是相同的。早在中世纪，世界航运业以地中海为中心发展起来，共同海损随之也作为一种习惯而产生，接着便出现了对现代海商法产生重要影响的三大法典——《奥列隆惯例集》①、《海事裁判例》② 和《维斯比海法》③。这些法典的最大特点是没有或几乎没有受到内陆国家法律的影响，统一程度很高，因而也就不存在什么法律冲突，法院在审理多国或多区域的海事纠纷时，可以直接适用上述法律，而不需要做出法律选择。对此，格雷夫森（Graveson）曾论述："在海事法方面不存在法律冲突，因为，在争议中适用商人习惯法，那是唯一的法律。"④ 所以说，在国家立法者通过立法介入海上贸易这一社会关系之前，海事法律的统一程度是最高的，也可以说是真正统一的。

但自19世纪以来，随着航海贸易交往逐渐频繁，航运业获得了

① 《奥列隆惯例集》(Lex Oleron)，收集了12世纪法国西海岸奥列隆市国际海事审判庭的判决书和所适用的习惯法，是奥列隆岛上海事司法情况的实录。这部法律在欧洲大陆西北部、北部地区和英格兰都有重要的历史地位。参见莢振坤：《中世纪欧洲海商法研究（11至15世纪）》，华东政法大学2013年博士学位论文。《奥列隆惯例集》"The Rules of Oleron (circa 1266)", See The Rules of Oleron (circa 1266), ADMIRALTY & MARITIME LAW GUIDE, http://www.admiraltylawguide.com/documents/oleron.html.

② 《海事裁判例》也称《康索拉多海法》(Lex Consolato)，汇集了14世纪地中海西岸的海事判例，大量的海商法实体规则是这部法律中最古老和最核心的部分。尽管有不同的评价，这部法律在事实上为欧洲各国所普遍接受，对欧洲的航运业有很大影响。参见莢振坤：《中世纪欧洲海商法研究（11至15世纪）》，华东政法大学2013年博士学位论文。

③ 《维斯比海法》(Law of Visby)，形成于15世纪下半叶，在瑞典果特兰维斯比城编纂而成，流行于当时的波罗的海和北海沿岸，规定了船长、船员和商人的权利义务，以及共同海损、船舶碰撞等方面的内容，在中世纪海商法和近代海商法之间起到桥梁作用。参见莢振坤：《中世纪欧洲海商法研究（11至15世纪）》，华东政法大学2013年博士学位论文。

④ ［加］威廉·泰特雷：《国际冲突法：普通法、大陆法及海事法》，刘兴莉译，黄进校，法律出版社2003年版，第196页。

快速发展，各国从本国的政治、经济、文化等因素出发，在制定国内法或进行司法审判时，基于自身需要，逐步将原本具有国际统一性质的海商习惯法、判例纳入了内国法。各国纷纷制定有利于本国的海上运输法律和法规，体现对本国航运事业的保护政策。海运立法越来越国内化，统一的海事法开始受到冲击。国内海商立法的发展，在为各国从事海上货物运输活动提供法律依据的同时，也因为彼此规定的不同，致使原本高度统一的海商法在各国出现了差异，导致了法律冲突的产生，这在某种程度上又妨碍了国际航运业的发展。

共同海损事故是在海上运输过程中随机发生的，由于海上运输具有极强涉外性，一起共同海损事故往往牵扯到多方当事人的利益，涉及多个国家和地区，如航次终止地国、理算地国、船方营业地国、货方营业地国、船旗国、法院地国等。当今社会，各国主权平等，立法独立，从自身利益出发制定的法律在本质上必然存在差异，一起共同海损案件，很可能几个国家的法律规定都对其适用，内容上的差异和相互之间的冲突在所难免。①

共同海损争议依不同国家的法律处理的结果也不尽相同，有些甚至完全相反。例如，对于共同海损的定义，英国在《1906 年海上保险法》中的规定是："共同海损损失是共同海损行为所造成的或者是共同海损行为的直接后果，它包括共同海损费用和共同海损牺牲。"② 上述定义中的"共同海损行为"是指"在危险发生时，为保护同一航程中处于危险的财产，有意而合理地做出或产生任何特殊牺牲或费用的行为"③。美国以判例的形式确定了共同海损的定义，在"Star of Hope"案中，

---

① 参见肖永平：《法理学视野下的冲突法》，高等教育出版社 2008 年版，第 3 页。

② 英国《1906 年海上保险法》（Maritime Insurance Act，1906）第 66 条第 1 款：A general average loss is a loss caused by or directly consequential on a general average act. It includes a general average expenditure and a general average sacrifice.

③ 英国《1906 年海上保险法》（Maritime Insurance Act，1906）第 66 条第 2 款：There is a general average act where any extraordinary sacrifice or expenditure is voluntarily and reasonably made or incurred in time of peril for the purpose of preserving the property imperiled in the common adventure.

其表述是："共同海损分摊就是由航程中的各有关方进行分摊，以补偿其中某一方为了挽救船上的财产和生命，使其脱离紧迫的危险，有意做出船舶或者货物的部分牺牲而遭受的损失；或者补偿某一方或者几方为了船上各有关方的共同利益而必须支付的额外费用。"① 根据英国的定义，属于共同海损范围的牺牲和费用必须在共同危险"发生时"产生，在危险产生之前和之后所发生的损失都不得列入共同海损的范围内；而美国的定义并不强调共同海损行为发生的时间点，只要是为了"共同利益"而发生的费用，哪怕是危险已经解除的情况下，都可以列入共同海损损失的范围，范围明显大于英国的定义。英国主张将共同海损行为的时间点界定在"危险发生时"，强调"共同危险"的前提，这样便缩小了共同海损的范围，有利于货主利益的保护，英国也因此被认为是"共同安全"派的代表者。如果严格按照"危险发生时"的时间点来界定，那后续在避难港修理船舶所要支出的船员工资、货物装卸费等损失将无法列入共同海损范围，这对因为采取了共同海损行为而造成船舶损失的船方明显不利。美国认为这不符合共同海损的公平原则，主张扩大共同海损损失的范围。与英国严格以"共同安全"为基础的定义相比，美国的定义似乎更侧重于对各方利益的维护，因此美国被认为是"共同利益"派的代表。② 由此，基于理论基础的差异和利益视角的不同，不同国家对共同海损的定义和范围作出了或多或少的差异性规定。

发生共同海损争议时，运用不同国家的实体法来调整当事人之间的

---

① "General Average Contribution" is a contribution by all the parties in a sea adventure to make good the loss sustained by one of their number on account of sacrifices voluntarily made of part of the ship or cargo to save the residue and the lives of those on board from an impending peril, or for extraordinary expenses necessarily incurred by one or more of the parties for the general benefit of all the interests embarked in the enterprise. See The "Star of Hope", 76 U. S. 203, 1869 WL 11539 (U. S. Cal.), 2004 A. M. C. 1198, 19 L. Ed. 638, 9 Wall. 203.

② "共同安全"和"共同利益"的区分只是相对而言，"共同安全"并不是摒弃共同利益的要求，"共同利益"也并不是偏离共同安全的前提，因为无论是"共同安全"还是"共同利益"都是"共同海损"这一定义本质的要求。

民事权利义务，会给各当事方带来不同甚至截然相反的结果[①]，所以不同国家实体法的差异是共同海损法律冲突产生的原因之一。

（二）各国冲突规范的冲突

各国海事实体法的差异，导致了法律冲突，运用哪国法律来解决法律冲突，则成为冲突法所要解决的问题。各国立法者为解决法律适用的冲突给航运业带来的不便，又制定了冲突法规范，试图解决实体法不同而导致的法律适用冲突。各国立法者以本国实际情况为出发点，在不同利益驱动下制定的国内海事冲突法非但没有避免冲突现象，反而产生了一种新的冲突——各国冲突法的冲突，结果使本来主观上认为可以走向统一的各国海商法，却在客观上出现了差异。

虽然各国冲突规范间存在的差异在一般的涉外民商事关系中也存在，但它总是和特定的系属公式相联系，一般通过空间的连接点来确定准据法，如“不动产适用不动产所在地法”。而在共同海损国际私法中，许多具体问题并没有一个比较稳定的公式，各个国家的规定相对比较细腻。同时，共同海损是在各国海上货物运输过程中偶然出现的，具有从属性，因此其相关法律适用的规定也与各国海上货物运输法律制度有着千丝万缕的关系。另外，海上货物运输风险大，几乎所有的船方和货方都对财物投了保险，所以共同海损制度与海上保险制度也有着密切的关系。[②] 这就导致共同海损涉及的法律关系复杂，利益主体众多，因而可采用的连接点种类多，可适用的冲突规则也越发复杂，详见表 1。

---

① 比如，“船舶驶离避难港的费用是否可以作为共同海损处理”的问题，依照英国观点，根据共同海损定义中的“共同安全”要求，该费用不应列入共同海损；依照美国观点，共同海损费用应扩展至船舶安全续航获得保证时为止，该费用属于共同海损范围内。

② 有学者认为共同海损是海上保险的萌芽，参见李玉泉：《保险法》（第 2 版），法律出版社 2003 年版，第 26 页。

表1　各国关于共同海损的冲突规范

国家	来源	共同海损的冲突规范
英国	学说/判例	在没有选择法律的情况下，适用航程终止地法，即(1)如果航程按计划结束，则适用最终目的港法；(2)如果航程未按计划结束，则适用航程中止、船货分离地的法律
意大利	《意大利航海法典》第11条	应适用船旗国法。关于共同海损的理算可适用法院地法，但该理算至少应具备仲裁性质
德国		有关共同海损事宜适用共同海损理算地国法
阿根廷	《阿根廷航海法》第607条	船旗国法确定共同海损成立与否及其手续和分摊义务。理算地国的法律适用于理算
捷克	—	共同海损适用理算地的法律
澳大利亚	—	如果有共同海损协议书或共同海损合同，法院将尊重合同各方所选择的法律，除非违背公共政策。如果没有共同海损协议书或共同海损合同，则适用与该合同及其履行最真实和最重要联系的国家的法律，很可能适用法院地法，除非可以确定一种准据法。准据法很可能是船旗国法
新西兰	—	同澳大利亚的规定
保加利亚	《保加利亚海商法典》第16条	适用航程终止港所在地法或适用相同国籍方国家的法律
日本	学说/法例	主张共同海损是不当得利，或完全基于正义、衡平观念的公益制度的法律关系说，系多数说。根据该说及法例，在领海内发生共同海损的场合，应依该国的法律。在公海上发生共同海损时，则依该船舶的船旗国法。 契约准据法说认为，契约当事人可以指定共同海损的准据法，明示指定或可以推定当事人意思的场合，依日本法；除此以外都作为没有指定准据法的场合处理，即在领海内发生共同海损时依照该国的法律，在公海上发生时依照该船舶的船旗国法。 航次终止地法说认为，共同海损发生的，无论是在领海内还是在公海上，都依航次终止地法

注：国际海事委员会为研究统一海事国际私法问题，于1983年8月31日向各国海商法协会发了一份海事国际私法问题单，该问题单的第八个问题是关于共同海损的法律适用问题，书中所引用系各个国家海商法协会的答复，关于该问题单全文的详细内容参见侯军、侯广燕编著：《当代海事法律适用法学》，世界图书出版公司1998年版，第553～665页。

各国海事国际私法中冲突规范的冲突性差别大，与一般的涉外民商事法律冲突相比较，其冲突法的差异体现得更加突出，这是共同海损法律冲突产生的又一个重要原因。

二、国际条约的差异导致共同海损法律冲突

海事法是各个法律部门中最具国际性的法律体系，“最糟的海事法受制于某一民族的独特利益或者伦理道德的影响”[①]，海事法也因此成为国际上统一化程度最高的法律。从事海上运输的船舶处于不断的位移中，具有广泛的涉外因素，在适用法律调整有关船舶的涉外海事法律关系时，不可避免地会产生法律适用冲突。解决这种法律冲突，仅靠各国制定的冲突法规则已经不能符合日益发展的海事法律关系的需要，必须运用统一海事实体法和统一海事冲突法来避免、减少和解决国际海事法律冲突问题。相比较于冲突法的解决方法，适用统一法解决海事争议更加直接、明确，利于案件的快速了结，符合国际社会法律趋同化的发展趋势。[②]

条约，某些时候也称为公约，是至少两个国际法主体意在原则上按照国际法产生、改变或废止相互间权利义务的意思表示的一致。[③] 虽然海事国际私法领域尚没有专门的共同海损国际条约，但是在某些非共同海损条约中仍有关于该制度的规定。同时，由于共同海损与海上货物运输制度有着千丝万缕的关系，规范海上货物运输的国际条约有时也会直接或间接地影响到共同海损的法律适用，因此在解决共同海损的法律适用问题时，约束海上货物运输制度的国际条约不容忽视。[④]

同国内立法相似，国际条约也包括规范实体权利义务的统一实体法

---

① René David, *The International Unification of Private Law*, Koninklijke Brill NV, 1975, p. 150 – 151.

② 参见王国华：《海事国际私法研究》，法律出版社 1999 年版，第 34 页。

③ 参见李浩培：《条约法概论》（第 2 版），法律出版社 2003 年版，第 3 页。

④ 如《海牙规则》第 5 条第 2 款规定：本公约中的任何规定，都不得妨碍在提单中加注有关共同海损的任何合法条款。《汉堡规则》第 24 条第 1 款规定：本公约中的任何规定，都不得妨碍海上运输契约或国内法中关于共同海损理算的规则的适用。

条约和有关海事法律选择方面的统一冲突法条约，只不过这是国家间缔结的法律规范，而非如国内立法般由主权国家的立法机关制定。海事国际私法的统一化同样涉及实体法和冲突法两个领域。统一实体法条约对于缔约国具有优先于国内法的效力，可以避免法律冲突的产生；统一冲突法条约有利于减少挑选法院现象，求得审判结果的一致，是海事国际私法发展的一大趋势。但是，随着国际海事条约数量的增加，每个条约的缔约国并不一样，加之条约本身所特有的局限性，导致在条约的适用上也会出现冲突。所以，现阶段条约的存在只是在某种程度上减少了法律冲突，但无法从根本上避免和消除法律冲突。

（一）国际实体法条约的冲突

随着国际海上贸易运输统一化运动的开展，国际统一实体法也在一定程度上分担了解决法律冲突的任务。国际统一实体法，又称国际统一实体私法，是调整平等主体之间的国际民商事法律关系的统一实体法律规范的总和。[①] 在公约缔结的范围内，各缔约国必须遵守公约的实体法规范，从而避免法律冲突，以实现缔结国际公约统一调整某一类别的国际民商事法律关系的目的。但是，适用国际统一实体法绝不意味着国际统一实体法就能取代冲突法，因为完全统一海事实体法将是一个艰难而漫长的过程，现阶段的国际统一实体法本身存在着很大的局限性，显著制约着国际公约对海事法律冲突的解决。

1. 条约实体内容的差异导致法律冲突

海上货物运输中产生的涉外关系的复杂多样性，是任何其他领域所不能比拟的。比如：一艘船内装载几百票货而分别运送不同的国家，要停靠数个不同国家的港口；与海上货物运输有关的当事人包括托运人、承运人、提单持有人、船货保险人等。充满风险的海上货物运输可能在不同海域发生海损事故，由此产生的海损理算与分摊等问题，都必然涉及两个以上国家的海事海商法律适用。不同国家海上货物运输法律不统一的现状导致了大量法律冲突的产生，为了调和不同国家的国内法差异

---

① 参见黄进主编：《国际私法》，法律出版社 1999 年版，第 517 页。

导致的实体法适用冲突，国际社会试图通过制定统一的国际条约来避免各国法律适用冲突，以实现各国统一海上货物运输法律的愿望。但是，由于国际条约的制定主体仍然是代表不同利益的主权国家，在公约的制定过程中，各国仍然是以本国的利益为基础，航运业发达的国家及一些代表船东的国际组织如英国、荷兰、波兰的国际航运公会和国际船东保险协会集团等，立场鲜明地表现为保护船方的利益，积极主张将对承运人实行航海过失免责制度的1924年《统一提单的若干法律规则的国际公约》（以下简称《海牙规则》）和1968年《布鲁塞尔有关修改1924年8月25日在布鲁塞尔签订的统一提单的若干法律规则的国际公约的议定书》（以下简称《海牙—维斯比规则》）作为国际统一施行的海事法条约。而航运业尚不发达的内陆国家和发达国家中代表货主利益的国家如美国、加拿大、法国和澳大利亚等，则竭力为货方提供积极的法律保护，主张废除实行航行过失免责制度的1978年《联合国海上货物运输公约》（以下简称《汉堡规则》）。折中观点则主张在《海牙—维斯比规则》和《汉堡规则》中间寻找新的国际海上货物运输法律的统一，即船货双方的基本权利和义务以《海牙—维斯比规则》为基础，同时吸收《汉堡规则》中合理、成熟的内容以弥补《海牙—维斯比规则》中陈旧、不合理的内容，代表国家有中国和斯堪的纳维亚国家等。①

由于《海牙规则》《海牙—维斯比规则》《汉堡规则》对承运人和托运人双方的权利、义务的规定存在着差异，有些规定甚至大相径庭，因此，国际层面上的海上货物运输法的完全统一尚未达成。尽管政府和非政府的海商法团体进行了大量努力，但要寻求一种为大多数国家、船舶所有人、托运人及其各自保险人都接受的体制仍然是很难的。同时，各国对三个公约的适用情况也存在差异，有的是全面采用，有的是部分采用。上述情况使得实体法条约因内容差异和缔约国、加入国不同，给承运人和托运人带来法律适用的混乱以及不可避免的法律冲突。

航行过失责任制度的存废，对于共同海损分摊与追偿有着重要的影

① 参见屈广清主编：《海事国际私法新编》，法律出版社2005年版，第198页。

响。虽然国际上还没有直接规范共同海损的国际实体法公约，但是由于共同海损与海上货物运输具有天然密切的牵连关系，制约后者的国际海事公约不仅在实体方面直接制约着共同海损制度中当事方的具体权利义务，[①] 而且由于《海牙规则》《海牙—维斯比规则》《汉堡规则》的强制性，也同时间接制约着共同海损当事人的法律选择，即违反公约强制性规定的法律选择是无效的。[②] 因此，在共同海损冲突法领域也必须重视公约的作用，实体法公约内容不一致导致的法律冲突在共同海损领域也客观存在。

2. 条约适用范围的不同导致法律冲突

在世界范围内，运用统一实体法解决相关的法律冲突问题，是有关国际组织和主权国家制定统一实体法的目的之所在，因此，统一国际实体法条约是现代冲突法的法律体系中的重要组成部分。由于它的内容直接涉及条约当事人的权利和义务，可以调和不同国家乃至法系的有关法律规定的差别，因此，它在具体实践中的适用确实起到了预防和减少法律冲突的作用。但是，国际公约往往是各参加国妥协的产物，不可能对所有方面做出详细、明确的规定，涉及的法律范围相对较窄，对于没有国际公约规定的领域，还是要依赖于规定各异的各国海事法律，法律冲突仍在所难免。因而，国际条约的适用并不能完全取代国内冲突法的地位。同时，《维也纳条约法公约》规定，非缔约国不受有关国际条约的约束。[③] 即使是公约的缔约国也可以根据公约的规定做出保留，并根据本国实际情况做出不同于公约内容的国内法规定，这样公约的缔约国也并不完全适用公约的有关规定。再者，由于彼此法律传统不同，文化和

---

① 如《海牙规则》第 5 条规定：承运人可以自由地全部或部分放弃本公约中所规定的他的权利和豁免，或增加他所应承担的任何一项责任和义务。根据该条规定，承运人无权要求减少其所承担的义务，如果在提单条款中约定承运人可以不承担共同海损分摊义务，这是对承运人义务的减少，违反了《海牙规则》的规定，这种条款是无效的。

② 比如，赞比亚是《汉堡规则》的加入国，装货港位于该国的提单应适用《汉堡规则》，如果在提单的共同海损条款中约定适用英国法律，则共同海损条款的约定无效，因为根据英国法，承运人的可免责过失与《汉堡规则》的相关内容有冲突。

③ 参见《维也纳条约法公约》第 34 条：条约非经第三国同意，不为该国创设义务或权利。

语言存在差异，加之并存的涉及相同问题的国际公约的有关规定也不完全相同，各国对公约条款的解释会出现不一致，有时甚至存在对公约的误解，或是不适当的解释或释义，这种解释上的差异又产生了新的法律冲突。这些都极大地限制了国际公约在解决海事法律冲突方面的作用。而且，由于目前统一国际实体法的适用主要是通过当事人的主动选择或作为冲突规则所指向的国内法律不足以解决问题时的补充而体现出来的，多种国际条约并存的局面使这一领域的法律冲突显得更加错综复杂，因此，希望通过统一国际实体法来彻底消除或避免所有的法律冲突，这在很长一个时期内只能是一种有待于逐渐实现的法律理想。①

条约的相对统一性确实有助于一定范围内法律冲突的解决，但随着条约数量的增加，又出现了在同一领域多个条约并存的局面。比如，现阶段调整国际海上货物运输主要有三个国际公约，即1924年《海牙规则》、1968年《海牙—维斯比规则》和1978年《汉堡规则》，借助这些国际公约的强制性，确实解决了一些围绕提单而产生的法律冲突问题。但是，1924年《海牙规则》和1968年《海牙—维斯比规则》只适用于出口货物运输，而1978年《汉堡规则》既适用于进口货物运输，也适用于出口货物运输，这样如果运输当事人不属于同一海上货物运输国际公约的成员国，就可能因为国际公约适用范围的不同而产生法律适用冲突。②

尽管缔结国际公约是消除法律冲突最彻底、最理想的方法，但缔结统一共同海损国际条约的愿望很难实现。首先，并不是所有的海事领域都存在相应的国际公约；③ 其次，并不是所有的国家都加入了有关的国际公约；最后，即使同一公约的缔约国也并非全部接受公约的所有条款。历史和现实已经明确地告诉我们，通过缔结国际公约来消除共同海

---

① 参见傅静坤：《契约冲突法论》，法律出版社1999年版，第174页。

② 比如，甲国是《海牙规则》的缔约国，乙国是《汉堡规则》的缔约国，货物由甲国运往乙国，提单在甲国签发，根据《海牙规则》应适用《海牙规则》的规定；但是根据《汉堡规则》，卸货港位于乙国的提单应适用《汉堡规则》的规定，这样就产生了法律冲突。

③ 参见王国华：《海事国际私法专题研究》，辽宁大学出版社2012年版，第110页。

损法律冲突并不是一件容易的事情，至少到现在为止未能取得令人满意的实质性进展，我们甚至可以预言，通过缔结国际公约来消除共同海损的法律冲突在今后相当长的一段时间内仍很难实现。但大量的海事国际条约的存在及发展充分表明各国对减少海事法律冲突的要求和愿望，海事实体法的统一仍是海事国际私法的发展趋势。①

（二）国际冲突法条约的冲突

虽然现代统一国际实体法可以在某些领域内减少法律冲突，但是，这些法律无论是在数量上还是在适用范围上都有相当的局限性，并且它们的适用通常需要经过冲突规则的首先适用才能实现。因此，总的来说，现阶段有关共同海损的法律冲突仍然主要靠传统的冲突规则来解决。

受国家主权观念的影响，各国的冲突法在规则上有所不同。同一法律问题在不同国家的诉讼中对案件定性和适用的冲突规范不同，所指向的准据法也可能不同，适用不同的准据法所得到的结果大部分情况下也不相同。这种立法状况不但未能有效解决法律冲突，还助长了当事人择地诉讼的做法，在当事人中间容易出现“挑选法院”② 的现象，严重影响了冲突法的本来意义和正常运作。在各国利益驱动下制定的国内海事冲突法非但没有避免冲突现象，反而产生了一种新的冲突——各国冲突法的冲突。因此，统一各国的冲突法，恢复实现冲突法确定性、可预见性和一致性的价值目标，使得不论诉讼在何地进行不因诉讼地的不同而变更适用的准据法，以求得审判结果的一致，成为解决各国海事法律冲突的一个不可忽视的途径。为此，早在 1983 年，国际海事委员会就编制了一份海事国际私法问题单，把会员提供的答案作为进一步研究的基础，以期统一海事国际私法问题。可见，统一冲突法是解决国际海事法律冲突的又一途径。

统一冲突法规范的形式包括制定统一冲突规范公约和在统一实体法

---

① 参见王国华：《海事国际私法研究》，法律出版社 1999 年版，第 31 页。

② 挑选法院，即通过法律（或法院）选择的手段使有利于自身利益的法律得到适用。

公约中制定一些冲突规范两种。现阶段主要是采取第一种形式，制定统一冲突规范公约已经成为与统一实体法并行的解决各国之间法律冲突的一种有效手段。从20世纪初开始，专门处理法律冲突的国际私法条约纷纷涌现，在国际社会上先后出现了适用于美洲地区的《布斯塔曼特法典》[①]和适用于原欧洲共同体的《罗马公约》[②]等多边地区性条约。它们的出现体现了各国对于统一法律适用制度的要求，而它们在实践中的应用则可以在某种程度上和某些领域内减少因各国确定准据法的规则不同而造成的挑选法院现象，从而避免通过法律适用而造成不公，减少麻烦和经济上的损失。[③]所以，冲突法规则的统一也是国际社会努力的目标。

缔结国际条约的本来目的是避免冲突，但是随着国际条约数量的不断增多，不同的国际条约之间的规定也存在差异，这种差异已经从国际实体法条约扩展到了国际冲突法条约领域。对于国际冲突法条约而言，要达到世界范围内的统一还有很长的路要走，现阶段也只是在某些国家之间、以地域为限签订的一些地域性私法条约。例如：《1940年关于国际通商航海法的蒙得维的亚条约》（以下简称《蒙得维的亚条约》）是拉丁美洲的国际私法法典编纂运动的第一个高潮；同样是拉丁美洲国家间缔结的《布斯塔曼特法典》是迄今为止世界上包罗最广的国际私法条约；适用于原欧洲共同体的《罗马公约》（后被2008年《罗马I规则》所取代）使合同冲突法的统一达到了一个新的水平，该公约确立的一些合同冲突法原则也因此成为其他国家仿效的基础。

共同海损是重要的海事制度，关于其法律适用的规定，国际海事冲突法条约中一般都有涉及。例如，《布斯塔曼特法典》中有关共同海损的法律适用的规定是："确定单独海损，还是共同海损，以及船舶和货

---

① 《布斯塔曼特法典》又称《1928年国际私法法典》，于1928年11月25日生效。
② 《罗马公约》系《1980年欧共体关于合同性债务的法律适用的公约》的简称。
③ 参见傅静坤：《契约冲突法论》，法律出版社1999年版，第204页。

物各应承担的共同海损分摊比例，适用船旗国法。”① 对于共同海损的法律适用，该公约采取了单一连接点的做法，有关共同海损的各种法律关系都统一适用船旗国法。而在《蒙得维的亚条约》中，有关共同海损的法律适用采取了分割法，依据不同的共同海损法律关系采取了多个冲突法规则。该法第 15 条规定：“海损的性质，适用船旗国法。”第 16 条第 1 款规定：“船舶的单独海损，适用该船籍国法；船载货物的单独海损，适用租船合同或货物运输合同可适用的法律。”第 17 条规定：“共同海损，适用共同海损理算或分摊所在港口国家现行的法律；有关共同海损行为的构成条件和表现形式，则属例外，仍然适用船旗国法。”《罗马公约》关于共同海损的法律适用仅做了原则性的规定。其第 3 条第 1 款规定：“合同应适用当事人各方选择的法律。”未依第 3 条做出选择的，应根据第 4 条第 1 款的规定，适用与合同有最密切联系国家的法律。第 4 条第 4 款则具体到货物运输合同的法律适用规定：“对于货物运输合同，如果在合同订立时，承运人设有主要营业地的国家，同时也是装货地或卸货地或托运人主要营业地所在的国家，应推定合同与该国有最密切联系。”②

统一冲突法条约的制定并未消除法律冲突，原因主要有以下几点：

第一，各国遵循“国际公约优先适用”的国际法义务的前提是该国加入了公约。由于每个公约的缔约国是不一样的，这样加入不同公约的缔约国在适用国际公约时又会产生冲突。

第二，由于冲突法本身的主权性观念明显地要超过实体法，所以各国立法机关在制定本国冲突规则时更多考虑的是本国的主权利益，寄望冲突法获得国际性统一的“理想”还很遥远。目前，世界范围内统一

---

① 韩德培、李双元主编：《国际私法教学参考资料选编》（上册），武汉大学出版社 1991 年版，第 417～420 页。

② 《罗马公约》于 2008 年被《罗马 I 规则》取代，但是关于合同法律适用的原则并未改变：合同适用双方当事人所选择的法律（第 3 条第 1 款）；当事人未依第 3 条进行法律选择，货物运输合同的准据法是承运人惯常居所地国家的法律，但以装载地或交货地或发货人的惯常居所也位于该国为条件；如这些条件未获满足，则适用双方当事人所约定的交货地国家的法律。

的国际冲突法条约几乎没有。即便是已经缔结的区域性冲突法条约，也会因为每个国际区域的利益的差异而使得制定的区域性条约之间产生冲突，国内冲突法冲突“升级”到区域冲突法冲突，在世界范围内又会出现新的区域性冲突法条约冲突。

第三，由于冲突规范是一种间接调整方法，经过统一冲突规范所指引的法律仍然只是各国的国内法，而该国国内法在制定时显然主要考虑本国的利益和政策，有可能根据冲突规范最初指引的法律和法院最终确定当事人间权利义务的法律不相一致，所以这种统一冲突法并不一定能公正地解决国际民商事法律关系问题。因此，统一冲突法活动的作用和统一冲突规范的效力大打折扣。同时，由于冲突法公约的目的是统一当事人选择准据法的规则，而不是对当事人的实体权利义务的规定，当事人对其选择缺少实质性意义，参加的国家比较少，所以关于冲突法公约更多的是它的示范性与指导性作用。

可见，统一冲突法也是缔约各国“求大同存小异”的结果，无法有效地发挥预想的功能，很多时候，缔约各国为缔结统一冲突法公约而付出的努力被这些“小异”一点点蚕食。①

人们一致认为，国际性极强的海事法领域的法律统一程度较高，但即使在海事法领域，法律的国际统一也是渐进的，显现出强烈的艰难性。② 正如法国学者勒内·罗迪埃尔所言，“不能梦想全世界法律的普遍统一”③，只可能在某些专门方面实现一定程度的统一。正因为如此，世界范围内的法律冲突不是短时间内可以消除的，现阶段我们要做的就是如何减少这种冲突和这种冲突所带来的影响。

三、国际海事惯例的差异导致共同海损法律冲突

国际海事惯例，也称国际航运惯例，通常是指在国际航运中经过

---

① 参见汤立鑫：《论国际代理制度法律冲突的解决》，大连海事大学 2002 年硕士学位论文。

② 参见屈广清主编：《海事国际私法新编》，法律出版社 2005 年版，第 12 页。

③ ［法］勒内·罗迪埃尔：《论国际社会法律统一的进展》，陈春龙摘译，载《法学译丛》1985 年第 1 期，第 7 页。

长期反复实践逐渐形成的、为大多数航运国家所接受的具有法律拘束力的行为规则,[①] 其可以弥补国际公约及有关国内法规定的不足。《约克—安特卫普规则》(以下简称《约安规则》)作为国际海事惯例，系统地体现了国际航运过程中处理共同海损的惯例性做法，在一定程度上促进了共同海损有关内容的统一，迄今已为大多数航运国家所接受，受到提单和租船合同当事人的广泛采用，在促进各国共同海损法律统一、减少法律冲突方面发挥了重要的实践作用。

作为海事惯例,《约安规则》对共同海损法律适用的统一产生了重要的促进作用，但是它无法从根本上消除和解决共同海损法律冲突问题。这既有规则本身的因素，也有各国社会客观的原因。

(一) 规则本身因素

1. 就性质而言,《约安规则》并非政府间国际条约，而是任意性国际惯例，不具有法律约束力，只有经过当事人选择方能适用；在当事人未约定采用《约安规则》的场合，仍需适用有关国家海商法中关于共同海损的规定。规则本身的“被动适用性”决定了它的适用具有偶然性，期望通过《约安规则》来彻底避免或消除法律冲突是很难实现的。

2. 就内容而言,《约安规则》是各国妥协的结果，还远没有达到完善的程度。各国从利于本国利益的角度来理解《约安规则》，在适用和解释时经常产生不一致，使得同一规则产生了不同的适用效果，这与规则本身的统一性意图相悖。

3. 就范围而言,《约安规则》只规定了涉及共同海损的部分内容，其适用范围是共同海损理算，尚未涉及共同海损的成立、分摊及追偿等问题，因而这些事项仍须采用冲突规范的解决方法。

4. 就形式而言,《约安规则》通过后历经八次修改，每次修改都反映了不同时代的特点，但是每一次新规则的出台，并没有废除旧的规则，而且每套规则可以供当事人自由选取适用。截至目前，现行有

---

① 参见王国华:《海事国际私法研究》，法律出版社 1999 年版，第 15 页。

效的《约安规则》有1864年、1877年、1890年、1924年、1950年、1974年、1994年、2004年和2016年共九个版本，它们之间是独立并行的关系，各个版本的内容或多或少地存在差异。各国出于自身利益考虑，经常选用不同的版本，这种混乱的情况，不但没有从根本上统一共同海损的理算，反而在某种程度上使理算程序变得更加复杂。

（二）社会客观因素

《约安规则》最常用的是1974年、1994年和2004年这三个版本。《1989年国际救助公约》（以下简称《1989年救助公约》）的生效使得1994年《约安规则》的作用日益突出。后来为了弥补1994年《约安规则》的缺陷，平衡船方和货方利益，2004年版本应运而生，该版本因为修订了以前版本不合时宜的内容，逐渐得到各方的广泛采用。由于海事活动与国家利益的关系尤为密切，国内法对海事领域的干预也更多，国际海事惯例在各国的适用将更多受到该国经济与政治目标的影响。[①] 这种国家干预性充分地体现在《约安规则》的修改过程中，每次修改实质上都是不同国家利益要求的体现，是不同团体之间利益的博弈。

规则之所以不断修订，客观方面是因为现实情况的不断发展，要求规则与时俱进；主观方面是因为不同利益主体地位和实力的变化要求规则不断修订以满足利益主体变化的诉求。这种要求在1974年《约安规则》的修订过程中得到了充分的体现。从客观上讲，1974年《约安规则》的修订是因为《1989年救助公约》对《1910年关于统一海上救助某些法律规定的公约》（以下简称《1910年救助公约》）作了原则性修改。由于涉及共同海损的相关规定，为了保持法律适用的一致性，需要对1974年《约安规则》进行同步修订。从主观上看，是不同团体之间利益的较量，围绕着“特别补偿是否应列入共同海损”，不

---

① 参见陈亚芹：《有关海事国际惯例的立法思考》，载罗国华主编：《中国海事审判年刊（2007）》，人民交通出版社2008年版，第45页。

同的利益方要求国际海事组织采取适当措施，尽快修订 1974 年《约安规则》。①

严格来讲，《1989 年救助公约》第 13 条第 1 款（b）项和第 14 条规定的行为，并不符合 1974 年《约安规则》规定的共同海损行为的构成要件，由上述行为产生的费用也不能列入共同海损。《1989 年救助公约》对 1974 年《约安规则》提出了修订要求，在该过程中，各国提出了不同的观点。

希腊代表团（船方）的观点是：共同海损的范围应予扩大，《1989 年救助公约》第 14 条项下的特别补偿应该归入共同海损范围。理由是特别补偿是为了鼓励救助人保护环境，无论成功与否，任何一方单独支付都是不合理的，基于公平、合理的出发点，特别补偿应该包含在共同海损的范围内，这也符合共同海损制度的本意。

阿根廷代表团（货方）的观点是：《1989 年救助公约》第 14 条项下的特别补偿不应该包含在共同海损的范围内。理由是：首先，防止或减轻环境污损的行为并不符合共同海损定义中的牺牲或损失，不应列入共同海损；其次，如果环境的污损主要是由船方引起时，要求无辜的货方为此分摊损失，是不公平的。

法国代表团的观点是：如果将《1989 年救助公约》第 13 条第 1 款（b）项支出的费用列入共同海损，将严重影响共同海损的传统制度，因此建议不仅特别补偿不应该被列入共同海损，第 13 条第 1 款（b）项的救助报酬也要从共同海损中排除出去。②

在总结各方观点的基础上，为了实现利益平衡，各利益方最终妥协，1994 年《约安规则》增加了首要规则，③ 进一步强调共同海损牺牲和费用的合理性原则，弥补了数字规则七的不足，使其与字母规则 A

---

① See Michael Kerr, *The International Convention on Salvage 1989 – How It Came to Be*, International & Comparative Law Quarterly 39, p. 545 (1990).

② 参见缪建民：《〈1974 年约克·安特卫普规则〉的修改》，载《中国海商法年刊》1990 年第 0 期。

③ 首要规则的内容是：牺牲或费用，除合理作出或支付者外，不得受到补偿。

相一致。[①] 在关于救助报酬和特别补偿能否列入共同海损的问题上，将《1989年救助公约》第13条第1款（b）项的救助报酬列入共同海损，而将第14条第4款或实质上类似规定的特别补偿排除在外，规定由船东支付。

1994年《约安规则》通过后，各方反响强烈，尤其是海上货物保险人认为1994年《约安规则》过于偏袒船东利益，会导致货物保险人经常处于不利的地位，提出根据“共同安全”原则修改1994年《约安规则》的要求。因此2004年国际海事委员会在加拿大温哥华举行的第38届大会又对1994年《约安规则》中的共同海损理算规则进行了重大修订。

可见，利益无法获得统一，矛盾冲突就无法终止，关于《约安规则》的修改也会继续下去。虽然《约安规则》作为统一实体规范在共同海损法律冲突的解决中发挥着重要的作用，但是这种作用因为不同版本的存在而大打折扣，尤其是在当事人约定不明的情况下，也就无法避免规则新旧版本的适用冲突。

共同海损法律规范的一个重要特点就是国际海事惯例占有异常突出的地位，《约安规则》几乎成为解决共同海损理算纠纷的首选规范。但即使如此，有关共同海损的国际条约和国际商事惯例等统一实体法规范远未发展到完全取代各国国内法的程度。而且，随着条约之间冲突的加剧，各国又将避免或解决法律冲突的目标转向了国内立法，毕竟“条约优先”的国际义务会削弱维护本国利益的要求。同时，对同一共同海损法律冲突的法律适用，不仅同类规范内部会存在冲突，不同的规范种类之间，如国际海事惯例、国际海事条约和国内法之间也可能发生冲突。

---

① 数字规则七规定：在船舶搁浅并有危险的情况下，如经证明确是为了共同安全，有意使机器、锅炉冒受损坏的危险而设法起浮船舶，由此造成任何机器和锅炉的损坏，应认为共同海损。而字母规则A又规定：只有在为了共同安全，使同一航程中的财产脱离危险，有意而合理地作出特殊牺牲或支付特殊费用时，才能构成共同海损行为。两条规则显然存在着抵触之处。前者强调“有意”二字，只要是有意采取的措施，即使不合理也可以作为共同海损来处理；而后者着重“合理”二字，即采取的行为须是合情合理的，有意做出的不合理的牺牲或费用不能作为共同海损，也不能由各方分摊。

实际情况是，每个国家的经济发展情况不同，每个国家又都有各自独特的利益，至少在现阶段，不同国家的立法要想获得彻底的统一是根本不可能的，共同海损领域里的法律冲突亦无法彻底避免。

第二节　共同海损法律冲突的内容

冲突法的最终任务就是要确定实体问题适用的准据法。① 确定准据法首先要对案件本身进行分析识别，区分实体问题的种类，确定适用的准据法类别。因此，确定准据法的过程离不开对实体法律关系的认识，只有对实体的法律关系有充分的识别，才能够了解适用何种法律会有何种法律后果，也才能够正确地运用有关的冲突法原则和系属公式选择应当适用的准据法。所以，提出某一种冲突法理论之前，先对实体问题进行研究是非常有必要的，冲突法自始至终都是围绕着实体问题展开的。

本书将就所涉论题的实体法律冲突进行阐述，但鉴于共同海损本身实体法律冲突内容的复杂性，本节仅选择性地就共同海损定义和范围的法律冲突、过失与分摊关系的法律冲突两个问题展开，② 分析各国关于上述两个问题是如何规定的？冲突体现在什么地方？至于冲突能否解决以及如何解决的问题，笔者将在第三章集中论述。

一、共同海损的定义和范围的法律冲突

共同海损究竟应该包括哪些内容，特别是在什么情况下造成的财产

---

① 严格来说，共同海损的法律适用包括程序问题的法律适用和实体问题的法律适用两个方面。由于各国均把程序法视为公法，认为适用本国程序法是由国家主权原则决定的；同时，由于各国的程序法都有严格的地域性，内国法院只适用内国的程序法，所以对于程序问题的法律适用，国际上通常是按照处理争议的机构所在国的法律解决，否则，得到的判决结果有可能无法得到其他国家的承认和执行。正是由于程序问题的法律适用涉及国家主权因素，所以国际上的做法相对比较一致，涉及程序问题的法律冲突几乎没有，因此，程序问题的法律适用不在本书讨论的范围内。

② 其他诸如诉讼时效的冲突，共同海损构成条件的冲突等问题留待其他场合讨论。

损失和支付的特殊费用可以列为共同海损，各国有不同的主张，也因此形成了关于共同海损不同的定义。相应地，共同海损的不同定义也界定了共同海损范围的差异。共同海损的定义和范围之间有着密切的联系，定义是在范围基础上的概括，范围是定义的外延，其中之一得到了确认，另外一个也就能够明确。关于共同海损的范围，存在“共同安全”和“共同利益”两种主张，因此，对其定义，各国立法一直没有统一的界定。

（一）“共同安全”派和“共同利益”派关于共同海损定义的规定

共同海损解决的是当船货遭遇共同危险时为了共同安全和利益而导致的部分损失和支出应该由谁支付、支付多少的问题。[①] 虽然各国有关共同海损定义和范围的规定各异，但其争论焦点集中在避难港等地发生的费用能否作为共同海损的问题上，由此形成了两大派系，即“共同安全”派和“共同利益”派。二者对于共同海损牺牲和费用的划分范围不同观点和做法，实际上反映了货物运输合同中船方和货方的不同立场，又具体体现在各国关于共同海损的定义和范围的不同规定，详见表2。

表2　不同国家关于共同海损的定义和范围的规定

国家	来源	关于共同海损的定义和范围的规定
中国	《海商法》第193条第1款	共同海损，是指在同一海上航程中，船舶、货物和其他财产遭遇共同危险，为了共同安全，有意地合理地采取措施所直接造成的特殊牺牲、支付的特殊费用
德国	《德国海商法》第700条	为了船货的共同安全，船长有意地或在其指挥下使船舶或货物或船货共同受到的一切损害，以及由此措施引起的进一步损害，包括为同样目的而发生的一切费用为共同海损
荷兰	《荷兰海商法》第699条第23款	为了保护船舶和货物并为其共同安全之目的，经必要的磋商后，视其必要有意识地造成并作为直接后果而遭受的一切灭失或损坏，以及在相同情况下发生的费用

① See N. Geoffrey Hudson, *York-Antwerp Rules, the Principles and Practice of General Average Adjustment*, Arbitration 63, p. 73 (1997).

续表

国家	来源	关于共同海损的定义和范围的规定
日本	《日本商法》第四编——海商第788条第1款	船长为避免对船舶及所载货物的共同危险，而对船舶或所载货物所做的处理，因此发生的损害及费用，为共同海损
英国	《1906年海上保险法》第66条第1款	共同海损损失是共同海损行为所造成的或者是共同海损行为的直接后果，它包括共同海损费用和共同海损牺牲
	Birkley and Others v. Presgrave 案①	为了保护船舶和货物而导致的特殊牺牲或费用所造成的损失，该损失构成共同海损且应该由全部得利者按比例分摊
俄罗斯	《俄罗斯联邦商船航运法典》第284条第1款、第2款	共同海损，是指为了共同安全或为了避免共同海上航程中的船舶、运费和船载货物等财产的风险，而有意地、合理地造成特殊牺牲、支付的特殊费用。 本条第1款所述的行为所直接造成的损失，才可计入共同海损
美国	"*Star of Hope*"案②	共同海损分摊就是由航程中的各有关方进行分摊，以补偿其中某一方为了挽救船上的财产和生命，使其脱离紧迫的危险，有意做出船舶或者货物的部分牺牲而遭受的损失；或者补偿某一方或者几方为了船上各有关方的共同利益而必须支付的额外费用
	Rebora v. British & Foreign Marine Ins. Co. 案③	共同海损是指海上航行过程中，为了避免船货遭遇全部灭失的风险而抛弃或损坏部分货物，由此所造成的损失由各受益方按照货物价值比例进行分摊的制度

根据上述关于共同海损定义和范围的规定，“共同安全”派以英国、日本为代表。英国共同海损的定义强调“直接后果”所造成的牺牲和费用，对共同海损行为的解释多少有些限制，当船舶已安全时即视

① Birkley and Others v. Presgrave, (1801) 1 East 220, 102 E. R. 86.

② The "*Star of Hope*", 76 U. S. 203, 1869 WL 11539 (U. S. Cal.), 2004 A. M. C. 1198, 19 L. Ed. 638, 9 Wall. 203.

③ Rebora v. British & Foreign Marine Ins. Co., 1932 A. M. C. 403 (N. Y., 1932).

为该行为终止;[①] 日本共同海损的定义则强调“共同安全”的要素，将通常的“船员工资”排除在分摊份额之外。[②]“共同安全”派以“共同安全”为价值取向，主张列入共同海损的项目不应随意扩展，共同海损行为以及支付的费用必须是为了解除船、货面临的共同危险而造成的直接后果，一旦船舶和货物所面临的共同危险解除，共同海损行为即告终止，其后发生的任何损失及费用，不能再列入共同海损而要求分摊。列为共同海损的牺牲和费用，应只限于发生共同危险以后至获得共同安全为止这一阶段内因采取共同海损措施而引起的各项特殊牺牲和额外费用。[③]

美国和德国为代表的“共同利益”派，认为当船舶和货物面临共同危险时，除为了解除共同危险而采取的措施所造成的损害和支付的费用可以列为共同海损外，在共同危险解除后，为使船舶能够继续安全完成其航程而支付的额外费用，同样应作为共同海损，直至船舶恢复适航条件时为止。[④]“共同利益”派将共同海损行为的后果扩展到了获得共同安全以后直至船舶安全具备继续完成航程的时刻为止，认为安全地完成航程或者实现“共同利益”才是期望的终止。[⑤] 其理由是船舶承运货物是为了将货物安全运送到目的地，如果发生共同危险，船舶需要修理，驶入避难港口后，危险并未彻底消除，只有当船舶修复、重新获得适航条件时，船舶才有可能继续履行将货物运送至目的港的义务。因此，将从船舶驶抵避难港时起至修理完毕，并完成续航准备时为止这一期间内的特殊牺牲和额外费用列为共同海损，同样是合理的。[⑥] 美国法

---

① 参见［英］Donald O'may、［英］Juliam Hill:《OMAY 海上保险——法律与保险单》，郭国汀等译，法律出版社 2002 年版，第 437 页。

② 《日本商法》第四编——海商第 792 条规定，船舶上装备的武器、船员的工资、船员及旅客的食物及衣物，不计入共同航海损失分摊的份额。

③ 参见王恩韶、许履刚:《共同海损》，大连海事大学出版社 1996 年版，第 30 ~ 31 页。

④ 参见胡正良主编:《海事法》（修订本），北京大学出版社 2012 年版，第 253 ~ 254 页。

⑤ 参见［英］Donald O'may、［英］Juliam Hill:《OMAY 海上保险——法律与保险单》，郭国汀等译，法律出版社 2002 年版，第 437 页。

⑥ 参见王恩韶、许履刚:《共同海损》，大连海事大学出版社 1996 年版，第 31 页。

院在“Star of Hope”案①的判决中，将列入共同海损范围的损失分为两大类：（1）为使整个航程免于毁灭而有意做出的船舶或者货物的部分牺牲，这与“共同安全”派主张的范围一致；（2）为了船舶、货物的共同利益而支付的额外费用。② 判决指出，无论船舶损害的性质如何，也不管该损害是不是属于船长自愿做出的牺牲，船舶在抵达修理港进行修理期间及因此而耽搁的时间内，船员的工资、给养费用都应列入共同海损。德国的定义中更是直接强调“由此措施（共同海损措施）引起的进一步损害，包括为同样目的而发生的一切费用为共同海损”，海损范围进一步扩大且限制边界规定模糊。

（二）“共同安全”派和“共同利益”派关于共同海损定义的比较分析

比较上述两派的主张，“共同利益”派扩大了共同海损的范围，认为只要是为了各方的“共同利益”而支付的费用都应列入共同海损的范围，而无论“共同危险”是否已经解除。换言之，在“共同利益”理论下，共同海损行为不仅仅是为了获得船舶、货物的“暂时”安全，还包括在获得“暂时”安全之后继续顺利完成的后续航程，只要在后续航程中为了“船货的共同利益”做出的行为都属于共同海损的范围，“完成航程”或“共同利益”均可成为共同海损行为的标的，美国法院认为共同海损的原则甚至适用于空载的船舶。③ 从这一意义上说，两种理论对于在什么时候成立共同海损行为并没有分歧，分歧之处在于共同海损行为的结果何时终止。对此，美国杰出的海事仲裁员和海商法学者马丁·P. 德特尔斯（Martin P. Detels）指出：“标志着英国共同海损法律与包括美国在内的大多数海运国家的共同海损法律之间主要区别的

---

① The “*Star of Hope*”, 76 U. S. 203, 1869 WL 11539 (U. S. Cal.), 2004 A. M. C. 1198, 19 L. Ed. 638, 9 Wall. 203.

② Losses which give a claim to “General Average” are those which arise from sacrifices of part of the ship or part of the cargo, purposely made in order to save the whole adventure from perishing, and those which arise out of extraordinary expenses incurred for the joint benefit of ship and cargo. See The “*Star of Hope*”, 76 U. S. 203, 1869 WL 11539 (U. S. Cal.), 2004 A. M. C. 1198, 19 L. Ed. 638, 9 Wall. 203.

③ 参见［英］Donald O'may、［英］Juliam Hill：《OMAY 海上保险——法律与保险单》，郭国汀等译，法律出版社 2002 年版，第 431 页。

‘共同利益’理论，是处理共同海损分摊权利何时终止的问题。”[①] 有学者因此指出：“共同海损行为之成立须有共同危险之存在，仅为共同利益所为之行为并非共同海损行为。故学说上所谓共同利益说者，并非关于共同海损行为成立之主义，而系关于共同海损损失界限之主义。”[②]

立法规定的不同，实际上是不同国家和团体利益差异的体现。持“共同安全”观点的国家的立法为了维护本国货方的利益，主张严格以“共同安全”为基础，缩小共同海损的范围，以更好地促进国际贸易流通，支持本国经济的发展。同样，坚持“共同利益”观点的国家也是为了支持本国航运业的发展，立法倾向于维护船东方的利益。所以，在各方利益需求无法统一的情况下，各国的立法差异始终存在，这是由各国经济发展结构和利益侧重不同所决定的，至少在现阶段是无法彻底消除的。基于此，在涉及共同海损纠纷的时候，选择不同国家的法律对当事人而言，权利义务就会有所差异甚至截然不同。比如，对于船舶获得共同安全后、恢复续航能力前支付的费用，适用英国法便无法列入共同海损获得分摊，而适用美国法则会得到支持，获得船货各方的分摊。所以，如何选择法律、选择什么法律，对于案件的审理结果有着至关重要的影响。

二、共同海损过失与分摊关系的法律冲突

共同海损的分摊指的是由船货受益方分摊依据自己受益价值比例应摊付的共同海损牺牲和费用。关于航海过失是否影响共同海损的分摊，一直是个有争议的问题，由此形成了“过失性质分割论”和“过失性质统一论”[③] 两种观点。“过失性质分割论”主张共同海损制度与海上

---

① ［美］L. J. 布格拉斯：《共同海损——1974年约克—安特卫普规则，美国法律和惯例》，叶伟膺、黎东发等译，中国国际贸易促进委员会法律事务部内部资料1984年版，第19页。

② 施智谋：《海商法专题研究》，台北，三民书局1992年版，第248页。

③ “过失性质统一论”有两种表现形式：一种是无论过失性质如何都无权要求分摊共同海损；另一种是无论过失性质如何都有权要求分摊共同海损。因为两种表现形式都不区分过失的性质，所以笔者统一用了“过失性质统一论”的表述形式。

货物运输法律制度之间具有密切的关系。海上货物运输法律将承运人的过失区分为不可免责过失和可免责过失。不可免责过失引发的共同海损无权要求其他方分摊损失；可免责过失在共同海损法律下也可以不作为过失论，因此，要求其他方分摊由此而引起的共同海损，也就合乎情理。① 而坚持“过失性质统一论”的学者则认为，共同海损法律制度与海上货物运输法律制度本身是相互独立的，用货物运输中的责任制度决定共同海损的责任制度是不合理的。② 上述两种观点在不同国家的立法和判例中都有所体现。③

（一）“过失性质分割论”

英国是持“过失性质分割论”观点的典型国家，即根据过失的性质来判断能否进行共同海损分摊。英国将承运人的过失与共同海损分摊之间的关系分为两种情况，一种是承运人不可免责的过失与共同海损分摊之间的关系；另一种是承运人可免责的过失与共同海损分摊之间的关系。

1. 不可免责过失无权要求分摊

在英国普通法下，船东不可免责的过失导致的共同海损，其他各受益方无须分摊共同海损损失，此时，非过失方最常用的抗辩理由是过失方造成的损失应该由其自己负责，并主张这是船舶不适航的表现。④ 承运人提供不适航的船舶引起事故而造成的共同海损，其不仅无权请求共同海损分摊，而且还有向货方赔偿损失的义务。英国历史上著名的“Aga”案有力地支持了这一观点。该案的法院判决认为：承运人在开

---

① 参见司玉琢、李志文主编：《中国海商法基本理论专题研究》，北京大学出版社 2009 年版，第 450 页。

② 参见王千华、向明华主编：《海商法》（第 2 版），中山大学出版社 2007 年版，第 220 页。

③ 在这里主要讨论的是承运人的过失，托运人的过失不存在可免责和不可免责之分，均属不可免责过失，其过失与分摊之间的关系同承运人不可免责过失与分摊之间的关系，此处不予讨论。

④ See The “*Admiral Zmajevic*”, also known as Jugoslavenska Oceanska Plovidba v. American Smelting and Refining Co. , [1983] 2 Lloyd's Rep. 86. 该案中，船方要求分摊共同海损，货方以海损事故系船方使用了遭到污染的船舶用油而导致为由拒绝分摊。

航时未谨慎处理使船舶适航，系不可免责的过失，故在这种情况下采取的故意搁浅措施不构成共同海损行为，货方无须分摊。[①] 这一判例在英国确立了船东不能免责的过失引起共同海损货方无须分摊的原则。[②] 同样，在"Evje"案[③]中，法官也认为，船东没有为船舶配备足够的燃料，在开航之初就没有尽到适航责任，他不能依据合同主张共同海损分摊。澳大利亚的观点和英国一致，认为承运人不可免责的过失导致共同海损，由此造成的损失是不能得到各受益方分摊的，这一点似乎已成为定论。[④]

2. 可免责过失不影响分摊

承运人可免责的过失，系指承运人虽然在主观上有过错并造成了损失，但根据法律或者契约，过失方对事故的发生不负责任，则不以过失论。在承运人存在航行过失免责的情况下，过失方可以请求其他各方分摊共同海损损失。在 Tempus Shipping Co. Ltd. v. Louis Dreyfus & Co. 案[⑤]中确立了这样的原则，即对于主张分摊的过失方来说，虽然他造成了损失，但是根据合同的免责条款或法定的豁免权利，其对该过失可以免责，过失方仍然有权要求分摊共同海损损失。

"过失性质分割论"认为，虽然共同海损法律制度与海上货物运输法律制度本身相互独立，但两者之间不可避免地存在着相互影响、相互作用的关系。当海上货物运输法律中规定承运人的过失属于不可免责的情况下，其要对自己的过失承担全部责任，无权要求非过失方分摊共同海损损失；但如果海上货物运输法律允许承运人可以对某些过失不负责任，意味着这些过失在共同海损下也可以不作为过失论，因而承运人有权要求其他方分摊由此而引起的共同海损损失。

---

① 参见司玉琢：《海商法专论》，中国人民大学出版社 2007 年版，第 505 页。

② 参见林均鑫：《论我国〈海商法〉对过失引起共损的规定》，载关正义主编：《海事审判实务研究》，大连海事大学出版社 2006 年版，第 207 页。

③ The "*Evje*" (No. 2), also known as EB Aaby's Rederi A/S v. Union of India, [1978] 1 Lloyd's Rep. 351.

④ See Raoul P. Colinvaus, *General Average and York Antwerp Rules*, the Law Book Co. of Australia Pty Ltd., 1975, p. 36.

⑤ Tempus Shipping Co. Ltd. v. Louis Dreyfus & Co., [1931] A. C. 726.

（二）从“过失性质统一论”到“过失性质分割论”

美国的司法实践认为，承运人不可免责的过失无权要求航程中的其他各方分摊共同海损的损失，但在处理可免责过失与共同海损分摊之间的关系上，经历了一个从不承认可分摊到承认可分摊的过程。

1. 可免责过失方无权要求分摊

在1897年的“Irrawaddy”案①中，船舶因船员疏忽而搁浅，因货物的抛弃以及船舶自身施救而发生共同海损。船方主张，根据1893年的《哈特法》②，只要船方在开航前尽到谨慎处理之责，使船处于适航状态，所有由于船长、船员、引水员在驾驶中过失所发生的货物损失，船主概不负责，所以共同海损的牺牲和费用应由大家共同按比例分担。美国联邦最高法院认为《哈特法》的规定仅限于免除过失所应负的责任，并未变更长期以来所形成的共同海损的原则，有过失的船东无权请求货方分摊共同海损的损失，最终以承运人的雇佣人有过失为由否定了共同海损的成立，并未赋予船东可以要求货方分摊共同海损的权利。换言之，承运人可以对因其受雇人员在驾驶船舶或者管理船舶方面的过失所造成的货物损害不承担赔偿责任，但他“不能指望货主分摊其损失”③，一方的过失而导致危险的发生不存在共同海损分摊问题。④ 美国以判例的形式确立了只要是承运人存在过失，不论这种过失的性质如何，都无权要求分摊共同海损损失的原则。

---

① The “*Irrawaddy*”, also known as Flint v. Christall, 171 U. S. 187, 18 S. Ct. 831 U. S. 1, 898, 2004 A. M. C. 1804, 43 L. Ed. 130.

② 《哈特法》(Harter Act) 是美国于1893年通过的《关于船舶航行、提单以及财产运输有关的某些义务、职责和权利的法案》的简称。这部法律最大特点就在于对免责的限制，其目的就在于打击英国船主在提单中任意规定免责条款的行径，保护本国货主的利益，从这一点上说，《哈特法》也是国内货方和船方利益妥协的产物。See David W. Robertson et al., *Admiralty and Maritime Law in the United States*, 2nd ed., Carolina Academic Press, 2008, p. 283.

③ ［美］L. J. 布格拉斯：《共同海损——1974年约克—安特卫普规则，美国法律和惯例》，叶伟膺、黎东发等译，中国国际贸易促进委员会法律事务部内部资料1984年版，第139页。

④ See Grant Gilmore & Charles L. Black, *The Law of Admiralty*, 2nd ed., The Foundation Press, Inc., 1975, p. 266.

2. 可免责过失不影响分摊

在“Irrawaddy”案之后，承运人为了改变自己的不利地位，以意思自治原则为理由，纷纷在提单中加入一条“共同海损疏忽条款”①，大意是：如果承运人对于船舶尽到谨慎处理之责，使它处于适航状态，所有船长、船员等雇佣人员的航海或管船过失导致的共同海损，货主应分摊。换言之，由于承运人可免责过失引发的共同海损，船东有要求货方分摊损失的权利。但这个条款在“Yucatan”案②中遭到联邦法院的否决，认为该条款违反了公共政策，应属无效。

嗣后，在1910年著名的“Jason”案③中，联邦上诉法院提请美国联邦最高法院对“共同海损疏忽条款”应否有效予以解释。美国联邦最高法院判决认为，《哈特法》第3条已经改变了原来的公共政策，允许船方通过合同条款免除其因船长、船员驾驶船舶或者管理船舶的过失而应承担的责任，有权要求货方分摊共同海损损失，正式肯定了“共同海损疏忽条款”的效力，并将其命名为“杰森条款”④。有学者

---

① If the owner of the ship shall have exercised due diligence to make said ship in all respects seaworthy and properly manned, equipped and supplied, it is hereby agreed that in case of danger, damage or disaster resulting from fault or negligence of the pilot, master or crew in the navigation or management of the ship, or from latent or other defects, or unseaworthiness of the ship, whether existing at the time of shipment, or at the beginning of the voyage, but not discoverable by due diligence, the consignees or owners of the cargo shall not be exempted from liability for contribution in general average, or for any special charges incurred, but, with the shipowner shall contribute in general average, and shall pay such special charges, as if such danger, damage or disaster had not resulted from such fault, negligence, latent, or other defects or unseaworthiness. See The “*Yucatan*”, also known as New York & C. Mail S. S. Co. v. Ansonia Clock Co., 139 F. 894, D. C. N. V. 1905.

② The “*Yucatan*”, also known as New York & C. Mail S. S. Co. v. Ansonia Clock Co., 139 F. 894, D. C. N. V. 1905.

③ The “*Jason*”, 225 U. S. 32, 32 S. Ct. 560 U. S. 1, 912, 2004 A. M. C. 2387, 56 L. Ed. 969.

④ “杰森条款”：如果船舶所有人已经恪尽职守使船舶在各方面适航并且妥善地配备了船员、装备和供应了船舶，则当危险、损失或灾难是引航员、船长、船员在驾驶和管理船舶中的过失，或者是经过谨慎处理而不能发现的潜在缺陷或者不适航所致，无论此种不适航是发生在装船时还是在航次开始时，收货人或货主都不能被解除分摊共同海损牺牲和费用的责任，而是要和船舶所有人一起分摊共同海损和支付此种特殊费用，就如同此种危险、损失或灾难不是因船员的疏忽、过失、船舶的潜在缺陷或不适航造成的一样。See The “*Jason*”, 225 U. S. 32, 32 S. Ct. 560 U. S. 1, 912, 2004 A. M. C. 2387, 56 L. Ed. 969.

认为：只要《哈特法》免除了船东因为船长和船员的过失而产生的责任，就不应再否定法律赋予其与货主签订的分摊共同海损协议的有效性；并且因为提单中包含的“杰森条款”中货主同意分摊共同海损的前提是在船东航海过失免责的情况下，所以，“杰森条款”是有效的，应认可船东在上述情况下有要求货方分摊共同海损损失的权利。①

但是，如果船舶没有尽到适航责任，即便提单含有“杰森条款”也是无效的，因为这有减轻承运人责任的嫌疑，是为法律所不允许的。例如，在“Evje”案②中，船货双方签订了含有“杰森条款”的租船合同，船方运送货物的途中，船用燃油用尽，船东只得将船拖往横滨（Yokohama）加油。事后，船东依据合同就拖船费用要求共同海损分摊。上诉法院认为，船东没有为船舶配备足够的燃料，没有尽到适航责任，不能依据合同主张共同海损分摊。

美国《1936 年海上货物运输法》通过后，为了援引该法所赋予的免责权利，美国海商团体对“杰森条款”进行了文字和内容上的修订，定名为“新杰森条款”③。该条款是经国际航运公会介绍用于提单上的关于共同海损分摊的一个条款，在美国的海运文件上普遍订入，以规定货主有分摊共同海损牺牲和费用的明确义务。与“杰森条款”相比，“新杰森条款”给予了承运人更充分的保护，承运人不仅对航程开始前发生的共同海损有要求分摊的权利，而且如果船舶不适航与共同海损事故之间并无因果关系，货方便不能以承运人未使船舶适航为由拒绝分摊

---

① See David W. Robertson et al., *Admiralty and Maritime Law in the United States*, 2nd ed., Carolina Academic Press, 2008, p. 291.

② The "*Evje*" (No. 2), also known as E. B. Aaby's Rederi A/S v. Union of India, [1978] 1 Lloyd's Rep. 351.

③ “新杰森条款”：不论因为何种原因所导致的在开航以前或者以后所发生的意外危险、损失或灾难，即使由于承运人的雇佣人或代理人的疏忽或过失引起，如果船主根据法规或者契约或其他理由，对这个原因或者它的后果不负责任，托运人、收货人或者货物所有人就应该与承运人一起分担由于共同海损所造成的或发生的牺牲、损失或费用，并应支付有关货物所发生的救助报酬和特别费用。如果救助船舶由承运人所有或经营，救助报酬仍应支付，如同该救助船舶属于另一人一样。参见胡正良主编：《海事法》（第 2 版）（修订本），北京大学出版社 2012 年版，第 363 页。

船方的共同海损损失;[①] 同时，明确规定姊妹船之间的救助而产生的救助报酬也应作为共同海损，由受益方分摊。而这两点在“杰森条款”中是不被承认的。

关于过失与分摊之间的关系，虽然最终美国在实践方面与英国趋于一致，但是二者的理论基础不同。在美国，假使承运人的雇佣人有过失，而合同中又没有“杰森条款”或“新杰森条款”或者其他类似的约定，承运人便无权要求货方分摊因其过失而导致的共同海损损失，可免责过失方要求分摊的权利源于双方在合同中的约定。而在英国，即使在提单上没有“杰森条款”或“新杰森条款”，只要是可以免责的过失，承运人便可以要求货主分摊共同海损，法律对承运人的这种权利予以了保护。美国通过判例的方式逐渐改变了与英国不一致的做法，即对过失方而言，如果该过失是可以免责的，其有权要求非过失方分摊共同海损损失；如果该过失不可免责，其无权要求分摊共同海损损失，实现了“过失性质统一论”[②] 到“过失性质分割论”的转变。[③]

（三）“过失性质统一论”

关于过失与共同海损分摊的关系问题，我国立法认可“过失性质统一论”[④] 的观点。《海商法》第 197 条[⑤]把共同海损的结果和原因区分开来，过失方导致共同海损后，无论过失是一种什么性质的过失，各受益方都应参加分摊；如果最后确认过失方是一种不可免责的过失，则非过

---

① Chandris v. Isbrandtsen-Moller Co. Inc., [1951] 1 K. B. 240.

② 此处的“过失性质统一论”是指无论过失性质如何都无权要求分摊共同海损。

③ 虽然如此，但是英国和美国对于可免责过失和不可免责过失进行区分的标准并不完全一致，比如在托运危险品的情况下发生共同海损，英国认为无论承运人对于危险品的承运是否有过错，只要是属于承运人的责任范围，其都要承担严格责任，是一种不可免责的过失，无权要求共同海损分摊；而美国则认为，只有在承运人有过错的情况下才是一种不可免责的过失。See Sukhninder Panesar, *The Shipment of Dangerous Goods and Strict Liability*, International Company and Commercial Law Review 9, p. 140 (1998).

④ 此处的“过失性质统一论”是指无论过失性质如何都有权要求分摊共同海损。

⑤ 《海商法》第 197 条：引起共同海损特殊牺牲、特殊费用的事故，可能是由航程中一方的过失造成的，不影响该方要求分摊共同海损的权利；但是，非过失方或者过失方可以就此项过失提出赔偿请求或者进行抗辩。

失方有权就其分摊的债权向过失方请求赔偿，即采取了“先分摊、后追偿”的原则。“明阳船务有限公司、志成船务有限公司诉中国人民保险公司共同海损分摊纠纷”案是适用“先分摊、后追偿”原则的典型案例。该案中，法院认为《海商法》有关共同海损的章节并不调整过失问题，即当事人之间就过失问题提出的索赔或抗辩不属于共同海损的内容，而属于海上运输法律关系的内容。[①] 过失是否可以免责能够影响追偿，但无法影响分摊，《海商法》第 197 条确立了运输合同责任制度与共同海损分摊责任制度互不干涉的原则，运输领域的责任制度不能影响共同海损的成立与分摊。

“过失性质统一论”主张回归共同海损制度的基础逻辑。航海风险大，船、货遭遇危险，如施救不及时或者不得力，将导致船沉人亡的严重恶果。共同海损制度的意义在于用较小的牺牲或费用，避免沉船死人的重大损害，所以能经久不衰。如果用航海过程中的权利义务来制约共同海损分摊制度，势必会使得共同海损制度的存在意义受到影响。鉴于此，我国《海商法》第 197 条以及一些大陆法系的国家和地区[②]的海商法均规定，共同海损是航海中一方过失造成的，不影响其要求分摊的权利。“香港民安保险有限公司诉统一和平海运有限公司共同海损代位求偿纠纷”案[③]中，法院认为，《海商法》第 197 条的适用以当事人无相反约定为前提，即共同海损的分担与追偿，有约定的依约定，无约定的依法律规定“先分摊、后追偿”。[④] 该案表明法院对过失引起共同海损应分摊的支持和鼓励，理由很简单，在海上危急情况下，如果不采取共同海损措施，可能会遭受更严重的损害后果。船方主动采取的共同海损

---

① 明阳船务有限公司、志成船务有限公司诉中国人民保险公司共同海损分摊纠纷案，载 http：//old. chinawuliu. com. cn/xsyj/200602/21/135885. shtml，2025 年 7 月 31 日最后访问。

② 《俄罗斯联邦商船航运法典》第 285 条第 3 款：尽管导致额外的费用和牺牲产生的事件，可能是由航程中一方过错所致，共同海损分摊的权利不受影响。

③ 上海海事法院民事判决书，（2002）沪海法海初字第 18 号。

④ 参见莫振坤：《共同海损追偿的法律要件》，载中国涉外商事海事审判网，http：//www. ccmt. org. cn/shownews. php？id＝6007，2014 年 4 月 18 日最后访问。2022 年，最高人民法院将原“中国涉外商事海事审判网”和“海事审判工作平台”升级为“中国海事审判网”，网址为 https：//www. ccmt. org. cn/。

措施，是为了避免更大损失的出现，由此产生的损失如果无法得到其他利益方的分摊，将打击船方的积极性，最终的结果是各方的利益（包括货方、船方）都受到损失，这将有悖于共同海损制度的目的。所以我国《海商法》采取了“先分摊、后追偿”的态度，以确保共同海损的效率和公平原则得到贯彻。

当然，具有过失的一方请求分摊的权利在法律上得到了保障，这是从公平原则出发的立法规定，但是实际上该项权利是否能够实现是另一回事。正如有学者指出的：“允许理算按发生的事故非因任何一方的过失造成的假定进行（这并不妨碍就此项过失向过失方可能提出的任何赔偿要求或该过失方可能具有的任何抗辩），而使当事双方的表面权利被该部分保留的救济措施所抵消。”① 从这一意义上说，请求共同海损分摊的权利真正不受影响的是非过失方或者可以免责的过失方；不能免责的过失方的此种权利由于可以被“追偿”而事实上将受到影响，因而只是一种“表面上的权利”。② 但即便如此，至少在法律上，过失方要求分摊的权利能够得到保障，哪怕这只是一种“名义上”的或“表面上”的权利。况且某些情况下，这一权利还是有现实意义的。因为很多时候，承运人是否具有过失以及具有何种性质的过失不是在理算或分摊阶段就能确定的，一味地纠缠于此而阻碍理算或分摊的进行会导致案件不必要的拖延；同时，即使分摊额可能被追偿，海上保险理赔也要求确立共同海损的分摊额。

本章小结

在国际交往飞速发展的今天，共同海损作为一项极具国际性的海事

① ［英］Donald O'may、［英］Juliam Hill：《OMAY 海上保险——法律与保险单》，郭国汀等译，法律出版社 2002 年版，第 447 页。

② 参见胡正良主编：《海事法》（第 2 版）（修订本），北京大学出版社 2012 年版，第 365 页。

制度，必然要面临法律适用问题。不同国家或地区的法律规定的差异是共同海损法律冲突产生的根本原因。约束共同海损的法律制度涉及国内法、国际条约和国际海事惯例，在这众多的法律规范中，既有同一规范框架内部的法律冲突，如不同国家之间的法律冲突，也有不同规范种类之间的法律冲突，如国内法与国际统一法之间的冲突，这便导致共同海损的法律冲突产生原因的多元化特点。

共同海损法律冲突涉及的内容也是繁多复杂的，本章主要分析比较了共同海损定义和范围的冲突、共同海损过失与分摊关系的冲突。实际情况是，共同海损领域的法律冲突种类远不止于此，譬如诉讼时效的冲突、构成条件的冲突、共同海损牺牲金额的冲突等。基于本书的写作目的，笔者仅以上述两个方面的法律冲突为基础来分析共同海损领域的法律适用问题。

综上所述，共同海损制度本身的国际性特点和相关法律规范的多元化特点导致了共同海损法律冲突原因和内容的复杂性，寻找解决共同海损法律冲突的方法，需要结合其原因特点和内容特点予以综合分析。

第二章　共同海损法律适用的特性探析

基于海事案件的专业性、复杂性以及作为海事法律关系核心的船舶的法律地位的特殊性，解决海事法律冲突的法律规范具有不同于一般冲突规范的特点。共同海损是在航海实践中逐步形成和发展起来的一种海商法上特有的法律制度，其以船舶为中心，当事方众多，与海上货物运输等其他海事法律制度之间具有密切的联系，无论是在冲突规则还是在统一规则方面都具有独特之处。共同海损法律适用不仅不同于一般涉外民商事关系的法律适用，而且也有别于通常的海事法律关系的法律适用。研究这些特殊性，有利于更快、更好地解决共同海损法律冲突。

第一节　国际海事惯例在共同海损冲突法中地位突出

国际海事惯例，是指在国际航运过程中，经过长期的反复实践，逐渐形成的为大多数航运国家所接受的具有确定内容和法律约束力的行为规则。[①] 形式上，国际海事惯例不是国家有权机关制定公布的，而是由私人或者私人团体形成的、有类似于法律作用的那些规则，属于自发性的可以直接适用的法律，因此又称为“自发法”。[②] 内容上，国际海事惯例的内容是国内法和国际法都未涉及的，为国际航运界所熟悉、公认

---

① 参见王国华：《我国海事法律适用法立法问题研究》，载上海海事大学海商法研究中心编：《海大法律评论（2006）》，上海社会科学院出版社 2007 年版，第 193 页。作为国际私法渊源的国际惯例分为两类：一类是强制性国际惯例，具有法律效力，不需要当事人选择都必须遵守的国际惯例；另一类是任意性国际惯例，只有经过当事人的选择，才对其有约束力。本书讨论的是任意性国际惯例。

② 参见李浩培：《李浩培文选》，法律出版社 2000 年版，第 20 页。

且经过长期反复实践形成的，其内容必须是明确、肯定具有很强针对性的。正因为如此，国际海事惯例才可以弥补国际公约及有关国内法的不足。作用上，国际海事惯例经过长期的反复实践得到了进一步的发展和整理，具有灵活性和实用性的特点，加之没有国家政治和经济利益的加持，能够融合不同的立场和观点，容易在国际上获得普遍的承认，并被当事人广泛选用，从而在一定程度上减少了相应的法律冲突的产生，尊重国际海事惯例成为法律趋同化发展的必然要求。[①] 所以，对于没有制定出国际条约的领域或者国际条约尚无规定的有关问题，国际海事惯例往往起着补充性的作用，是避免和消除法律冲突的重要法律手段。著名的哲学家托马斯·阿奎那（Thomas Aquinas）甚至认为，当某些变化使得法律成为有缺陷的，则法律将为习惯所代替。[②] 国际海事惯例补缺原则也因此成为国际海事领域法律适用的重要原则，在解决海事法律冲突问题上发挥了积极的作用。

共同海损领域尚无国际公约，制定统一的共同海损理算规则，以统一各国在处理共同海损问题时的依据显得尤为必要。在这种情况下，国际上统一的共同海损理算规则产生了，并成为世界上应用最为广泛的规则之一，即《约安规则》。一百多年以来，《约安规则》在没有任何政府帮助的情况下已经获得了世界范围的广泛接受，从而成为弥补不同国家间法律差异的很好的规则，[③] 对解决共同海损领域的法律冲突具有格外突出的作用，甚至可以说是处于支配性的地位。随着《约安规则》被引入海上货物运输合同，大部分共同海损理算都是依据该规则进行的。[④] 可以毫不夸张地说，世界上还没有几个民间规则像《约安规则》这样得到如此广泛的适用，其所实现的国际统一规则的效果甚至超过了

---

① 参见饶中享主编、王建新等撰稿：《海事应用法学研究》，湖北人民出版社2004年版，第54页。

② See Shirley Robin Letwin, *On the History of the Idea of Law*, Cambridge University Press, 2005, p. 84.

③ See Francis D. Rose, *General Average*: *Law and Practice*, Law Quarterly Review 114, p. 678 (1998).

④ See N. Geoffrey Hudson, *York/Antwerp Rules*, Arbitration 58, p. 207 (1992).

许多国际海事条约。《约安规则》不是国际公约，但由于它是在商业实践中逐渐形成的，其中包括了历史的延续性和实践的统一性，因而具有很高的实用价值。同时，作为航运惯例，《约安规则》正在以自己的方式积极地影响着相关国家的立法，许多国家在制定或者修改其有关共同海损的国内立法时，都参照了《约安规则》的规定。就好像信用证普遍去合并《跟单信用证统一惯例》一样，一般运输合约（提单或租约）都会去订明在发生共同海损时，理算以合并的《约安规则》为准。[①] 也就是说，除非运输合同的当事各方选择了另外的规则进行理算，否则合同通常都会约定，共同海损按照某某年的《约安规则》理算。[②] 借助于《约安规则》的广泛适用和巨大影响，共同海损理算在世界范围内取得了前所未有的统一，虽然这种统一是相对的，但仍对共同海损法律冲突的解决具有重要的意义。

一、共同海损的习惯性起源

源于一种古老的习惯，经由各国立法和判例的发展，经过 19 世纪后期《约安规则》的统一，今天，共同海损条款几乎已经被纳入了所有海上货物运输合同中。[③] 共同海损的产生与海上贸易有关，它起源于地中海东部的罗得岛，[④] 其雏形最早以海事习惯的方式出现于古希腊。所谓习惯，是指人们在长期的生产或生活中逐渐形成的一种较为稳定的思维倾向、文化沉淀、行为模式或社会风尚。长期以来，共同海损一直以习惯的方式伴随着航海业，并最终演变成为海商法领域的一项特殊的制度。

共同海损的历史，可以追溯到大约公元前 8 世纪的罗马法时代。在

---

① 参见杨良宜：《海事法》（第 8 册），大连海事大学出版社 1999 年版，第 513 页。

② 参见［加］威廉·泰特雷：《国际海商法》，张永坚等译，法律出版社 2005 年版，第 318 页。

③ See Hugo Tiberg, *Lowndes & Rudolf on the Law of General Average and the York-Antwerp Rules*, Civil Justice Quarterly 13, p. 189 (1994).

④ See Lowndes and Rudolf, *The Law of General Average and the York-Antwerp Rules*, 13th ed., Sweet & Maxwell, 2008, p. 1 – 2.

海上运输活动的早期，由于航海技术很不发达，很难抵御海上自然灾害的袭击，航海贸易活动充满危险，船舶和货物一起沉入大海的情况时有发生。为了防止船方或货方无法独立承担因为船、货的沉没所带来的巨大损失，便在船东及货主之间形成了一种通行的做法，即当船舶遭遇危险时，船长可以将部分货物抛弃入海，即以牺牲部分货物来换取船、货的共同安全，待危险解除后，再由船东和全体货主共同分担被抛弃货物的货主的损失，这一习惯做法便是最早的共同海损规则。① 可见，共同海损最初是作为一项习惯性做法而得以应用和发展的，“它不是各地王侯们的法律”②，其普遍性的扩张是通过商人而不是地域性的立法来完成的，这是那个时期的典型特征。这一阶段共同海损仅作为约定俗成的航运习惯存在，尚未形成系统的法律制度，尽管尚无文字方面的记载，但作为共同海损核心的基本原则已经形成了。③

西方国家有一法律谚语：“习惯是最早的和最好的法律解释者。”海商法经历了“从习俗（行为模型）意义上的习惯到更为细致地加以界定的习惯法（行为规范）”的历史运动。④ 由习惯到习惯法，由不成文法到成文法，是法律发生和发展的一般规律。⑤ 最早的海事惯例是腓尼基人和希腊人收集罗得岛的法律而形成的。公元前 3、4 世纪时，一些航运习惯做法经过长达数个世纪的积累，在罗得岛形成了以共同海损为中心内容的第一部有记载的航海习惯法，史称《罗得法》或者《罗得海商法》。这是一部拜占庭帝国推行的主要是用以解决有关共同海损

① 参见胡正良主编：《海事法》（第 2 版）（修订本），北京大学出版社 2012 年版，第 7 页。古代以抛弃货物减轻船舶载重来使船货获得安全的情况在现代社会已经很少见了，更常见的是船东先承担诸如避难港费用、维修费用、碰撞费用、救助费用等支出和费用，然后再根据共同海损原则从受益货主那里获得分摊。See Schoenbaum and Thomas J. , *Admiralty and Maritime Law*, 4th ed. , Thomson/West, 2004, p. 195.

② 沃姆瑟（René A. Wormser）：《法》，纽约 Simon & Schuster 1949 年版，第 500 页，转引自屈广清主编：《海事国际私法新编》，法律出版社 2005 年版，第 45 页。

③ 参见司玉琢主编：《海商法专题研究》，大连海事大学出版社 2002 年版，第 126 页。

④ 参见［美］哈罗德·J. 伯尔曼：《法律与革命——西方法律传统的形成》，高鸿钧等译，中国大百科全书出版社 1993 年版，第 415 ~ 417 页。

⑤ 参见沈灵宗主编：《法理学》，北京大学出版社 2001 年版，第 270 页。

分摊问题的贸易航海惯例，[①] 是现代国际海商规则的基础。[②] 该法第一次在法律上确定了"如为减轻船舶负载而抛弃货物者，其因共同体利益而受之损失，应共同分摊"[③] 之规定。至此，共同海损制度由习惯做法发展成为习惯法。

中世纪（5 至 15 世纪），随着航海贸易的发展，海商法进入了私人编纂航运习惯时期，不成文的习惯海事法逐渐被欧洲的商人们接受，产生了被世人称颂的三大习惯法，即《奥列隆惯例集》《海事裁判例》《维斯比海法》。它们是现在仍有活力的那些其他规则的基础，因而不参考这些古老规则而透彻理解这些现在的规则是有困难的。[④] 这些法典大多属于海事惯例，都是商人对航海贸易和海事判例编纂的结果，它们以不同的方式表述了共同海损的基本思想，重复、扩充和发展了共同海损的习惯做法，虽然它们都没有提出共同海损的准确概念，但是共同海损制度已经作为一项习惯法得到了确认，影响也随之扩大。

17 至 18 世纪，随着商业的进化和发展，为了使航运的某些方面摆脱内国法的限制和避免因国际公约给参加国增加义务，航运惯例向着国际统一化方向发展。共同海损是分担同一航程中的风险和损失的"海上保险"的一种重要的形式，但与之有关的原则及其适用又是如此的变换和差异，当事方急需一种为各国所普遍认可的统一、稳定的适用原则和制度。为了统一计算当事各方分摊金额的方法，国际海事惯例《约安规则》应运而生。一百多年过去了，国际经济和法律制度获得了极大的发

---

① 参见韩德培著、黄进等编：《韩德培文选》，武汉大学出版社 1996 年版，第 140 页。

② See W. Paul Gormley, *The Development of the Rhodian-Roman Maritime Law to 1681, with Special Emphasis on the Problem of Collision*, Inter-American Law Review 3, p. 339 (1961).

③ See Victor Dover, *A Handbook to Marine Insurance: Being a Guide to the History, Law and Practice of an Integral Part of Commerce, for the Business Man and the Student*, 2nd ed., London: H. F. & G. Witherby, 1924, p. 17 "Let that which has been jettisoned on behalf of all be restored by the contribution of all."; And the Rhodian maxim "that if merchandise is thrown overboard to lighten the ship, the loss occasioned for the benefit of all must be made good by the contribution of all." See Raymond P. Hayden and Kipp C., *Leland*, *General Average-Issues to Consider*, University of San Francisco Maritime Law Journal 23, p. 104 (2010-2011).

④ See Travers Twiss, *The Black Book of the Admiralty*, Vol. 3, Longman & Co., Trubner & Co., Patternoster Row, 1874, p. 81-90.

展，《约安规则》不但没有如其他民商事领域的国际惯例那样被国内法和国际公约所取代，反而在与时俱进的修订和完善中得到了日益广泛的应用。英国的船舶保险条款中通常会有这样的约定："共同海损的理算应按航程终止地的法律和惯例办理……但是，如果运输合同规定按照《约克—安特卫普规则》理算，则应按此规则办理。"①

共同海损制度产生之初就是以一种习惯做法的形式存在着、发展着，从它诞生至今，走过了一条从航海习惯到习惯法再到各国法律直至国际统一的理算规则的漫长历史道路。② 随着世界贸易的发展，法律制度也在不断完善和进步，基于法律理性要求的法律规则不断增加，当代海商法对航运习惯的吸收程度比早期海商法要少，但是仍然十分注重国际航运习惯做法。在共同海损领域，对于习惯的吸收要比其他海事领域更加明显和直接，《约安规则》承袭了共同海损的习惯性做法，并在此基础上与时俱进地进行修订和完善，得到了当事人的广泛选用，成为最常见的因当事人选择而产生法律效力的国际海事惯例之一。

二、《约安规则》与时俱进的实践性品格

习惯法在海事国际私法中始终起着举足轻重的作用。③ 古希腊的《罗得海商法》中规定了共同海损的雏形，后几经演变，在比利时的安特卫普对共同海损规则进行了修改和完善，正式命名为《约安规则》。由于该规则集国际海运中处理共同海损的惯例于一体，被几乎所有的海运国家的海运提单和保险单广泛采用，有的国家的海商法甚至明文规定

---

① 1983 年 10 月 1 日和 1995 年 11 月 1 日协会船舶定期保险条款（Institute Time Clauses, Hulls）第 10 条第 2 款：Adjustment to be according to the law and obtaining at the place where the adventure ends, as if the contract of affreightment contained no special terms upon the subject; but where the contract of affreightment so provides the adjustment shall be according to the York-Antwerp Rules。

② 参见胡正良主编：《海事法》（第 2 版）（修订本），北京大学出版社 2012 年版，第 257 页。

③ 参见丁伟：《论国际海商海事领域法律适用的特点》，载《法学》1997 年第 2 期。

共同海损理算适用该规则。[①]《约安规则》不是国际法的组成部分，它仅在运输合同中有在发生共同海损时适用《约安规则》进行理算的条款时方为有效。实践中，此类条款运输合同鲜有省略者，所以，《约安规则》实际上是起作用的法典。[②] 这在一定范围、一定程度上使共同海损的有关内容得到统一，使通过自愿协议的方式统一共同海损理算的工作向前推进了一大步。

国际惯例并不是一成不变的，随着社会关系的变化和科学技术的进步，在一定法律关系领域施行的国际惯例也会随之进行修订，以适应不断变化的情况。《约安规则》自问世以来，始终处在不断发展演变当中，一部《约安规则》的修订历史，几乎就是共同海损制度在 19 世纪中叶以后的全部发展史。[③]《约安规则》经过多次修订，在新版本已经生效而旧版本仍未失效的情况下，就会出现多种版本并存的局面，具体适用哪个版本，由当事人自由选择。

现行有效的《约安规则》有 1864 年《约克规则》、1877 年、1890 年、1924 年、1950 年、1974 年、1994 年、2004 年、2016 年《约安规则》九个版本，各版本的规则是独立并行的关系，曾经最常用的是 1974 年《约安规则》[④]，我国《海商法》中有关共同海损的规定也是源于该版本。但是，随着《1989 年救助公约》的生效，据此作出修改的 1994 年《约安规则》[⑤] 的作用日益突出，但该版本的规定被认为导致船

---

① 《俄罗斯联邦商船航运法典》第 285 条第 2 款：双方在协议中有明确规定适用，在海损评估、共同海损损失理算和分摊方面以及所适用的法律规定不完善的情况下，应适用有关共同海损的《约安规则》及其他国际商船运输的惯例。

② 参见［英］Donald O'may、［英］Juliam Hill：《OMAY 海上保险——法律与保险单》，郭国汀等译，法律出版社 2002 年版，第 443 页。

③ 参见胡正良主编：《海事法》（第 2 版）（修订本），北京大学出版社 2012 年版，第 262 页。

④ "York-Antwerp Rules 1974", https://merchantmarinelaw.com/wp-content/uploads/2024/07/Y.A.-Rules-1974_1990.pdf, Jul. 29, 2025.

⑤ "YAR 1994-English version", https://comitemaritime.org/work/york-antwerp-rules-yar/, Jul. 29, 2025.

方和货方的利益失衡，[①] 对其作出修改的2004年《约安规则》[②] 便呈现出两大特点：一是更好地体现了公平原则，船货双方的妥协度和求同度进一步加深；二是共同海损理算事项和程序简化，符合大家的共同意愿。[③] 随着网络信息技术的发展，海上运输方式及海上风险都发生了变化，保险领域相关规定和实践也有了发展和演变，争议解决也需要提高效率，为此2016年《约安规则》进一步明确了列入共同海损范畴内救助报酬和临时修理费用的条件和范围，增加了共同海损索赔时效的规定。2016年《约安规则》充分体现了时代性和与时俱进性。可以预测，随着国际航运形势的变化发展，具有实践性品质的《约安规则》仍有继续修订和完善的可能性。[④]

（一）1864年《约克规则》和1877年《约安规则》的产生

随着共同海损的习惯法逐渐被欧洲各国法典吸收转化，虽然各国立法均采用“共同海损”这一名称，但其构成要件是什么，如何补偿，如何分担的规定颇不一致，缺少规范性和统一性。同时，随着航海贸易的空前发展，国际范围内的海运业务越来越多，制定有关共同海损的统一规则，解决各国关于共同海损的不同立法或习惯带来的混乱和不便，

---

① 如1994年《约安规则》数字规则六“救助报酬”中，将“《1989年救助公约》第13条第1款（b）所述的考虑到救助人在防止或减轻环境损害中的技艺和努力而付给救助人的任何救助报酬”列入了共同海损的费用范畴，被认为是对船方及其保险人利益的倾斜。

② “YAR 2004 – English version”，（Aug. 30，2013）http://www.comitemaritime.org/York-Antwerp-Rules-and-General-Average-Interest-Rates/0，2，754，15432，00.html.

③ 例如2004年《约安规则》数字规则二十“提供的款项”中，将“手续费”排除在外，简化了共同海损事项和程序。

④ 参见彭高俭：《认识〈约克—安特卫普规则〉的几个重要角度》，载《中国海商法年刊》2007年第0期。国际海事委员会第40届大会于2012年10月14日至10月19日在北京召开，会议注意到2004年《约安规则》并没有被代表船东利益的机构接受的事实，希望能够在平衡船、货方以及相关保险人利益的前提下，重新起草一份新规则，该规则应考虑各国代表普遍关注的下列问题：是否应当有一个特别规定以便于应对大型集装箱船舶；有关代替费用的条款是否需要重新审视；是否需要一些具体条款以便应对航次受阻或者可能受阻的情形；是否应考虑一些国际公约的修改或者变化，例如：是否通过修改规则应对一些新的变化，比如《鹿特丹规则》将对实践中的共同海损理算工作产生影响或变化，有关货物共同海损责任的特别保险等，并希望能够在2016年召开国际海事委员会大会时予以通过。参见郭萍、荣璞珉、于诗卉、张金蕾：《国际海事立法最新动态——国际海事委员会第40届大会（北京）会议综述》，载《中国海商法研究》2012年第4期。

就成为刻不容缓的事情了。为此，由英国社会科学促进会联同各海商国家的船主、货主、保险人、律师、海损理算师于1860年在英国格拉斯哥城召开讨论共同海损的会议，根据各国关于共同海损的立法和习惯，起草并通过了一个《1860年格拉斯哥决议》。1864年在英国召开的约克会议上对该决议进行修改，通过了包含11条理算规则的《约克规则》；该规则在1877年比利时安特卫普召开的会议上再次做了修改，正式确定为12条关于共同海损理算的规则，定名为1877年《约安规则》，这就是现今国际上使用的《约安规则》的由来。[①] 自此以后，《约安规则》这名称一直被沿袭使用，每次对其修订后的名称都是仅在前面冠以修改和通过的年份即可。[②] 1877年《约安规则》共有数字规则12条，表面上看是以"共同安全"为基础，实际上却以"共同利益"为主线。[③] 规则制定出来后，由于其专业性和合理性，得到了各方的广泛采用，《约安规则》在国际范围内起到了统一各国国内法的作用，因此制定统一共同海损公约的计划就被慢慢搁浅了。

（二）1890年《约安规则》

人们经过十多年共同海损理算实践的检验，发现1877年《约安规则》仍不能满足实际工作的需要。因此1890年，由"各国改革和编纂法律协会"及海运事业各关系方在英国利物浦召开会议，对1877年《约安规则》进行修正，扩充为18条，内容比以前的更完善，更多地接受了"共同利益"派的主张，并在1903年的年会上补充了一条沿用至今的关于过失和分摊之间关系的新规定。[④] 该修正后的规则定名为1890年《约安规则》，只有18条，主要用于解决在当时存在争议和分歧的相对狭隘

---

① See Schoenbaum, Thomas J., *Admiralty and Maritime Law*, 4th ed., Eagan, Thomson/West, 2004, p. 197.

② 参见叶伟膺：《评〈2004年约克—安特卫普规则〉》，载《中国海商法年刊》2004年第0期。

③ 参见司玉琢：《海商法专论》，中国人民大学出版社2007年版，第500页。

④ 新规定为："即使引起牺牲或费用的事故可能是由于航程中某一方的过失造成的，也不影响要求分摊共同海损的权利，但这并不妨碍非过失方与过失方之间就此项过失提出索赔或抗辩。"

的问题。[①] 但是，1890 年《约安规则》缺乏逻辑性、系统性的条文，仅是在各国不同规定的矛盾中，获得暂时的统一，对于日益发展的航海贸易事业所产生的新的问题，仍旧难以解决。同时，1890 年《约安规则》第 1 条所规定的无论何种情况下的甲板货物的投弃都不受共同海损补偿的规定，从一开始就不断有人提出新的修正意见。随着客观情况的发展变化和船、货两方利益的博弈，1890 年《约安规则》的修订势在必行。

（三）1924 年《约安规则》

为解决“共同安全”派和“共同利益”派对共同海损定义和范围的争议，弥补 1890 年《约安规则》的缺陷，1924 年在瑞典斯德哥尔摩召开的国际法协会会议上通过了对 1890 年《约安规则》的修改，称为 1924 年《约安规则》。1924 年《约安规则》在 1878 年《约安规则》的基础上增加至 30 条，分为两部分：前面的部分是原则性条款，主要采用“共同安全”派的主张即字母规则 A ~ G，共 7 条；后面的条款是用罗马数字按顺序排列，共计 23 条，定名为数字规则，较多地反映了“共同利益”派的主张。但是该规则并没有解决哪个规则优先适用的问题，使得它的采用受到一定限制，如美国就仅采用了 1924 年《约安规则》的部分条款，对于除字母规则 F 以外的所有字母规则均作出了保留。1928 年在英国审理的“马基斯”案[②]中，船方主张优先适用数字规

---

① 参见［美］G. 吉尔摩、C. L. 布莱克：《海商法》（上），杨召南等译，中国大百科全书出版社 2000 年版，第 337 页。

② 基本案情是：“马基斯”轮在法国波尔多港装货时前桅断裂，损及船舶，为了保证安全出海航行，在开航前进行了必要的修理，发生了修理费、检验费、船员工资、伙食费以及货物的装卸费等。该轮修理完毕后驶往英国卡的夫港，但在航行途中推进器被海底残损物缠住，改驶法国瑟堡港修理，又发生了同样的费用。租船合同和船舶保险单均订明共同海损按 1924 年《约安规则》理算。船舶保险人对于两次事故中产生的修理费及船舶检验费均同意作为单独海损予以赔偿，但对于在港口发生的其他费用否认作共同海损与船东产生争议。船东主张应优先适用数字规则，而保险人主张应优先适用字母规则，双方最终人禀英国法院。法院判决认为，字母规则和数字规则应作为一个整体来考虑，数字规则并不是绝对的，而是要受字母规则的约束，因此判决“马基斯”轮在波尔多港期间从未处于危险之中，按照 1924 年《约安规则》的字母规则 A 的规定不属于共同海损，而船舶驶往瑟堡港则是为了解除船舶和货物的共同危险，因此在该港支付的费用可以列为共同海损。参见胡正良主编：《海事法》（第 2 版）（修订本），北京大学出版社 2012 年版，第 265 页。

则，保险公司主张优先适用字母规则，法院判决船方败诉，认为1924年《约安规则》中的字母规则是原则性规则，数字规则是从属性规则，仅是原则性规则的说明。该判决引起了航运界的巨大反响，大家认为共同海损理算规则是先有数字规则后有字母规则，应该按照传统的数字规则优先的做法。为此，英国海运团体和保险团体达成了著名的“马基斯协议”，双方同意共同海损按数字规则理算，未尽事宜按照字母规则办理，其实质就是字母规则要受制于数字规则。航运实践对1924年《约安规则》提出了修正要求。

（四）1950年《约安规则》

1924年《约安规则》中没有明确指出字母规则和数字规则之间的隶属关系，致使法院及当事人对如何运用两组规则经常发生分歧。1924年《约安规则》的修正草案于1949年在荷兰阿姆斯特丹召开的海事委员会会议上通过，定名为1950年《约安规则》。这个规则吸收了“马基斯协议”的内容，解决了两种规则之间谁优先适用的问题，受到包括美国在内的各国海商团体的赞同。1950年《约安规则》逐渐替代了1924年《约安规则》。1950年《约安规则》仍分为两部分：字母条款7条，数字条款缩减为22条，增加了一项解释性规则，细节被置于原则之前，明确指出共同海损的理算，除以数字规则中已有规定的以外，应按字母规则办理。根据1950年《约安规则》，解释规则、字母规则和数字规则是三个前后呼应的部分：解释规则明确了数字规则和字母规则适用的先后顺序；数字规则规定了具体的适用情况，不受字母条款的约束，只要所发生的特殊牺牲和特殊费用符合数字规则的规定，就可认作共同海损；字母规则是原则性的规则，仅在数字规则没有规定的情况下普遍采用。解释规则的增加解决了长久以来规则适用顺序的争执，使得规则在实践中操作的统一性进一步加强，受到了各国尤其是美国的欢迎。美国改变了以前的保留做法，毫无删改地将该规则列入运输契约，使得共同海损理算规则的国际统一迈上了一个新台阶。

（五）1974年《约安规则》

随着航运事业的发展和各项费用的增长，航运界普遍要求简化共同海损理算手续和节约理算费用。因此，1974 年《约安规则》并没有对以前版本做体系上的重大改变，仅就规则在运用过程中的细节性问题作出了修订，使得该规则更具合理性和实践性，这也是它能得到广泛适用并经久不衰的重要原因。1950 年《约安规则》规定已经着火的部分不得列入共同海损，其本意是使因灭火而造成货物的烟熏和湿损等损害，可以列入共同海损。但由于现实中烟熏往往和火烤交织在一起，而火烤与火烧又很难区分，为了理算的方便，1974 年《约安规则》在 1950 年《约安规则》的基础上，简化了确定共同海损损失的方法，即火烤和烟熏造成的损失均不得列入共同海损；只要是为了共同安全而有意搁浅所造成的损失都可以列为共同海损；取消了对修理船舶中以新换旧扣减的计算办法；对核定货物补偿和分摊以及计算办法作出了简化规定。和以前的规则相比，1974 年《约安规则》简化了理算手续，内容更具合理性，获得了国际社会的普遍使用。

（六）1994 年《约安规则》

1994 年《约安规则》旨在进一步简化共同海损理算的规则，避免扩大共同海损的范围，并继续扩大规则的适用统一性。规则修改的原因主要有两个：一是由于在司法实践中，法院注意到数字规则七抵制了字母规则 A 中神圣不可侵犯的“合理性”原则。[①] 二是《1989 年救助公约》的修改涉及救助人为防止或减轻环境污损的救助作业报酬和费用支出是否能够列入共同海损的问题。虽然规则在修改过程中引起了不同利益方的激烈冲突，但是经过各方的妥协最终还是达成了一致协议：（1）通过增加“首要规则”[②] 适当纠正对“合理性”的忽视，进一步强调共同海损牺牲和费用的合理性原则，使得“合理的”这一要素成

---

① The true construction of Rule Ⅶ of the York Antwerp Rules did not contain an implicit requirement that damage should be reasonably caused. Following the Rule of Interpretation, Rule Ⅶ as a numbered as opposed to lettered rule, overrode the general principle requiring reasonableness in Rule A. The claim to general average was established once the general average act had qualified under Rule Ⅶ. See The “*Alpha*”, also known as Corfu Navigation Co. v. Mobil Shipping Co.,[1991] 2 Lloyd's Rep. 515.

② 首要规则：牺牲或费用，只有合理支出才能得到补偿。

为字母规则 A 唯一优先于数字规则的要件，消除了两种规则之间内容上的冲突；对解释规则作出了相应一致的修改，以便确保首要条款处于至高无上的地位，以该项原则统领数字规则和字母规则，从而解决数字规则和字母规则不协调的问题。[①]（2）划分了船舶拖带或顶推作业是否处于共同航程的界限，解决了各国长期以来涉及拖轮与拖带的共同海损极不统一的做法。[②]（3）规定了环境损害或清除污染物费用的处理问题，即救助人因防止或减轻环境损害所付出的技艺和努力而获得的救助报酬都应计入共同海损，但是《1989 年救助公约》中的特别补偿不得列入共同海损。[③] 1994 年《约安规则》虽然明确和统一了理算中的一些具体做法，但未向简化的方向做重大修改。尤其是其关于救助报酬的规定，带有偏袒船方的倾向，受到货方及其保险人的强烈反对，因此并未被普遍订入运输契约和保险单中。

（七）2004 年《约安规则》

1994 年《约安规则》通过后，各方反应强烈，尤其是海上货物保险人认为 1994 年《约安规则》过于偏袒船东利益，从而导致货物保险人经常处于不利的地位，要求根据“共同安全”的原则修改 1994 年《约安规则》。2004 年，国际海事委员会在加拿大温哥华举行会议，对

---

① 增加首要规则的直接原因是英国 1991 年对 The “*Alpha*” 案的判决。在该案中，“Alpha” 轮船长不合理地使用主机起浮搁浅船舶，致使主机损坏。法院判决认为，数字规则七（机器与锅炉的损坏）是数字规则，根据解释规则的规定，其应优先于字母规则，所以，虽然字母规则 A 要求共同海损行为应“有意而合理”，但数字规则七并未有“合理”字样，判决即使船长起浮船舶的行为不合理，但该项损失仍可作为共同海损。该案判决虽然被认为是正确的，但是从另一个方面显示了规则的不合理和不严密。See The “*Alpha*”, also known as Corfu Navigation Co. v. Mobil Shipping Co.,［1991］2 Lloyd's Rep. 515.

② 1994 年《约安规则》字母规则 B：如果船舶拖带或顶推其他船舶而它们都从事商业活动而不是救助作业，则处于同一航程之中。如果所采取的措施是为了使这些船舶及其货物（如果有）脱离共同危险，则应适用本规则。如果一艘船舶只要脱离其他船舶便能获得安全，则同其他船舶不处于共同的危险之中，但如果脱离本身是共同海损行为，则共同航程继续存在。

③ 特别补偿是指如一船或其船上货物对环境构成了损害威胁，救助人对其进行了救助作业，按照《1989 年救助公约》第 13 条所获得的报酬少于其实际所花费的费用，或者说救助人因其救助作业防止或减轻了环境损害，可向船舶所有人要求另行增加的不超过所发生费用的 30% 的费用。

1994 年《约安规则》进行了非根本性的重大修订，缩小了共同海损的范围，将大部分救助报酬、船舶在避难港额外停留期间的船员工资和给养排除在共同海损之外；修改了共同海损临时修理费的规定，减除了船方的节省；取消了共同海损手续费并增加了索赔共同海损分摊请求权的时效规定；对于共同海损利息的计算采用了新的浮动利率制。2004 年《约安规则》呈现出两大特点：一是更好地体现了公平原则，船货双方的妥协度和求同度进一步加深；二是共同海损理算事项和程序简化，符合大家的共同意愿，毕竟“意外事故法的主要功能是降低事故成本”[①]。

（八）2016 年《约安规则》

2016 年 5 月 6 日，国际海事组织（International Maritime Organization，IMO）在纽约举行的第 42 届大会上通过了 2016 年《约安规则》。该规则将船方和货方都比较关心的救助报酬大部分归于共同海损范围，满足了船方的利益需求，同时为了照顾货方的利益，对不同的情况作了不同的规定；对“共同安全”派强烈反对的将“船员的工资和给养”排除在共同海损范围之外的规定进行了修订，恢复了 2004 年以前的规定；结合油漆涂层质量的提升、多式联运方式的采用等新情形进行了相应的修订，《约安规则》与时俱进的品质进一步获得体现。2016 年《约安规则》在补偿和分摊趋于合理的同时，简化和加速理算的做法容易为船货双方所接受，所以后续获得采用的可能性会更大。[②]

《约安规则》随着客观情况的变化和当事人的利益要求而被不断修改，一般是 25 年左右修改一次，但是最近几年的修改更加频繁，[③] 这一方面体现出规则的目的是统一共同海损理算依据，尽量满足不同的利益方的要求，以求各方利益的协调一致；另一方面也说明，《约安规则》

---

① G. Calabresi, *The Cost of Accidents: Legal and Economical Analysis*, Yale University Press, 1970, p. 24.

② 参见叶伟膺：《〈2016 年约克—安特卫普规则〉评介》，载上海海事大学海商法研究中心编：《海大法律评论 2016—2017》，上海浦江教育出版社 2017 版，第 412 页。

③ See Jonathan Spencer, *Hull Insurance and General Average—Some Current Issues*, Tulane Law Review 83, p. 1248 (2009).

具有重要的地位和与时俱进的实践性品格，当新的客观情况出现的时候，各方利益主体仍以该规则的修订和完善作为处理共同海损问题的主要依据，而没有求助于其他的途径。无论怎样修改和协商，仍然是著名的《约安规则》。①

《约安规则》经过多次修订，现如今，仍然支配着共同海损制度。②多种版本并存的局面不但给当事人带来了更多的选择，更体现了《约安规则》在共同海损领域“旺盛”的生命力。每一个新版本的诞生都是在原有基础上对规则的一次提炼和升华，它也因此能够始终适应形势的发展需要，一直为国际社会所普遍接受。但这并不是说《约安规则》必须整体适用于各方，在 De Hart v. Compania Anonima de Seguros “Aurora”案③中，租船合同并入 1890 年《约安规则》，同时根据运载货物的特殊性另外加入“除了抛弃甲板货物外……应视为共同海损”的规定，因为根据比利时法律规定，租船合同中任何明文规定的效力都可以对选用的惯例做出更改，结果该案中甲板货的损失被视为共同海损。即使已有诸多版本可供选择，《约安规则》作为国际惯例，仍然存在被选用者部分采纳的可能性，但这并不减损其在处理共同海损纠纷中的重要参照价值。

第二节　共同海损法律冲突规则具有特殊性

以海洋为舞台、以船舶为中心的海上运输活动所产生的涉外关系，许多情况下是在不受任何国家管辖和法律支配的公海上发生的，而且船

---

① See David W. Robertson et al., *Admiralty and Maritime Law in the United States*, 2nd ed., Carolina Academic Press, 2008, p. 380.

② See F. D. Rose, *General Average: Law and Practice*, Informa Publishing, 1997, p. 2.

③ De Hart v. Compania Anonima de Seguros “Aurora” [1903] 1K. B. 109; [1903] 2 K. B. 503; 8 Com. Cas. 42, 314; 72 L. J. K. B. 818; 89 L. T. 154; 52 W. R. 36; 9 Asp. M. L. C. 345, 454. 转引自：[英] Donald O'may、[英] Juliam Hill《OMAY 海上保险——法律与保险单》，郭国汀等译，法律出版社 2002 年版，第 438 页。

舶的位移性特点使得船舶所处的法域在某些时候无法确定，如果完全按国际私法的一般原则，适用通常的“行为地法”或“物之所在地法”进行调整，有时就可能使案件的解决陷入困境。为此，各国的海运立法及国际条约都不同程度地针对其固有的特性制定了许多特殊的冲突规范。这些冲突规范并不调整一般的涉外民事关系，而是专门针对海上运输的特殊性而制定的，其在许多内容上超脱了一般国际私法的规定而富有海事私法的特点。有学者将这一特点称为“法律适用的超脱性”[①]。因此，在识别和确定共同海损法律关系的准据法时，应结合具体的法律事实，借助特殊的冲突规则，选择具有决定性的连接点。

海事冲突规范系属中的连接点的复杂性和特殊性，使得处理国际海事争议的准据法具有很强的专业性和技术性。[②] 增加连接点的数量从而增加可选性，这是软化冲突规范的有效方法，符合冲突规范发展的趋势。过去人们认为共同海损理算适用的法律或者是运输合同规定的法律，或者是目的地国家的法律，或者如果航程中止则为船舶与货物分开地的法律。[③] 作为一项特殊的海事制度，共同海损连接点的特殊性在于它有许多其他一般涉外民商事法律关系中所没有的连接点，如船旗国、理算地、航次终止地等。依据所主张的连接因素不同，产生的不同于一般涉外民商事领域的冲突规则主要有船旗国法、理算地法、航次终止地法。

一、船旗国法

无论是公共运输还是私人运输，也不管是陆运、空运还是海运，任何运输工具都有一个可以识别的标志，以确定应适用的法律。在海事冲突法中，船旗是区分内国船舶和外国船舶的重要标志，是判断某一海事

---

① 朱清：《论海事国际私法中的冲突规范及其发展》，载大连海运学院国际海事法律系编：《海商法论文集》，学术书刊出版社 1989 年版，第 222 页。

② 参见丁伟：《论国际海商海事领域法律适用的特点》，载《法学》1997 年第 2 期。

③ 参见［英］Donald O'may、［英］Juliam Hill：《OMAY 海上保险——法律与保险单》，郭国汀等译，法律出版社 2002 年版，第 435 页。

关系是否具有涉外因素的重要依据之一。对于海上主要的运输工具——船舶来说，船旗象征着船舶的法律地位，代表了一艘船舶的国籍、管辖、适用的法律，并指明了其在海事事务中应该承担的法律义务。[①] 以船旗为连接点的船旗国法，是指将国旗或特定标志旗作为连接点的系属公式，即在处理有关的涉外海事法律纠纷时，以船舶进行登记的国家的法律为准据法。有人认为，船旗国法是基本的海事法律选择原则，一条普遍适用的除非在特殊情况下需要不同的解决方式时的法律选择规范。[②] 在“Coast Lines v. Hudig & Veder Chartering NV”案[③]中，当租船合同中其他情况对等的时候，船旗国法被认为将起支配作用。船旗国法这一系属公式在海事冲突规范中具有突出的地位。[④]

16 世纪，属地法说[⑤]成为解决法律冲突的主流学说，但是船舶在不同的海域从事国际海上运输，难以确定船舶所在地，尤其是航行于公海上时，任何国家都无权对公海上的船只进行管制。从国际公法的角度而言，船舶被视为所悬挂旗帜的主权国家的拟制领土，船旗国法类似于陆地的“海上”领土的“国籍”原则，因此涉及船舶的法律纠纷应该适用其所悬挂的旗帜所属主权国家的法律。船东选择了船旗就是选择了在法律上隶属于某一国家，国际法关于国家对悬挂其本国旗的船舶具有管辖权的原则，是主张船旗国法的理论依据。[⑥] 因此，船旗选择具有法律选择的深远意义，[⑦] 几乎所有的国家都认可船舶在公海上发生碰撞或其

---

① See Nagendra Singh, *Maritime Flag and International Law*, A. W. Sijthoff International Publishing Company, 1978, p. 22.

② 参见［挪］S. 布雷柯斯：《国际航运中的法律选择》，侯军译，载《上海海运学院学报》丛书（法律），上海海运学院出版社（现大连海事大学出版社）1988 年版，第 16 页。

③ Coast Lines v. Hudig & Veder Chartering NV, ［1972］2 Q. B. 34, ［1972］2 W. L. R. 280, ［1972］1 All E. R. 451, ［1972］1 Lloyd's Rep. 53.

④ 参见丁伟：《论国际海商海事领域法律适用的特点》，载《法学》1997 年第 2 期。

⑤ 属地法说主张法律属地，认为法律原则上只有在立法者境内有效。

⑥ 参见胡正良：《试论船舶碰撞中的法律适用问题》，载大连海运学院国际海事法律系编：《海商法论文集》，学术书刊出版社 1989 年版，第 103 页。《1982 年联合国海洋法公约》第 92 条第 1 款也明确规定，在公海上船旗国对其船舶享有专属管辖权。

⑦ 参见［挪］S. 布雷柯斯：《国际航运中的法律选择》，侯军译，载《上海海运学院学报》丛书（法律），上海海运学院出版社（现大连海事大学出版社）1988 年版，第 13 页。

他事故时，应适用船旗国法律。

美国联邦最高法院对“Lauritzen v. Larsen”案[①]作出的判决，也许是现代适用船旗国法最有影响的司法判例。该案将船旗作为七个可考虑的连接因素[②]中第二个应考虑的因素，对船旗国法赋予了极高的评价：海事法中最具有权威性和普遍性的原则是极其重要的船旗国法，没有任何实践经验表明，有比船旗国法更好的原则。该案中，在确定准据法时，对船旗的考虑胜过对其他大多数连接因素的考虑。法院一再判称，船长根据其固有权利在航程中订立的契约，受船旗国法支配，这样是方便的，因为船长可能需要作为许多货主的必然代理人行事，这些货主与船主订立的契约可能会受不同国家法律的支配。[③]

船旗国法在共同海损的法律适用中同样具有重要地位，被许多国家用来确定公海上发生的共同海损、海损性质、船舶和货物分摊额度、共同海损的构成要件和手续等共同海损法律关系的准据法，详见表3。

表3 共同海损法律纠纷适用船旗国法的举例

法律/条约	共同海损纠纷适用船旗国法的规定
《意大利航海法典》第11条	船旗国法作为基本的法律适用原则，适用于共同海损分摊
《阿根廷航海法典》第607条	船旗国法是确定共同海损成立与否及其手续和分摊义务的准据法
《利比里亚海事法》第2条	船旗国法适用于利比里亚的所有船舶
《保加利亚1970年商船法》第二章	共同海损通常情况下适用船旗国法

① Lauritzen v. Larsen, 345 U. S. 571, 73 S. Ct. 921 U. S. 1, 953, 1953 A. M. C. 1210, 97 L. Ed. 1254.

② 七个连接因素分别是侵权行为地、船旗、损害结果地、船东住所地、合同签订地、不方便管辖法院、法院地。

③ 参见［英］莫里斯：《法律冲突法》，李东来等译，中国对外翻译出版公司1990年版，第278页。

续表

法律/条约	共同海损纠纷适用船旗国法的规定
澳大利亚和新西兰有关规定	如果没有共同海损协议书或合同，……准据法很可能是船旗国法
日本有关规定	在当事人未指定共同海损准据法的场合，依船舶的旗国法
	在公海内发生的共同海损，应依船旗国法
《蒙得维的亚条约》第15条、第16条第1款、第17条	海损的性质、船舶的单独海损、有关共同海损行为的构成条件和手续的一切事项，均由船籍国的法律规定
《布斯塔曼特法典》第288条	确定为单独海损或共同海损，以及船舶和货物各应分摊的比例额，适用船旗国的法律

注：《保加利亚1970年商船法》第2章的规定，参见王国华：《海事国际私法专题研究》，辽宁大学出版社2012年版，第241页；澳大利亚和新西兰的规定，参见"国际海协拟定的海事国际私法问题单中澳大利亚和新西兰海事法协会的答复"，侯军、侯广燕编著：《当代海事法律适用法学》，世界图书出版公司1998年版，第609页；日本关于共同海损适用船旗国法的观点，参见"国际海协拟定的海事国际私法问题单中日本海事法协会的答复"，侯军、侯广燕编著：《当代海事法律适用法学》，世界图书出版公司1998年版，第634页。又见［日］北胁敏一：《国际私法——国际关系法Ⅱ》，姚梅镇译，法律出版社1989年版，第229页。

（一）共同海损适用船旗国法的优越性

船旗国法，作为海事法特有的一种冲突法规则，以其本身独特的优越性在共同海损领域发挥着重要的作用，这些优越性突出地体现为三个方面。

1. 稳定性和明确性

船旗国法是有关船舶的一切法律关系的中心，船舶所悬国旗及相应船旗国法相对稳定、明确；而且船旗易于识别和确认，为多数利害关系人所预知，便于确定相应的旗国法，符合法律适用的预知性和稳定性的需求。

2. 统一性和一致性

船舶的旗国法是相同的，无论船舶所有人到何地，也不管案件提交给哪一国法院，相同的旗国法会使有关问题获得一致的结果，而这正是国际私法所追求的目标。船舶是发生共同海损行为的事实发生地，无论是船主还是承租人、托运人，都希望能把作为共同海损基本概念的船舶和货物这一危险共同体置于支配该船舶的法律之下，而支配船舶的法就是船旗国法，[①] 是一切有关共同海损法律关系的中心，能使债权人相互间的关系得到最简便的处理，[②] 保证调整船舶和运输合同的法律的统一性和稳定性，使得案件的处理结果具有一致性。

3. 客观合理性

船舶是共同海损法律关系的重要客体，是共同海损法律适用的一个重要的连接因素，共同海损宣告人（船东）可以根据自己熟悉的船舶本国法弄清共同海损的全部内容，将船舶的国籍法作为法律适用原则，具有一定的客观合理性。

（二）船旗国法的不足

美国联邦最高法院曾在“Lauritzen v. Larsen”案[③]的判决中指出，船旗国法是一项“最值得遵守的惯例”。但是，这一观点在现代实践中受到了挑战，船旗国法理论面临严重的危机。

1. 悬挂“方便旗”[④] 的船舶增多

1986 年，世界上有 40% 从事国际运输的船舶悬挂“方便旗”。[⑤] “方便旗”产生的主要原因是经济利益的最大化和政治敌对国家之间经济交往的需要。“方便旗”国大都是发展中国家，包括巴拿马和利比里亚在内的少数几个国家允许与其本国没有任何联系的外国船舶在其国内注册。[⑥] 这些国家相关的海商法并不完备，船旗国法往往含糊不清，外国当事人难以了解和证明，这样容易出现法律真空，从而出现无法可依

---

① 参见禹华英：《论海事国际私法中的法律适用》，载《现代法学》1998 年第 3 期。

② 参见韩立新：《海事国际私法》，大连海事出版社 2001 年版，第 142 页。

③ Lauritzen v. Larsen, 345 U. S. 571, 73 S. Ct. 921 U. S. 1, 953, 1953 A. M. C. 1210, 97 L. Ed. 1254.

④ “方便旗”是指船舶与其国籍没有真正的联系，船舶所有权不为该国公民所有，船舶更不是该国制造。“方便旗”的产生通常是基于经济上的原因，比如船东意图逃避高额的税收、维修费、某些国际公约以及雇佣船员须得是某国国民的义务等。

⑤ 参见［加］威廉·泰特雷：《国际冲突法：普通法、大陆法及海事法》，刘兴莉译，黄进校，法律出版社 2003 年版，第 135 页。

⑥ See Nagendra Singh, *Maritime Flag and International Law*, A. W. Sijthoff International Publishing Company, 1978, p. 18.

的局面，使船旗这一重要的连接因素失去了其原有的价值。另外，船舶挂“方便旗”被看作是规避法律的一种手段，由于船舶与“方便旗”国本身缺乏实质性联系，船旗国对船舶的控制和与船舶的利益联系大大减弱，船舶旗帜并不能真实地表达该船舶与船旗所属国之间固定的法律联系和其有效的身份地位，共同海损纠纷适用“方便旗”国家的法律就会违背真实、密切联系的原则，构成法律规避。“方便旗”问题必然会影响船旗国法原则在海事冲突法中的地位和作用，从而导致减少旗国法作为海事法律选择原则的适用性。

基于上述原因，在遇到“方便旗”时，为了解决法律适用的问题，立法要求船舶悬挂的船旗与船旗国有“真正联系”①，并且船舶得由船旗国“控制”。② 在“Assunzione”案③中，法院就认为，船舶挂“方便旗”所表明的国籍不是船舶的真正国籍。理论上，法学论著、法学论文和从事航运公司研究的法律专家都主张“真正联系”原则优于“船旗国法”。④ 因此，对于“方便旗”，可以认为船旗国法的合理、真实的指向是船舶所有人的本国法。⑤

2. 存在没有明确旗帜的船舶

旗帜对于航行在任何区域的船舶来说都是非常重要的，无论是判例法还是成文法、国际条约还是国际惯例，大都对没有船旗、悬挂错误船旗和双重船旗的情况作了明确的规定。例如，《1958 年日内瓦公海公约》第 6 条第 2 款规定，如果船舶进行双重登记或挂双重国旗，该船被视为无国籍，不能得到它所主张的任何一个船籍国法律的保护。在著名

---

① 所谓“真正联系”，也称“真实联系”，指在授籍之前即应存在的事实，而此种事实使得授籍国在授籍以后能对船舶实施有效的管辖。参见李双元、蒋新苗主编：《现代国籍法》，湖南人民出版社 1999 年版，第 266 页。

② 参见《1958 年日内瓦公海公约》第 5 条第 1 款、《1982 年联合国海洋法公约》第 91 条、《1986 年船舶登记公约》、《1986 年美国外国关系法重述（第三部）》第 501 条。

③ The “*Assunzione*”，[1954] P. 150，[1954] 2 W. L. R. 234，[1954] 1 All E. R. 278，[1953] 2 Lloyd’s Rep. 716，(1954) 98 S. J. 107.

④ 参见［加］威廉·泰特雷：《国际冲突法：普通法、大陆法及海事法》，刘兴莉译，黄进校，法律出版社 2003 年版，第 136 页。

⑤ 参见《1958 年日内瓦公海公约》第 5 条。

的“Asya”案[①]中，判决裁定一艘没有悬挂任何主权国家船旗的船舶没有任何航行自由，并无法获得任何国家法律的保护。[②] 这类船舶因为没有明确的、合法的船旗，很难判断其船旗国法，从而给船旗国法的适用带来一定障碍。

3. 光船租赁下船旗国法的模糊性

光船租赁[③]情况下，是承租人对船舶行使着实际控制权，当船舶光租需要换船旗时，对船旗国就会出现不一致的理解。[④] 对此，《1958 年日内瓦公海公约》第 5 条规定，船旗的真实意图应指向光租人本国法。换言之，在光船租赁登记的情况下，船旗国法是光船租赁登记所在国家的法律，而不是船舶（原）登记国的法律。[⑤]

虽然上述情况会导致减少船旗国法作为共同海损法律选择原则的适用性，但是船旗至今在法律适用中仍然是重要的，船旗国法的系属公式仍不失为一个可用的重要原则。共同海损问题适用船旗国法对案件处理是方便的，只是由于其本身的一点缺陷及“方便旗”带来的挑战，使它显得并不十分完美罢了。[⑥] 因此对于船旗国法在共同海损领域的适用应当加以适当限制，最好的做法是将船旗作为许多联系因素中的一个来考虑，或者说，没有其他可能的联系因素确定合同准据法时，适用船旗

---

① The “*Asya*”, [1948] A. C. 351.

② See Oppenheim, *International Law*, Vol. 1, 8th ed., Oxford University Press, 1955, p. 596.

③ 光船租赁是指船舶出租人向承租人提供不配备船员的船舶，在约定的时间内由承租人占有、使用和营运，承租人根据租船合同向出租人支付租金。参见《海商法》第 144 条。

④ 关于光船租赁船舶的登记，国际上一般有三种做法：一是船舶保留原国籍，即光船租进的外国船舶不允许在本国登记，光船租出的本国船舶不得在外国登记，如日本、韩国等；二是船舶取得承租人所属国国籍，光船租进的外国船舶可在本国登记，光船租出的本国船舶亦可在外国登记，如德国、澳大利亚等；三是允许以光船租进的外国船舶终止原国籍后在本国登记，不允许以光船租出的本国船舶在外国登记，如俄罗斯、法国等。

⑤ 参见［加］威廉·泰特雷：《国际冲突法：普通法、大陆法及海事法》，刘兴莉译，黄进校，法律出版社 2003 年版，第 137 页。

⑥ 参见李海：《论海事优先权法律冲突的解决途径》，载大连海运学院国际海事法律系编：《海商法论文集》，学术书刊出版社 1989 年版，第 181 页。

国法是确定合同准据法的最后手段。[①]

二、航次终止地法

航次终止地法，也称航程终止地法，是指发生共同海损事故后船舶到达之地的法律。阿博特（Abbot）大法官在 Simonds v. White 案[②]中指出了航次终止地的重要性："不同国家的法律和惯例有许多差异……但有一点是共同的，即共同海损理算地是船舶的目的地或货物交付地。"航次终止地根据航次是否按照计划结束而有所不同，当航次依据计划完整结束时，航次终止地为最终目的地；当航次未按计划结束，在航行途中因共同海损发生船货分离，造成航次中断时，则航程中止、船货分离地为航次终止地。共同海损适用航次终止地法在实践中得到了广泛的承认，详见表 4。

表 4　共同海损纠纷适用航次终止地法的举例

法律/条约	共同海损纠纷适用航次终止地法的规定
英国有关规定	在当事人没有选择的情况下适用航程终止地法：（1）如果航程按计划结束，适用最终目的港法；（2）如果航程未按计划结束，适用航程中止、船货分离地的法律
	当运输合同中没有约定适用《约安规则》时，共同海损理算适用航次终止地法。［1983 年"协会船舶定期保险条款"（ITC83）第 11 条第 2 款］
《保加利亚海商法典》第 16 条	共同海损适用航程终止港所在地法或当事人共同国籍国法
美国有关规定	除另有规定外，共同海损理算所适用的实体法（包括理算师的惯例）是航程终止港的法律

---

① 参见［加］威廉·泰特雷：《国际冲突法：普通法、大陆法及海事法》，刘兴莉译，黄进校，法律出版社 2003 年版，第 122 页。

② Simonds v. White（1824）2B. & C. 805，811；4 D. & R. 375；2 L. J. O. S. K. B. 159；107 E. R，582. 转引自［英］Donald O'may、［英］Juliam Hill：《OMAY 海上保险——法律与保险单》，郭国汀等译，法律出版社 2002 年版，第 436 页。

续表

法律/条约	共同海损纠纷适用航次终止地法的规定
《蒙得维的亚条约》第18条	共同海损的理算和分配，应在船舶目的港进行；如果船舶不能到达目的港时，则在其卸货港进行

注：英国共同海损适用航次终止地法的规定，参见“国际海协拟定的海事国际私法问题单中英国海事法协会的答复”，侯军、侯广燕编著：《当代海事法律适用法学》，世界图书出版公司1998年版，第573页。美国共同海损适用航次终止地法的规定，参见［美］G. 吉尔摩、C. L. 布莱克：《海商法》（上），杨召南等译，中国大百科全书出版社2000年版，第337页。

（一）航次终止地法的理论依据

共同海损适用航次终止地法的理论依据并不统一，主要有以下四种观点。

1. 共同海损在法律性质上属于不当得利，只有采取的共同海损措施有效果，才能有得利，而对这种措施的效果判断只有在船货到达航程终止地的时候才能予以确认，所以，支配共同海损的法律应该是航次终止地法律。① 上述观点从共同海损的法律性质出发来判断共同海损纠纷适用航次终止地法的合理性，分析角度是新颖的，但是，共同海损的性质是否属于不当得利是一个有争议的问题，② 所以将共同海损的不当得利性质作为确定航次终止地法是共同海损法律适用原则的理论依据并不充分。

2. 船舶是动产，而共同海损的诉讼是真正的动产诉讼，应适用一般法律适用原则的“物之所在地法”——船舶所在地法，即航次终止地法。③ 该理论无法阐明共同海损适用航程终止地法的理论依据。首先，船舶虽然在法律性质上属于动产，但是实践中船舶是作为具有特殊性的动产而存在的，其具有许多不动产的性质。④ 例如，船舶的抵押、买卖等类比适用不动产规则。上述理论单纯强调船舶的动产属性，忽视了其不动产的特性，失之偏颇。其次，共同海损理算的对象不仅涉及船

---

① 参见屈广清主编：《海事国际私法新编》，法律出版社2005年版，第135页。

② 共同海损的法律性质存在多种观点，比较流行的有“衡平说”“契约说”“无因管理说”“危险共同体说”等，“不当得利说”并非主流学说。

③ 参见屈广清主编：《海事国际私法新编》，法律出版社2005年版，第135页。

④ 司玉琢教授认为，船舶是一种特殊的动产，但实际上，其经常被作为不动产看待。参见司玉琢等编著：《海商法详论》，大连海事大学出版社1995年版，第52页。

舶，还包括货物、运费等内容，上述观点中“物之所在地法”中的“物”并不单指船舶，所以单纯以船舶为中心来确定共同海损的法律适用，缺乏合理性和全面性。

3. 共同海损一般是在履行海上货物运输合同的过程中发生的，共同海损的分摊请求权是从海上货物运输合同中派生出来的，共同海损理算与分摊事宜亦是船、货各方权利义务的分配，应该属于对海上货物运输合同的履行。由于具有利害关系的货主一般是航次终止地的收货人，对航次终止地法比较熟悉，适用航次终止地法可以顺利公平地进行理算。该理论以共同海损与海上货物运输的关系为视角，从有利于各方权利义务的分配和共同海损理算与分摊的顺利进行的角度出发，认为航次终止地法适宜成为共同海损的准据法，比较有说服力。

4. 残存主义。这一观点主张航程终止时如果财产的实际净值为零，即没有任何财产抵达目的港，则分摊价值为零，没有共同海损分摊可言。因此，共同海损之债的效力须等到航程终止时方能确定，共同海损分摊之债应以分摊财产在航程终止时的残存价值为限。根据这一主义，共同海损应以获救财产在航程终止时的价值为基础进行分摊，而不是以做出共同海损行为时各受益财产的价值为基础进行分摊。一方面，作为一种金钱之债，共同海损之债的数额必须要在航程终止时依据各方分摊财产的价值比例方能算定。如果同一航程中的各受益财产的价值因为在发生共同海损事故后又遭受另外的海损事故而发生变动，则共同海损损失方与各受益方之间的共同海损之债的债权债务数额也将因此而发生变动。另一方面，共同海损之债须以受益财产在航程终止地时仍有保存为其继续有效之前提，如果某一受益方的财产在发生共同海损事故后又遭受灭失，则先前已成立的共同海损之债将因失去分摊的基础而告消灭；而如果船货全损，则损失方对所有受益方的共同海损之债都将归于消灭。[①] 正是在这一意义上，有学者认为，共同海损之债是一种附有以获

① 参见司玉琢、李志文主编：《中国海商法基本理论专题研究》，北京大学出版社2009年版，第443页。

救财产（受益财产）之灭失为解除条件的债。① 但是这种观点建立在共同海损牺牲的基础上，忽略了共同海损费用的分摊的特殊性。②

（二）航次终止地法的理论分析

从理论上说，适用航次终止地法进行共同海损的理算和分摊是具有合理性的，学者也从不同的角度确认了这一冲突法规则的价值，认为这是解决共同海损纠纷的一项重要的冲突法规则。但是，仍有观点质疑该规则的理论基础：首先，适用航次终止地法不符合冲突规范的可预见性要求。在实践中，适用航次终止地法具有一定的偶然性，尤其是航程非正常终止的情况下，当事人无法预料共同海损将在哪里发生，航次将在哪里终止，所以适用航次终止地法缺乏法律要求的预见性和稳定性。其次，航次终止地法不符合冲突规范的统一性要求。一个航程可能涉及位于不同国家的收货人，也就意味着航程终止地可能在不同的国家，这样，航程终止地就失去了统一性，究竟依据哪一个航程终止地就无法确定了。再次，在某些特定的情况下，适用航次终止地法不符合最密切联系原则。例如，当船舶和所有利害关系人均属同一国家，而航次终止地位于某外国时，依据最密切联系原则，航次终止地似乎并不符合这一要求。最后，"残存主义"应用于共同海损牺牲的分摊，各国学者一般无异议，但是在涉及共同海损费用的情况下，如果仍以"残存主义"确定各方的分摊责任，似乎有失公允。因为救助费用应于救助结束之时支付，而非于航程终止时才支付，如果按照"残存主义"确定救助费用的共同海损分摊责任，于船方而言是不公平的。

但上述观点并没有妨碍航次终止地法规则在司法和立法实践中的广泛应用。首先，冲突规范的预见性和统一性是相对而言的。对于航程按计划完成的情况，无论货主有多少个，船舶停靠的港口都是有限的几个主要港口，当事人还是可以预先知道的；虽然在航次中断的情况下，航

---

① 参见施智谋：《海商法专题研究》，台北，三民书局1992年版，第313页。

② 从公平角度而言，共同海损费用系船东为了共同安全而提前垫付的费用，应在该费用发生时按照当时各方存留财产的价值比例予以分摊，否则对船东来说是不公平的。

程终止地的确定缺乏预见性，但是满足了统一性的要求。实践中，大部分提单或运输合同中都对航次终止地作出了明确的约定，这样就解决了航次终止地的可预见性和统一性要求。其次，无论哪种冲突法规则都不是唯一的，都是在具体案件中经过比较做出的相对合理的选择。航次终止地法作为共同海损领域特殊的法律冲突规则，并不是说一定要适用于每个具体的共同海损案件，譬如说存在共同海损费用的情况下，可以通过比较选择更适合的或具有更密切联系的其他冲突法规则。航次终止地法作为共同海损独有的冲突法规范，它的出现符合海事冲突法的发展趋势，增加了共同海损法律选择的连接因素，在某些案件中能够发挥其不同于一般冲突规范的优势，有利于共同海损法律冲突的解决。

三、理算地法

理算地法，顾名思义，即共同海损理算地的法律。由于共同海损理算和分摊的内容复杂，共同海损适用理算地法律，有利于理算工作的顺利进行。作为共同海损理算行为特有的冲突法规则，理算地法在共同海损法律冲突的解决中发挥着重要的作用，已经得到了诸多国家的认可，详见表 5。

表 5　共同海损纠纷适用理算地法的举例

法律/条约	共同海损纠纷适用理算地法的规定
中国《海商法》第 274 条	共同海损理算，适用理算地法
德国有关规定	有关共同海损事宜适用共同海损理算地国法
《阿根廷航海法》第 607 条	理算地国的法律适用于理算
《蒙得维的亚条约》第 17 条第 1 款	共同海损，按其理算或分摊所在港口国家现行法律规定

注：德国关于共同海损适用理算地法的规定，参见“国际海协拟定的海事国际私法问题单中前民主德国海事法协会的答复”，侯军、侯广燕编著：《当代海事法律适用法学》，世界图书出版公司 1998 年版，第 593 页。

（一）理算地的确定

理算法律的适用对于理算的结果至关重要，适用不同的法律得出的理算结果往往差异很大。例如，在 Simonds and Loder v. White 案[①]中，适用俄国法律理算出来货方应该分摊的数额就比适用英国法要大许多。理算地法是指共同海损理算地点的法律，在根据理算地法原则确定准据法时，理算地的确定就变得非常关键。

所谓理算地，即共同海损发生后的理算地点。理算地的确定通常包含两种情况：一种是当事人对理算地有约定的情况下，适用当事人的约定；另一种情况是在当事人没有约定的情况下，理算地通常是指航次终止地。[②]

1. 当事人明示选择理算地

由于理算师或理算工作所在地通常与共同海损本身没有内在的联系，当事人可以自愿或根据约定将共同海损提交他们信任的任何一国的理算师或理算机构。[③] 当事人可以事先在合同中约定航次终止地以外的其他地点作为理算地，如当事人约定："对于履行运输合同过程中发生的共同海损，在某某地点进行理算，并适用该理算地的法律。"这时就要以当事人的约定为准，这是对当事人意思自治原则的尊重。之所以当事人会选择理算地，更多的是对理算机构（或理算师）和理算法律的选择。海损理算涉及确定共同海损损失和费用的项目及总额、应参加分摊的受益方及其分摊价值、各受益方的分摊金额以及最后应收或应付的金额和结算办法等一系列的调查审核和计算工作，[④] 是一项非常复杂的工作，需要有经验的理算师才能熟练操作。如果理算师熟悉相应的理算规则，会取得事半功倍的效果，所以当事人会从自己的利益角度出发对理算地及理算地法做出选择。

---

① Simonds and Loder v. White,（1824）2 Barnewall and Cresswell 805 107 E. R. 582.

② 按照英国法，理算地通常是用来描述航次终止的地点，也是决定共同海损的法律适用的地方。根据英国法律，在没有选择法律的情况下，共同海损适用航程终止地法。参见"国际海协拟定的海事国际私法问题单中英国海事法协会的答复"，侯军、侯广燕编著：《当代海事法律适用法学》，世界图书出版公司 1998 年版，第 573 页。

③ 参见陈波：《对我国〈海商法〉中"共同海损"一章的修改意见》，载《中国海商法年刊》2001 年第 0 期。

④ See N. Geoffrey Hudson, *The Association of Average Adjusters*, Arbitration 50, No. 2, p. 128（1984）.

2. 默示推定航次终止地为理算地

当事人没有在合同中明确约定理算地，此时理算地一般是指航次终止地，包括航程终止地和航程中断地。共同海损牺牲是由船东代替船货两方的利益所为，[①] 共同海损费用也通常是由船东垫付的，所以共同海损一般由船东或者他的代理人在航次终止地宣布，[②] 并指定理算师进行理算。[③] 共同海损虽然在航次终止地宣布，实际上在事故发生以后早由船主或代理人通知各利害关系方。在船舶抵达终止地或中断地的时候，受到损坏的货物或船舶的损坏部分应受检验，此时此地才可以确定船舶和货物的损失及存留价值究竟是多少，而这也是共同海损理算的重要依据；同时，航次终止地是船、货分离的地方，是决定准据法的一个重要的客观连接点，通常都是将航次终止地作为共同海损的理算地。实践中，理算地随着航次终止地的不同情形分为三种情况。

（1）航程在目的港终止时理算地的确定

在海上货物运输合同中，如果没有特别的约定，理算地点通常是指航程终止地点，也就是航程终止的目的港。

但在特定情况下，将航程目的港作为理算地也有不妥之处。比如，船舶在海上触礁遇到危险，由另船拖带抵达安全港口所应给付的救助费用，通常先由船主垫付。如果该项费用的受益者是船舶、货物和运费各关系方，则应该是共同海损，由各方分担。如果船东在支付救助费用以后，船货由于另一海难全部覆没，无存留财产可以分担，则船主实际上遭受了无法补偿的损失。从共同海损费用的角度来考虑理算的地点和时间，似不应在航程目的港。但是，在实践中，根据一般法律或者《约安

---

① 在货方宣布共同海损的情况下，通常具体的共同海损行为也是由船方作出的，因为在海上航行期间，船舶和货物处于船方的实际控制之下，客观上，只有船方能够履行共同海损行为。

② See Fletcher v. Alexander,（1867 – 1868）L. R. 3 C. P. 375.

③ 虽然理算师通常由船东指定，但其仅仅是依据当事人指定的范围进行理算，并不是任何一方的代表，其地位是中立的。See Tata, Inc. v. Farrell Lines, Inc., 1985 WL 1666（S. D. N. Y.）; See also Nicholas Kouladis, *The Legal Status of Average Adjusters*, Journal of Business Law, p. 488 and p. 501（1994）; And also Raymond P. Hayden, Kipp C. Leland, *General Average-Issues to Consider*, University of San Francisco Maritime Law Journal 23, p. 110（2010 – 2011）.

规则》，都没有把牺牲和费用的理算地点和时间区分开来，仍一律规定在航程终止港理算。在航程终止港是目的港的情况下，这样单一的规定没有区分特殊情况，有时难免造成不公正的后果。[①] 因此，如果中途产生费用，而且最后船货皆无存留的情况下，从公平的原则出发，应将共同海损行为产生时的地点作为理算地更为妥当。

（2）航次中断时理算地的确定

英国判例认为，由于遭遇意外危险，使得原航程在某一中途港或地点中断并造成船、货分离时，该航程中断港口或地点就是理算地。在 Fletcher v. Alexander 案[②]中，船舶在搁浅后返回装货港，并在该港放弃了航程。法官指出："当航程在非目的港被中断并变成终止时，共同海损理算应在那个地方，且适用的法律也应是那个地方的法律。"该观点在 Mavro and Another v. The Ocean Marine Insurance Company 案[③]中被肯定，科克本（Cockburn）法官提出："如果航程由于一些原因被迫在中途港终止，那该港口就是适当的理算地点。"

因为海损事故，船舶在中途避难港被认为不适航而放弃原定航程，这个避难港就算作共同航海的终止地点，共同航海关系在此结束，各关系方在这个航海终止港，按照当时的财产状况进行理算，应该是最适当的。对于航程各当事方而言，"船货损失金额按照共同海损行为发生时最近的时间、地点计算，是最准确的，也是公平的"[④]。

（3）部分货物到达目的港时理算地的确定

一艘船舶载运几十甚至上百票货物在海上航行，如果中途遭遇意外的危险，部分货物在避难港中断了原预定的航程，而其他的货物最终还是被原船运至目的港，这种情况下应如何确定理算地？在 Hill v. Wilson 案[⑤]中，船舶在中途搁浅并遭受损坏后被拖至丹麦的哥本哈根进行维

---

① See Fletcher v. Alexander, (1867 – 1868) L. R. 3 C. P. 375.

② Fletcher v. Alexander, (1867 – 1868) L. R. 3 C. P. 375.

③ Mavro and Another v. The Ocean Marine Insurance Company, (1874 – 1875) L. R. 10 C. P. 414.

④ Fletcher v. Alexander, (1867 – 1868) L. R. 3 C. P. 375.

⑤ Hill v. Wilson, (1879) 4 C. P. D. 329.

修，部分货物遭到损坏并在此被卖掉。船舶修复后载有原船所运其他托运人的部分货物到达原定目的港。在何处进行理算的问题上，法官林德雷（Lindley）在案件中指出："航程并未在哥本哈根结束，该地只是船舶在此维修以便继续航程的暂时停留处，虽然原告的货物在此被卖掉，但是仅就这一事实无法得出航程就此结束的结论，因为仍有货物在船舶修复后被运至目的港。" Hill v. Wilson 案成为只有部分货物到达目的港情况下如何确定理算地及理算地法律的权威案例，[①] 即当部分货物被留在避难港或在避难港被处理掉，而只有部分货物被原船运至目的港时，该目的港才是理算地。

共同海损发生以后，受到损失的货物（货物可能灭失也可能因为受到损害而被贱卖）是由于共同海损做出的牺牲，应该获得各受益方的分摊。受到损害的货物被卖掉的地方只是一个暂时处理共同海损事件的地点，而不是共同海损最终获得处理的地方，因此，分摊方受益的标准应该在共同航海完成的地点计算，这样做是公平的。比如，在航行中途货主甲的货物被投弃，乙、丙的货物和丁的船舶存留，应认为乙、丙、丁获得益处。可是在这一海难之后到达目的港以前，船货可能由于另一海难全部覆没，毫无存留的财产可以进行分担，即使甲的货物未被投弃亦必然在后一次海难中同遭覆没。这样，共同航海关系方都没有到达目的港，甲虽然遭受牺牲，但是无人受益，无从进行分担。倘受益的计算标准，不在目的港而在发生共同海损行为的避难港，其结果必然是即使嗣后船货全部覆没，甲仍获得补偿。这样，甲因为受到牺牲，反而得到优越利益，显失公平。所以在船上还有部分货物的情况下，最后的目的港才是航程的终点，只有船舶到达了目的港，才可以对剩余货物和损失货物的价值作出评估，共同海损的牺牲和损失金额才能最终确定。因此，在仅有部分货物到达目的港的时候，仍然应该以目的港为理算地点。

（二）理算地法和理算法的关系

理算地法即理算地的法律，确定了理算地也就确定了理算地法，但

---

① 参见杨建国编译：《英国法下共同海损理算地点和适用法律》，载《中国对外贸易》2000 年第 2 期，第 49 页。

并不是说就此确定了理算法。“理算地法”与“理算法”虽只有一字之差，但是前者是一个冲突法规则，据此确定的准据法可以是中国法、英国法或是其他国内法，后者则是依据冲突规则指引确定的准据法，可能是前述诸多法律中的一个，也可能是另外的法律或规则。厘清二者之间的关系对解决共同海损法律冲突问题至关重要。

1. 理算法[①]的确定

英国判例中总的观点是，共同海损从整体上讲是与运输合同规定适用的法律分开的，即使合同中明示选择了法律，也不可以扩展到共同海损的法律适用问题上。[②] 可见，英国将运输合同适用的法律和共同海损适用的法律是严格区别开来的，即在当事人对共同海损适用的法律没有做出特别约定的情况下，运输合同的准据法不能想当然地适用于共同海损。如果合同中没有关于共同海损理算法律适用的特别规定，应适用航程终止地的法律，[③] 因为只有那一点是货物存在且留置权可以实施的地方。[④] 在 Green Star Shipping Co. Ltd. v. London Assurance 案[⑤]中，罗奇（Roche）法官就认为：“如果有《约安规则》无法调整的事项，在运输合同没有其他特别约定的情况下应适用航程终止地的法律。”

从货物运输与共同海损之间的关系看，共同海损是在履行海上货物运输合同过程中发生的事件，托运人与承运人签订运输合同时是将共同海损放在运输合同的范畴中考虑的。如果双方在运输合同中就共同海损的法律适用做了约定，那么应适用当事人对共同海损特别约定的准据法，这是对当事人意思自治原则的尊重。在 Green Star Shipping Co. Ltd.

---

① 此处理算法作广义理解，包括法律、公约和国际惯例。

② See Simonds and Loder v. White, (1824) 2 Barnewall and Cresswell 805 107 E. R. 582.; See also Wavertree Sailiing Ship Company v. Love, [1897] A. C. 373.

③ 参见“国际海协拟定的海事国际私法问题单中英国海事法协会的答复”，侯军、侯广燕编著：《当代海事法律适用法学》，世界图书出版公司 1998 年版，第 573 页。

④ See D. J. Wilson, *The Law of General Average and the York- Antwerp Rules*, 11th ed., Sweet & Maxwell, 1990, p. 183 – 198.

⑤ Green Star Shipping Co. Ltd. v. London Assurance, [1933] 1 K. B. 378, 1931 WL 26378, (1931) 39 Ll. L. Rep. 213.

v. London Assurance 案[①]中，罗奇法官就主张“如果运输合同中约定共同海损理算适用《约安规则》，则依此理算”。共同海损适用航程终止地的法律具有一定的合理性，但是在连接点众多的共同海损案件中，具有合理性的连接点并不只此一个，在当事人没有做出约定的情况下，应突出根据最密切联系原则确定理算法律的原则，这是当今合同冲突法发展的基本趋势。

2. 理算地法与理算法的区别

有观点认为，当事人选择理算地的行为同时默示地选择了该地的法律。[②] 从理论上讲，当事人选择了理算地，但并不一定就同时选择了理算地法作为共同海损的准据法。比如，Zim Israel Navigation Co. Ltd. v. 3 – D Imports, Inc. 案[③]中，涉案提单就对理算地和理算法律分别作出了约定：“共同海损理算在航程终止地或航程终止港依据 1974 年《约安规则》进行。”[④] 当事人选择理算地有可能是基于对理算人或理算机构的考虑，也可能是出于对理算地法律的斟酌，但是无论如何，不应该将理算地（理算地法）和理算法律画上等号。在“海南华联轮船公司诉广西国际合作经贸公司、中国人民保险公司广西壮族自治区分公司共同海损分摊纠纷”案[⑤]中，涉案提单背面的共同海损条款也对理算地和理算法律分别作了规定：共同海损应根据承运人的选择在任何港口或地点根据 1974 年《约安规则》理算。

即使根据理算地能够确定理算地法，也不能说就此确定了理算法，而只能说确定了理算法的冲突规则。这样也便于解决船舶载有不同货物到达不同目的地时共同海损理算适用的法律问题。因为如果按照理算地法原则，将导致货物卸下的每一个国家的法律分别适用于在那里卸下的

---

① Green Star Shipping Co. Ltd. v. London Assurance, [1933] 1 K. B. 378, 1931 WL 26378, (1931) 39 Ll. L. Rep. 213.

② See Wavertree Sailing Ship Co. Ltd. v. Love, [1897] A. C. 373.

③ Zim Israel Navigation Co. Ltd. v. 3 – D Imports, Inc., 1999 A. M. C. 1145.

④ David W. Robertson et al., *Admiralty and Maritime Law in the United States*, 2nd ed., Carolina Academic Press, 2008, p. 393.

⑤ 北海海事法院民事判决书，(2000) 海商初字第 054 号。

货物的共同海损的理算，给理算书的编制带来诸多不便。[①] 在这种情况下，为了避免共同海损理算适用不同法律所产生的不便，现今的运输合同中几乎都加入明示条款以规定理算适用的法律或规则。虽然托运的是不同货主到达不同目的地的货物，但是提单的格式往往是相对固定的，约定适用的法律一般情况下也是一致的，依照运输合同中约定适用的法律或规则进行理算，既保证了法律适用的一致性，也符合法律适用的预知性要求，同时也大大简化了理算工作。

综上所述，理算地、理算地法和理算法是彼此联系而又含义不同的概念。理算地和理算地法依据当事人的选择和航程的不同情况予以确定；理算法首先根据意思自治原则确定，在当事人没有对此进行约定而法律也无规定的情况下，根据最密切联系原则进行选择，通常情况下适用理算地法律，此时理算地法和理算法才可以画上等号。

这一部分内容所引用和参考的案例大都出自英国，因此对所论述问题的总结得出的只是一般性的结论，任何理论性的论述或案例分析或概述不可能提出所有必要的全面的结论，只望能够起到抛砖引玉或举一反三的作用。斯蒂芬·里柯克（Stephen Leacock）教授用不同的方式表达了相同的意思：“一半的真理，如同半块砖，引起的争论总是比全部的真理引起的争论更加激烈，因为它会传得更远。”[②]

第三节 共同海损与相关海事制度法律适用的牵连性

虽然共同海损制度、海上货物运输制度、海上保险制度在本质上是完全不同、各自独立的制度，但从共同海损产生的历史看，海上风险作为海上货物运输过程中的一个常见主题，犹如一条线，以各种形式贯穿

---

① See Green Star Shipping Co. Ltd. v. London Assurance, [1933] 1 K. B. 378, 1931 WL 26378, (1931) 39 Ll. L. Rep. 213.

② ［加］威廉·泰特雷：《国际冲突法：普通法、大陆法及海事法》，刘兴莉译，黄进校，法律出版社2003年版，第5页。

整个海事海商法，将看似各自独立的海事海商制度串联到了一起。共同海损制度和海上保险制度为具有冒险性质的海上货物运输保驾护航。共同海损制度包含的共同分担损失的思想，与保险制度分散风险的核心相近，被认为是海上保险的萌芽。① 基于此，共同海损制度的产生和发展取决于海上运输的特殊性，为海上运输所独有。海上的特殊风险是共同海损产生的前提条件，与海上保险有着千丝万缕的关系。所以我们在研究共同海损的法律适用的时候，不能以孤立的眼光看待问题，而是必须将共同海损的法律适用问题置于海上货物运输范畴中与相关海事制度的法律适用问题进行类比和对比分析研究。

一、共同海损与海上货物运输法律适用的牵连性

海商法中有关海上货物运输的法律规范，或多或少，或直接或间接地对共同海损的法律适用产生或大或小的影响。

（一）海上货物运输规则对共同海损制度的影响

共同海损制度与海运领域的承运人责任制度有密切联系，这两种法律制度最早都是从商人（包括船东）习惯采纳来的，② 两者在海商法发展的历史上有着完整的、有机的联系。过失的概念受运输合同的制约，过失又与共同海损的分摊和追偿有着千丝万缕的关系。③ 因此，共同海损不是一个游离于运输合同之外的独立的法律制度。④

---

① 关于“共同海损是海上保险萌芽”的观点，参见李玉泉：《保险法》（第2版），法律出版社2003年版，第26页；又见张丽英、赵劲松、赵鹿军编：《中英海上保险法原理及判例比较研究》，大连海事大学出版社2006年版，第1页。

② 船舶在海上从事各种活动时，自始至终处在海上特殊风险的威胁之下，共同海损制度和承运人责任制度都是限制和分摊这种风险的制度，其目的都是鼓励海上货物运输贸易的发展。

③ 在海上货物运输过程中，如果载运货物的船舶不适航，发生海难后往往会产生特殊牺牲或费用，承运人为此支付了上述费用后，往往转而向货主请求共同海损分摊。对于货主而言，如果船舶发生海难是由于船长、引水员等人的航行过失引起的，往往希望以运输合同下承运人的适航义务抗辩，拒绝分摊共同海损损失，或在分摊之后再行追偿。这样共同海损制度便与海上货物运输制度紧密地联系在了一起，承运人的责任制度对货主的共同海损的分摊、追偿具有重要的影响。

④ 参见司玉琢：《海商法专论》，中国人民大学出版社2007年版，第506页。

1.《海牙规则》的承运人责任制度对共同海损制度的影响

《海牙规则》第5条第2款规定，“本公约中的任何规定，都不得妨碍在提单中加注有关共同海损的任何合法条款”。这里“合法条款”的含义按照通常意义的理解，是指某种不为法律所禁止的条款，当然应包括《海牙规则》中所规定的“禁止”。该规则的第3条第8款概述了“被禁止的”是指“海运合同中的任何条款、约定或协议，凡是解除承运人或船舶对由于疏忽、过失或未履行本条规定的责任和义务，因而引起货物或关于货物的灭失或损害的责任的，或以不同于本规约的规定减轻这种责任”的情况。只要根据该规则承运人负有责任，便不得凭借自己的优势地位，以任何方式来减轻或解除其上述义务，也不能以任何方式来增加自己的免责权利。在这种情况下，允许承运人要货方分摊由其过失所致的共同海损，似有减轻或免除承运人责任之嫌。[①] 但《海牙规则》第5条中所暗示的内容，是说在共同海损问题上可以不受第3条第8款的限制，根据《海牙规则》中航行过失免责制度的规定，即使这种损失是船长、船员的过失所导致的，对这种过失也可以不作过失论，因而要求货方分摊由此而导致的共同海损，也并不违背《海牙规则》中关于承运人责任、义务方面的强制性规定，[②] 这就是第5条第2款中规定的“不得妨碍在提单中加注有关共同海损的任何合法条款”的含义。所以，在《海牙规则》中，船方存在可免责过失的情况下，要求货方分摊航海过失引发的共同海损，并不违反《海牙规则》的规定。

《海牙规则》规定了承运人在开航前和开航时应谨慎处理使船舶适航和应谨慎管货两项基本义务。在适用《海牙规则》的情况下，如果因船舶不适航发生了碰撞、触礁等共同海损事故时，承运人构成违约行为，是要对此负责的，即使承运人已经从货主那里取得共同海损分摊，他仍然要将它还回去。同时，《海牙规则》还规定了17项承运人免责

① 参见傅廷中：《海商法系列讲座（四十七）共同海损与当事人过失的关系》，载《世界海运》2003年第2期。

② See Leslic J Buglass, *American Law and Practice*, Columbia University Press, 1974, p. 314 - 315.

条款，如果共同海损是可免责的航行过失导致的，货物保险公司支付了分摊后，事情就算结束了。可见，《海牙规则》下的过失责任制度与共同海损制度范畴下的货方分摊与追偿的权利密切相关。

2. 《汉堡规则》的承运人责任制度对共同海损制度的影响

《汉堡规则》第5条第1款规定："除非承运人证明他本人、其受雇人或代理人为避免该事故发生及其后果已采取了一切所能合理要求的措施，否则承运人应对因货物灭失或损坏或延迟交货所造成的损失负赔偿责任……"该条废除了《海牙规则》所规定的对驾驶和管理船舶方面的错误的辩护，极大地改变了共同海损的业务实践。取消了航行过失免责，共同海损可能仍将会适用于海上风险、火灾等，但是它不再适用于承运人或其受雇人的疏忽和过失了。[①] 该规则第24条第2款明确规定："……本公约关于承运人对货物灭失或损坏的赔偿责任的规定，也决定收货人是否可以拒绝共同海损分摊和承运人对收货人所作此项分摊所付救助费用而给予收货人赔偿的责任。"换言之，如果负有过失责任的承运人在《汉堡规则》的制约下宣布了共同海损，其要求货方分摊共同海损损失的主张会受到货方的抗辩，《汉堡规则》支持货方的主张；即便是已经从货主那里收到共同海损分摊金额，货主或代货主支付了这笔金额的货物保险公司会立即向承运人追回这笔款项。也就是说，即使承运人宣布了共同海损，并已收进货主的共同海损分摊金额，他还要把已收进的这笔款项再付出，况且在承运人宣布共同海损后还会有诸如理算、追偿等许多费用要发生，在某些时候，完成理算以及由海损理算师签发最终的共同海损理算书，可能会需要若干年的时间，[②] 这对承运人来说是非常不划算的。废除航行过失免责，表面上看来是对海上货物运输制度

---

① 参见［加］威廉·泰特雷：《国际海商法》，张永坚等译，法律出版社2005年版，第308页。

② 例如，Pacific Employers Ins. Co. v. M/V Capt. W. D. Cargill，751F. 2d 801，1986 A. M. C. 1058（5Cir. 1985）案中，共同海损理算书于事故发生了6年之后才编就。Zim Israel Navigation Co. v. 3 – D Imports，Inc. United States District Court，Southern District of New York，1998 29 F Supp. 2d 186，1999 A. M. C. 1145案中，也是火灾发生6年后才完成共同海损理算报告。

的调整，是对船东和货主权利义务的重新分配，但其客观结果使得承运人无法通过共同海损制度与货主分摊由于航行过失所造成的损失，这对于航行过失占大部分海难事故的航运业来说，共同海损制度存在的意义就不那么明显了，于是便出现了废除共同海损制度的呼声。[①]这是海上货物运输法律对共同海损制度带来的重要影响的另一个方面的体现。

通过对上述两个海上货物运输公约对共同海损制度影响的分析比较，可以得出结论：适用不同的海上货物运输公约，对共同海损制度下当事人的权利义务有着重要的影响，海上货物运输制度与共同海损制度之间的密切关系由此可见一斑。

（二）海上货物运输规则对共同海损法律适用的制约

各国普遍允许当事人自由协商选择共同海损的准据法。通常情况下，当事人会在提单上约定共同海损适用《约安规则》或某国内法，但是这种约定不得违反相关国家的国内海上货物运输法的规定。因为大部分国家是将共同海损作为一种特殊的海事法律制度规定在海上货物运输法体系内的。共同海损法律适用条款经常作为提单条款之一，如果该条款中的内容违反相关法律的强制性规定，就会导致共同海损法律选择条款的无效。

迄今为止，国际上还没有出现专门调整共同海损制度的国际公约，这既与制订公约的条件尚未成熟有关，也与国际海事惯例《约安规则》在共同海损领域的广泛适用有关。[②]但这并不是说在共同海损领域就没有国际公约的适用空间。由于共同海损制度是在履行海上货物运输合同的过程中产生和发展起来的，所以海上货物运输公约对共同海损法律关

---

① 当然，实行了上千年的共同海损制度并不会因此而取消，该制度理论上和实践中的积极作用绝不仅止于此。比如说有了共同海损，反正最后大家分担牺牲，船长不会有利益冲突，只去考虑危险发生时摆脱危险的最佳办法。但一旦取消了共同海损的做法，船长考虑问题时很可能就不再侧重于船货的共同安全了。（参见杨良宜：《海事法》，大连海事大学出版社 1999 年版，第 509 页。）所以说，共同海损制度仅仅因为航海免责制度取消而被废除是不可能的。

② 《约安规则》在共同海损法律冲突的解决方面发挥了统一实体规范的作用，这是共同海损各当事方延缓了实体公约制定的重要原因之一。

系具有间接调整作用，而且这种调整作用不是可有可无的，大部分情况下，这种调整是强制性的。提单作为海上货物运输领域的重要单证，不仅受到各国海上货物运输法律规范的制约，还受到《海牙规则》《海牙—维斯比规则》《汉堡规则》的强制性约束。[①] 国际海商海事领域具有鲜明的涉外性特征，特别强调“国际条约较国内法优先适用”的原则。对于公约缔约国而言，优先适用国际公约是履行国际法义务的根本要求。《海牙规则》《海牙—维斯比规则》《汉堡规则》要求缔约国必须强制适用，且缔约国或参加国没有当事人意思自治原则的适用空间，缔约国的法院有义务排除当事人选择的其他法律，对符合公约适用条件的案件优先适用公约。“Morviken”案[②]中，货物装在一艘荷兰的货船上，从苏格兰一个港口起运，提单上注明适用荷兰的法律。该案的货方在英国法院起诉，英国是《海牙—维斯比规则》的缔约国，而且该案符合该公约的适用条件。如果适用荷兰法律，只能适用荷兰加入的《海牙规则》，这样就降低了承运人的责任。最终，承运人依《海牙—维斯比规则》进行了赔偿。该案排除了通过管辖权条款的选择否定《海牙—维斯比规则》适用的可能性，法庭判决该管辖权条款无效，因为它将降低《海牙—维斯比规则》对承运人责任的强制性规定。该判决引发了关于冲突法规则是否被忽视的争论。[③] 结果很明显，一旦提单在规则规定的范围内，规则将毫无疑问首先得到适用，即使有其他所谓的法律选择条款或管辖权条款。[④]

加拿大法院遵循“Morviken”案确立的原则，如果法律适用条款适用的结果将会减轻船东依据《海牙规则》第 3 条第 8 款应承担的责任，

---

① 《海牙规则》《海牙—维斯比规则》《汉堡规则》的强制性是针对缔约国而言。

② The “*Morviken*”, also known as Owners of Cargo on Board the Morviken v. Owners of the Hollandia, [1983] 1 A. C. 565, [1982] 3 W. L. R. 1111, [1982] 3 All E. R. 1141, [1983] 1 Lloyd's Rep. 1, [1983] Com. L. R. 44, (1982) 126 S. J. 819.

③ See F. A. Mann, *Uniform Statutes in English Law*, Law Quarterly Review 99, p. 376 and p. 395 – 404 (1983); See also A. J. E. Jaffey, *Statutes and Choice of Law*, Law Quarterly Review 100, p. 198 and p. 201 (1984).

④ See Regina Asariotis, *Implications of a “British” Jurisdiction Clause*, Journal of Business Law, p. 321 (1992).

法律适用条款则无效。[①] 意大利法院也认为，首先必须考虑国际海事公约，这些公约的“排他性和强制性”证明它们强制适用于其所调整的法律关系，并优于国内法（包括冲突法规范）。[②] 对于海上货物运输合同，强制性国际公约具有绝对优先适用的效力，如果在提单中就共同海损的法律适用作出了特别的约定，则该约定要受制于《海牙规则》《海牙—维斯比规则》《汉堡规则》的约束。

或许会有观点质疑，如果提单不属于《海牙规则》《海牙—维斯比规则》《汉堡规则》的制约范围，但在其首要条款中，当事人自愿选择适用《海牙规则》《海牙—维斯比规则》《汉堡规则》之一作为调整船方和货方部分权利义务的法律，在这种情况下，当事人并没有适用国际公约的国际义务，首要条款和共同海损法律选择条款地位一致，都是基于当事人对准据法的选择，此时《海牙规则》《海牙—维斯比规则》《汉堡规则》是否还能制约共同海损准据法的选择呢？笔者认为，《海牙规则》《海牙—维斯比规则》《汉堡规则》中具有强制性的规定是国际社会各方主体为了促进海上运输贸易，通过多次磋商而最终制定的，之所以通过公约条款的形式强制适用就是为了避免被当事人不合理规避。当事人一旦选择了适用公约，也就必须遵守强制条款的规定。而共同海损法律，无论是国内法还是国际惯例，大都是任意性的。所以即使都属于当事人选择适用的情况，在有冲突的情况下，公约的强制性规定仍然优先适用。况且，现实中，《海牙规则》《海牙—维斯比规则》《汉堡规则》主动适用的范围非常广泛，[③] 当事人完全依照自己选择适用的情况比较少，大部分情况下都是强制适用。

《海牙规则》《海牙—维斯比规则》《汉堡规则》对于缔约国的强制

---

① 参见［加］威廉·泰特雷：《国际冲突法：普通法、大陆法及海事法》，刘兴莉译，黄进校，法律出版社2003年版，第628页。

② 参见［加］威廉·泰特雷：《国际冲突法：普通法、大陆法及海事法》，刘兴莉译，黄进校，法律出版社2003年版，第628页。

③ 一方面是因为大部分国家至少是一个公约的缔约国；另一方面是因为公约对适用范围作出了明确规定，尤其是《汉堡规则》不仅适用于出口货物，还适用于进口货物，使得非缔约国也因和缔约国之间进行贸易运输往来而不得不强制受制于该规则。

约束性，导致共同海损各当事方在协商选择共同海损准据法时，必须以选择的法律不违反《海牙规则》《海牙—维斯比规则》《汉堡规则》的强制性规定为前提，否则会导致共同海损法律选择的合意无效。

二、共同海损与海上保险法律适用的牵连性

共同海损是和海上保险同时发展起来的一项海上风险制度。[①] 也有学者认为，共同海损对海上保险的形成起到了至关重要的作用，是海上保险之萌芽。[②] 共同海损与海上保险渊源密切，但是各自独立。共同海损是一种为了共同安全而自动采取的补偿方法，不以营利为目的，而以减少损失为根本；海上保险具有补偿性质，这种制度因为有了第三方的参与而具有营利性质，不以影响安全出现的事故的必然出现为前提。有人认为："如果从事海上货物运输的各方不为共同海损分摊投保，将是非常不明智的。"[③] 共同海损与海上保险虽关系密切，但不可相互取代。[④]

共同海损与海上保险法律适用的牵连性，主要体现在保险制度中不同类型的担保函[⑤]的准据法如何确定的问题上。当发生共同海损事故时，涉及的担保函有三种，其中两种需要保险人的参与，在探讨共同海损法律适用问题时应当注意这一特点，要既有联系又有区别地对待不同的法律关系的准据法。

（一）海损协议书

海损协议书，也常称作"共同海损保证书"，是指船方在交货之

---

① See Laura L. Hardy, *Ordering Chaos at Sea: Preparing for Somali Pirate Attacks through Pragmatic Insurance Policies*, Saint Louis University Law Journal 55, p. 674 (2011).

② 参见张湘兰编著：《海上保险法》，中国政法大学出版社 1997 年版，第 5 ~ 6 页。

③ Stanley L. Gibson, *The Myth of Cargo Insurance as Conclusive Evidence of Cargo Owner's Intent to Accept COGSA's $500 Per Package Limitation*, University of San Francisco Maritime Law Journal 23, p. 95 (2010 – 2011).

④ 为了提高效率，船方和货方的合同中开始出现"小额共同海损条款"和"共同海损吸收条款"，但是共同海损制度本身依然具有不可替代性，无法完全为保险法所覆盖。参见徐峰：《海上保险条款取代共同海损制度的可行性研究》，载《武汉交通职业学院学报》2019 年第 4 期。

⑤ 本处所指的担保函作广义解释，即具有担保性质的法律文书。

前，由货方或其保险人向船方出具的书面保证书。其内容包括货方承诺及时提供有关货物价值的信息及相关证明，并保证按照将来共同海损理算结果承担共同海损分摊责任。①

鉴于英国在航运领域的突出地位，其制定的有关海上货物运输及相关领域的标准格式文本为世界上各航运团体所广泛采用，我国亦不例外。海运界通常采用的海损协议书为《劳氏海损协议书》②。协议书中清楚地指出“在运输合同中对共同海损的法律适用作出了明确规定的情况下，共同海损理算的法律依据是运输合同中的相关条款”，这是对当事人意思自治原则的充分尊重。“如果运输合同中没有对共同海损的法律适用作出明确规定，则默示适用共同航程终止地的法律或惯例进行”，这可以视为最密切联系原则在该领域的应用。因为海损协议签署地点往往是航程终止地，此处也是船方向收货人交付货物的实际地点，适用该地的法律进行理算既有利于理算的顺利、快速进行，对于各方当事人而言也是公平的。在该海损协议书里对共同海损的法律适用作出了约定，

---

① 参见胡正良主编：《海事法》（第2版）（修订本），北京大学出版社2012年版，第357页。

② 《劳氏海损协议书》（Lloyd's Average Bond）的标准格式为：In consideration of the deliver to us or to our order, on payment of the freight due, of the goods noted above, we agree to be ascertained to be due from the goods or the shippers or owners thereof under an adjustment prepared in accordance with the provisions of the contract of affreightment governing the carriage of the goods or, failing any such provision, in accordance with the law and practice of the place where the common maritime adventure ended and which is payable in respect of the goods by the shippers or owners thereof. We also agree to: (i) furnish particulars of the value of the goods, supported by a copy of the commercial invoice rendered to us, if there is no such invoice, details of the shipped value. (ii) make a prompt payment on account of such sum as is duly certified by the average adjusters to be due from the goods and which is payable in respect of the goods by the shippers of owners thereof. 鉴于货物将在支付应付运费的情况下交付给我们或者根据我们的指示交付，我们同意分摊此后通过共同海损理算确定的应由货物托运人或者货物所有人承担的任何救助报酬和/或共同海损和/或特别费用的适当部分。该共同海损理算是根据货物运输合同中的条款进行的，或者在没有此种条款的情况下，是根据共同航程终止地的法律或惯例进行的，且该救助报酬和/或共同海损和/或特别费用的适当部分确实是应由托运人或货物所有人支付的与货物有关的部分。我们还同意：（1）提供关于货物价值的详细信息，并附一份送交我们的商业发票的复印件，如果没有此种发票，则提供货物装运价值的详细信息；（2）立即支付由海损理算师合理确定的应由托运人或货物所有人支付的与货物有关的上述金额。参见胡正良主编：《海事法》（第2版）（修订本），北京大学出版社2012年版，第357页。

系共同海损与海上保险制度法律适用具有牵连性的体现之一。

海损协议书中关于共同海损法律适用的约定，与提单中的相关条款通常不会产生冲突，原因有两方面：一是提单主体中至少有一方与海损协议书中的当事方是一致的，海损协议书产生的前提是海上货物运输关系的存在，当事人在签署和接收该协议书时必然对其中的相关条款作了审核，以确保其与提单中的相关条款保持一致或者说至少是不冲突的。二是海损协议书中对共同海损的法律适用作出了明确的说明，首先是依据运输合同（提单）中关于共同海损的约定适用法律，这样能够确保二者在法律适用问题上的顺序性和一致性。

（二）不分离协议

当船舶在运输途中发生共同海损，进入避难港需要修理，很可能延误很长时间才能结束航程或者无法继续完成原航程时，不愿等待的货主有时为了使船东同意将其货物转船运输，通常签订一份不分离协议。不分离协议的本质是，保证同一航程中转船货方在共同海损中的权利、义务不变，就如同没发生转船一样，以保障船方有效地保留日后向货方请求共同海损分摊的权利。为了消除不分离协议的内容和措辞不统一的现象，2004 年《约安规则》在字母规则 G 中引入了不分离协议的标准措辞，[①] 简短表述为：

> 经同意，在货物或部分货物由他船或其他运输工具运至目

---

① 实际上，1994 年《约安规则》中首次在字母规则 G 中增加了该内容，后续的版本对此不断地进行完善。2004 年《约安规则》中的标准措辞是：Non-separation Agreement: It is agreed that in the event of the vessel's cargo or part thereof being forwarded to original destination by other vessel, vessels or conveyances, rights and liabilities in General Average shall not be affected by such forwarding, it being the intention to place the parties concerned as nearly as possible in the same position in this respect as they would have been in the absence of such forwarding and with the adventure continuing by the original vessel for so long as justifiable under the law applicable or under the Contract of Affreightment. The basis of contribution to General Average of the property involved shall be the values on delivery at original destination unless sold or otherwise disposed of short of that destination; but where none of her cargo is carried forward in the vessel she shall contribute on the basis of her actual value on the date she conpletes discharge of her cargo. 参见胡正良主编：《海事法》（第 2 版）（修订本），北京大学出版社 2012 年版，第 325 页。

> 的港情况下，货物在共同海损中的权利、义务不受此种运输的影响，且尽可能将有关当事人处于没有进行此种运输的地位，而等同于货、船一直未分离，因此船、货之间的责任可正常适用法律或运输合同。[①]

不分离协议中明确了“共同海损中，船、货之间的责任可正常适用法律或运输合同”，即根据不分离协议，在货物转船的情况下，共同海损适用没有转船运输时应该适用的法律，也就是运输合同或提单中约定的法律。不分离协议属于保险制度中的保证，而且通常是与共同海损担保函联合使用，因此可视为共同海损与海上保险法律适用具有牵连性的体现之二。

（三）共同海损担保函

共同海损担保函，是指由共同海损受益人之外的其他人向船方出具的、保证履行被担保人的共同海损分摊责任的一种书面凭证。[②] 共同海

---

① 赵劲松、刘寿杰主编：《海事索赔与取证》，大连海事大学出版社 2006 年版，第 256 页。

② 常见的由保险公司出具的“共同海损担保函”格式为：In consideration of the delivery in due course of the goods specified below to the consignees thereof without collection of a deposit, we, the undersigned insurers, hereby undertake to pay to the shipowners or to the average adjusters, xxx, on behalf of the various parties to the adventures as their interests may appear, any contribution to general average and/ or salvage and/ or special charges which may hereafter be ascertained to be properly due in respect of the said goods. We further agree：(a) to make prompt payment (s) on account of such contribution as may be reasonably and properly due in respect of the said goods, as soon as the same may be certified by the said average adjusters; (b) to furnish to the said average adjusters at their request all information which is available to us relative to the value and condition of the said goods; (c) that any period of prescription whether provided by statute law, contract or otherwise, shall commence to run from the date upon which the general average adjustment is issued. 为了不收取保证金即将下述货物及时交付给收货人，我们，即在下面签字的保险人，兹保证我们将代表在航程中具有利益的相关各方，向船舶所有人，或者向 × × ×，即海损理算人，支付任何此后可能被确定应由该货物承担的共同海损和/或救助报酬和/或特别费用的分摊额。我们还同意：(a) 一旦上述海损理算人确定了应由上述货物承担的合理的分摊额，我们将立即支付该款项；(b) 在上述海损理算人的要求下，向其提供我们所掌握的所有与上述货物的价值和状况有关的信息；(c) 任何时效期间，不论其是由法律规定，或由合同所约定，或根据其他理由而确定，均应从共同海损理算书做成之日起开始计算。参见胡正良主编：《海事法》(第 2 版)(修订本)，北京大学出版社 2012 年版，第 358 页。

损担保函一般由货物保险人向船方提供，是约束担保人和承运人的契约文书，制约着二者之间的权利义务关系；同时，担保函中的担保人一般是共同海损中货方的保险人，其要受到保险合同中相关法律适用条款的约束。同一主体出现在不同的法律关系（共同海损担保法律关系和保险法律关系）中，这是共同海损与海上保险法律适用具有牵连性的体现之三。

根据合同的相对性原则，保险人不能依据保险合同法律条款的规定来否定担保合同中应承担的权利义务。Attaleia Marine Co. Ltd. v. Bimeh Iran Insurance Co. 案[①]确立了担保合同与保险合同互不干涉的原则。该案中，货方保险人向承运人提交了担保函，承诺按照共同海损的理算结果支付分摊额，后保险人以理算结果中包含了保险合同中未承保的损失为由拒绝分摊。法院判决，保险法律关系与共同海损担保法律关系是不同的，保险人无权用保险合同中的约定来抗辩理算结果。因此，在法律适用问题上，保险人亦无权用保险合同的准据法来影响共同海损担保合同中确定的准据法。

共同海损担保函由海上货物运输合同派生而来，保险人是处在被保险人（货方）的地位向承运人保证支付共同海损分摊额，应受海上货物运输合同的约束，适用船方和货方之间约定的法律，即提单中确定的共同海损准据法。在“明阳船务有限公司、志成船务有限公司诉中国人民保险公司共同海损分摊纠纷”案中，保险公司以保险人身份签署的共同海损担保函确认分担共同海损损失及费用，但要求上述损失及费用应以有关运送契约为根据进行恰当理算为前提。即使提单中没有明确的约定，也应依据提单的冲突法规则予以确定，而与担保函的准据法无关。[②] 得出该结论的理由是，不能因为货方担保法律关系的存在而改变承运人在运输法律关系中应享有的权利和承担的义务，当然，承运人明确表示同意的情况除外。实践中，美国法院也认为理算时应根据提单而

---

① Attaleia Marine Co. Ltd. v. Bimeh Iran Insurance Co., [1993] 2 Lloyd's Rep. 497.

② See The "*Armar*", also known as Armar Shipping Co. v. Caisse Algerienne d'Assurance et de Reassurance, [1981] 1 W. L. R. 207.

非担保书中约定的理算规则进行理算。[①]

本章小结

作为特殊的海事法律制度，共同海损的法律适用不仅不同于一般涉外民商事关系的法律适用，也有别于其他海事法律关系的法律适用，突出体现在以下三个方面。

第一，国际海事惯例在共同海损法律冲突法中地位突出，这有两方面原因：一是共同海损起源于习惯，自其产生之日起就受到海事习惯的约束；二是因为海事惯例《约安规则》在共同海损领域具有与时俱进的实践性品质，其不同版本在不同的历史时期都发挥了重要的作用，从而延缓了国际公约在该领域的制定，而这也有力地规避了规则自身的任意性属性。

第二，共同海损法律冲突规则具有特殊性。共同海损法律冲突规则的特殊性是由共同海损本身的特点所决定的，这些特殊的冲突法规则包括船旗国法、理算地法、航次终止地法，它们契合了共同海损法律关系的特点，增加了处理共同海损纠纷的选法方法，有利于共同海损案件获得更有效率和更公平的解决。

第三，共同海损与相关海事制度法律适用的牵连性。任何海事海商制度都建立在以船舶为中心的海上活动的基础上，都与海事领域的其他制度有着千丝万缕的关系。共同海损是海上货物运输过程中产生的一种制度，直接或间接地受到海上货物运输法律的制约，因此在分析共同海损的法律适用问题时，不能脱离海上货物运输制度的范畴。共同海损的分摊与追偿过程中与海上保险担保制度具有密切关联，由此出现了海损协议书、不分离协议书、共同海损担保函等保险法律文件。这些法律文

---

① 参见［美］G. 吉尔摩、C. L. 布莱克：《海商法》（上），杨召南等译，中国大百科全书出版社 2000 年版，第 339 页。

书的当事方与共同海损纠纷的当事方部分重合，从而导致两者之间的法律适用具有一定程度的牵连性。

正是由于共同海损法律适用的与众不同，才有了本书的写作意义，即在规律的基础上寻找差异，在差异的指导下探究新的规律，从而进一步指引共同海损法律冲突的解决。

第三章 共同海损法律适用的理论辨析

一起共同海损事故，往往涉及航次终止地所在国、理算地所在国、船旗国、船方所属国及不同的货方所属国等多个国家或地区，各国海商法对共同海损制度的规定存在或多或少的差异，适用不同国家或地区的法律会给当事人带来不同的法律后果，对各当事方的利益会有直接影响。因此，运用恰当合适的方法，正确而有效地确定共同海损应适用的法律，无论是对合同当事人还是对管辖法院都很重要。

一般来说，解决法律冲突的途径有两个：一是统一实体法方法，也称为“直接调整的方法”，即通过缔结国际公约或采纳国际惯例，制定统一实体法规则，用以直接支配国际民事法律关系当事人的实体权利和义务，从而彻底消灭各国对同一问题的法律规定的差异；二是冲突法方法，也称“间接调整的方法”，即根据冲突规范的指引来确定各种不同性质的国际民商事关系应适用何种法律确定当事人的权利义务，从而解决民商事法律冲突。共同海损法律冲突的解决同样要依托于统一实体法方法和冲突法方法，并且在适用这些方法时呈现出自己的特性。结合这些特性总结出解决共同海损法律冲突的方法论体系便是本章的目的所在。

第一节 共同海损的法律性质

有观点认为，研究共同海损的法律性质问题仅具有一定的理论价值，并无多大实际意义。[①] 笔者认为此观点失之偏颇。从国际私法的角

---

① 参见司玉琢、李志文主编：《中国海商法基本理论专题研究》，北京大学出版社 2009 年版，第 434 页。

度而言，“识别”就是对案件争议的性质进行确定，这是选择法律的第一步，对同一法律关系定性不同，所适用的法律就可能不同，进而得出的判决结果也不同。[①] 国际海事私法领域经常发生多重法律责任竞合的问题。例如，在“美国总统轮船公司与万宝集团广州菲达电器厂等无单放货纠纷”案[②]中，关于无单放货行为，一审法院以合同纠纷定性作出判决，而二审法院以侵权纠纷定性完全否定了一审判决。因此，关于案件纠纷的法律性质的识别对于准据法的确定是非常重要的，探讨共同海损性质的意义并不限于理论价值，该问题的确定是探讨共同海损法律冲突解决方法的前提，对于研究共同海损的法律适用具有重要的现实意义。

海上运输的风险性和诸多不确定性使得海损事故的发生并非人力所能控制，在海损事故发生后，若由船方或者货方单独承担因避免或减轻海损事故而给其造成的船舶或货物的全部损失显然有失公平。于是，根据公平原则，遭受共同海损损失的一方，有权要求其他各受益方按照他们各自获救财产的价值比例分摊其损失。这种在受损方和受益方之间产生的一方享有请求他方分摊其损失的权利，另一方负有分摊他方损失的义务的法律关系，符合民法上债的要件，可称为共同海损分摊之债或者共同海损之债。[③] 关于共同海损之债的法律属性，很少有国家通过法律予以明确规定，大部分是学者在理论意义上进行探讨或通过判例说理的形式来体现该国在这个问题上的观点。因此，围绕着这一问题，即便是同一个国家内部也会存在不同的观点。笔者通过对较为流行的“衡平说”和“合同说”两种观点进行分析、比较，从有利于解决共同海损法律冲突的角度出发，得出共同海损分摊之债契约法律属性的结论。[④]

---

① 参见王国华：《海事国际私法原论》，北京大学出版社2007年版，第41页。

② 最高人民法院民事判决书，（1998）交提字第3号；又见司玉琢主编：《海商法学案例教程》，知识出版社2003年版，第66~73页。

③ 参见胡正良主编：《海事法》（第2版）（修订本），北京大学出版社2012年版，第353页。

④ 关于共同海损的法律性质学说还有“危险共同体说”“不当得利说”“代理说”“无因管理说”“紧急避险说”。

一、衡平说

英国用衡平法来解释共同海损，将其视为基于公平原则建立起来的一种损害负担制度。衡平说又称为自然法说。该学说源于《罗得海商法》的衡平法则，认为“为船货的共同安全而抛弃的货物，应由全体分摊”①。该学说主张，船货在海上遭遇共同危险时，共同海损是为共同利益而牺牲的财物，这种牺牲一小部分财产以保全其他大部分财产的行为，属于同舟共济精神的体现，因此损失应当由全体共同受益方分担，否则对于受损者是非常不公平的，这完全是基于正义、衡平的公益制度。在 Milburn & Co. v. Jamaica Fruit Importing and Trading Company of London 案②中，沃恩·威廉斯（Vaughan Williams）法官认为：“分摊损失的义务……似乎是根据罗得法的公平原则产生的。”在 Burton & Co. v. English & Co. 案③中，布雷特（Brett）法官也认为：“要求分摊共同海损的权利……是来源于古老的《罗得法》……自然正义要求所有人都应当分摊为了使整个航程得以幸免于难而被牺牲的财产的损失。”为共同利益或者安全而牺牲的财物，由全体共同利益方分担，完全是基于法律的公平原则。美国也有学者认为“分摊是来自自然法简单明了的命令”④，共同海损被认为是“海上自然法的公平原则的要求”⑤。它并不要求每一受损方获得全额补偿，但是它要求每一方获得公平的补偿，⑥ 使遭受共同海损牺牲或支付共同海损费用的一方与未遭受牺牲或

---

①《罗得海商法》第 62 条：如果船舶遇到风暴并且抛弃货物，折断桅杆和舵柄，损坏船锚和船舵，获救的船舶和货物分摊共同海损。译文内容参见王小波：《〈罗得海商法〉研究》，东北师范大学 2010 年博士学位论文。

② Milburn & Co. v. Jamaica Fruit Importing and Trading Company of London, [1900] 2 Q. B. 540.

③ Burton & Co. v. English & Co., (1883) 12 Q. B. D. 218.

④［美］L. J. 布格拉斯：《共同海损——1974 年约克—安特卫普规则，美国法律和惯例》，叶伟膺、黎东发等译，中国国际贸易促进委员会法律事务部内部资料 1984 年版，第 6 页。

⑤［美］L. J. 布格拉斯：《共同海损——1974 年约克—安特卫普规则，美国法律和惯例》，叶伟膺、黎东发等译，中国国际贸易促进委员会法律事务部内部资料 1984 年版，第 5 页。

⑥ See David W. Robertson et al., *Admiralty and Maritime Law in the United States*, 2nd ed., Carolina Academic Press, 2008, p. 393.

支付费用的其他利害关系方都处于均等地位。依据此理论，船东可以要求货方按其受益比例分摊共同海损损失，但是无权要求货方支付超出其获救财产价值的数额。①

共同海损逐渐被公认为是建立在公平的基础上的古老的海商法中的一个组成部分，共同海损分摊的权利来源于公平原则的要求，这解释了该权利的来源属性，但并不是这一权利的法律性质。“公平”在具体案件中是很难衡量的标准，何谓“公平”本身是一个因人而异的问题。里斯教授指出，一般来讲，何谓公平的问题是很难讲清楚的，也正是由于这个缘故，人们就不能把这一原则视为最为重要的原则，否则，它就可能毁掉所有的法律选择规范。② 因为法官在其审理的案件中依据个人对“公平”概念的理解做出法律选择，很容易导致同一案件在不同法院起诉得到不同的结果。

二、合同说

“合同说”也称为“契约说”。该学说认为，当货方将货物交给船方后，就在双方之间推定成立了一份拟制的合同，即当船货面临共同危险时，推定船长与货主间成立了协定或约定，货方同意由船方将货物抛弃，如船货因此而获救，则由船方与货方按照各自获救财产的比例共同承担为共同安全受到的损失。③ 共同海损之债不是简单的违约或侵权行为的一种赔偿，船方采取共同海损行为之前征得货方的同意是构成共同海损的必要条件。④ 在 Wright v. Marwoode and Others 案⑤中，布拉姆韦尔（Bramwell）法官说：“当按照共同海损的规则为了共同利益而作出

---

① See Arnould et al., *Arnould's Law of Marine Insurance and Average*, 17th ed., Sweet & Maxwell, 2008, p. 797.

② 参见邓正来：《美国现代国际私法流派》（修订版），中国政法大学出版社 2006 年版，第 195 页。

③ 参见胡正良主编：《海事法》（第 2 版）（修订本），北京大学出版社 2012 年版，第 245 页。

④ See F. D. Rose, *General Average: Law and Practice*, Informa Publishing, 1997, p. 570 – 571.

⑤ Wright v. Marwoode and Others, (1881) 7 Q. B. D. 62.

牺牲时，……应当由那些受益方按比例分担。……在英国，根据提起此种索赔的方式来看，它应当是来源于一份默示的合同，当事人在该合同中同意由那些受益方来分摊损失。”在“World Hitachi Zosen”案[①]中，斯托顿（Staughton）法官也认为，“共同海损分摊义务……几乎一成不变地由合同来管辖”。当然，如果海上货物运输合同中已经明确约定了共同海损的分摊义务，那就更清楚地说明共同海损分摊之债属于一种契约义务。为了进一步清楚地说明这一问题，笔者将从共同海损的历史和实践两个角度对该结论进行分析。

（一）历史分析

在共同海损还仅仅是一种航海习惯的年代，货主都是随船同行的，一旦船舶和货物面临共同危险，最有效的办法就是将部分货物抛弃入海以减轻船舶载重量来换取船、货的共同安全。但是，任何一个货主都不会同意抛弃自己的货物，因此要求分摊损失的权利来源于船长和货主在船舶面临危险时当场达成的协议。[②] 根据此种协议，一部分货主同意船长将他们的货物抛入海中，以获得船舶和船上其他货物的安全；而船长及其他货主则同意在他们的船货获得安全后，他们将分摊被抛弃货物的货主的损失。所以最初对共同海损的索赔请求，源于船方和货方为了共同安全采取的某些行为而当场达成的合意。13 世纪《奥列隆判例集》所收集的有关共同海损的判例就是明显的例证，即明确要求船长在采取抛货或者砍断桅杆等共同海损措施之前，应当向货主说明情况，并要求货主同意船长采取此种措施。[③] 当时欧洲许多城市国家的海上法律中，均纳入了与《奥列隆判例集》所收集的判例相同的内容。可见，共同海损产生之初，损失方要求分摊损失的权利来源于船货各方当场达成的

---

① The “World Hitachi Zosen”, also known as Sameon Co. SA v. NV Petrofina SA, 1996 WL 1092124 Queen’s Bench Division. 14 March 1996.

② 参见《罗得海商法》第 28 条：如果船长决定抛弃货物，他应该询问携带货物乘船的乘客，由他们来表决下一步应如何做。译文内容参见王小波：《〈罗得海商法〉研究》，东北师范大学 2010 年博士学位论文。

③ See “The Rules of Oleron（circa 1266）”, ADMIRALTY & MARITIME LAW GUIDE, Aug. 29, 2013.

协议。[①]

14 世纪以后，商人改变了随船同行的做法，但是当时没有发达的通信技术，所以当船舶航行在大海上的时候，一旦遇到风险，需要采取抛弃货物或其他措施保护船舶和货物安全的时候，无法及时与货主协商，但是如果不采取这种共同海损措施，就面临着船毁人亡的危险。为了解决这个问题，当货方将货物交给船方承运后，在货方和船方之间就推定成立了一份拟制的协议或者合同，双方认可当船货在海上航行面临共同危险时，推定货方同意由船方将货物抛弃，如船货因此而获救，则由船方与货方按照各自获救财产之比例分担抛弃货物的损失。也就是说，从一开始，货物所有人就被要求，在托运货物时要默示地同意分摊因被托运的货物所产生的共同海损或救助费用。[②] 这是船方和货方之间的一种默示的协议，或许最初有口头或书面的约定，但是无论如何，这种情况持续了下来，后期慢慢地变成了一种惯例，只要是货方将货物交给承运人，就意味着其亦同意采取共同海损措施来处理船货面临共同危险的情况，并承诺按照自己获救财产价值比例承担船方或其他货方的损失。

直至现在，有的国家法律在定义共同海损时，仍然非常强调船方和货方之间的“磋商”是形成共同海损的必要条件。[③] 共同海损的历史表明，损失方请求分摊损失的权利来源于船货各方之间彼此明示的或推定的合意，这种“合意”体现了共同海损分摊之债的契约属性。

（二）实践判断

1. 明示约定

当前几乎所有的提单或者租船合同都会包含一条共同海损条款。正

① 参见胡正良主编：《海事法》（第 2 版）（修订本），北京大学出版社 2012 年版，第 255 页。

② See Leslie J. Buglass, *American Law and Practice*, Columbia University Press, 1974, p. 326 – 327.

③ 参见《荷兰海商法》第 699 条第 23 款：为了保护船舶和货物并为其共同安全之目的，经必要的磋商后，视其必要有意识地造成并作为直接后果而遭受的一切灭失或损坏，以及在相同情况下发生的费用。

因为如此，不少学者观点和法院判决都认为，不管共同海损本来的理论基础如何，在运输合同中已经包含了共同海损理算条款的情况下，分摊共同海损损失的义务已经几乎无例外地成为一种合同义务，共同海损分摊的诉请来源于合同的约定。[①] 正如 "World Hitachi Zosen" 案[②]中，合同中约定共同海损按照 1974 年《约安规则》理算，斯托顿法官在审理案件时说："虽然共同海损分摊的义务在性质上是不是一种合同义务还存在很大的争论，但它非常普遍地，甚至几乎是一成不变地由合同来管辖，而在本案中，这一义务毫无疑问属于合同义务。"[③] 共同海损可以由合同当事人在契约中进行修改和排除，这不正说明它来自一项默示的契约吗？[④] 因此，如果当事人之间的合同中包含《约安规则》或者其他与共同海损有关的条款，则此种索赔应属于合同下的索赔。[⑤] 可见，在运输合同当事人已经就共同海损做出明确约定的情况下，共同海损各方已就分摊共同海损损失的内容达成了协议，是一种基于合意而生的债权，属于一种契约之债。

或许有人会质疑上述观点，即货方和货方之间并不存在明示合同关系，因此取得利益的货方向遭受损失的货方承担分摊义务是没有合同依据的。笔者认为，虽然说共同海损行为是船方代表货方的举动，[⑥] 但是，就法律关系来说，这并不是一种无因管理行为，船方之所以采取此种措施是基于与货方之间签订的海上货物运输合同。各个货方之间确实

---

① The "*Evje*" (No. 2), also known as EB Aaby's Rederi A/S v. Union of India, [1978] 1 Lloyd's Rep. 351; See also C. Barclay, "Ⅱ. General Average Contribution", *Arbitration* 42, No. 1, 1975, p. 42.

② The "*World Hitachi Zosen*", also known as Sameon Co. SA v. NV Petrofina SA, 1996 WL 1092124 Queen's Bench Division.

③ Lowndes and Rudolf, *The law of General Average and the York-Antwerp Rules*, 13th ed., Sweet & Maxwell, 2008, p. 16.

④ See Francis D. Rose, *General Average: Law and Practice*, Law Quarterly Review 114, p. 678 (1998).

⑤ See Lowndes and Rudolf, *The law of General Average and the York-Antwerp Rules*, 13th ed., Sweet & Maxwell, 2008, p. 17.

⑥ 有货主随船的情况下，经货主同意，船长代表货主采取行动，因为只有船长最清楚船舶采取什么措施才能获得安全；在没有货主随船的情况下，客观上共同海损行为也只能由船长采取。

不存在直接的合同关系，但是存在一种间接的、默示的契约关系。共同海损是船方和货方之间分摊损失的一种法律关系，货方与船方之间都签订有明示合同，抛弃货物或者采取其他保护船货安全的共同海损措施是船方实施的，行为者需要向遭受损失方承担责任；而未遭受损失的货方基于与船方签订的共同海损条款，需要向船方承担责任，只不过这个责任要比船方向货物损失方承担的责任要小，是按照自己的获益比例而承担的。为了减少赔付环节，简化手续，就直接由未损失货方向损失货方承担分摊责任。而无论是船方对损失货方的分担，还是未损失货方对船方的分担，彼此都是基于船方和货方签订的货物运输合同的权利和义务关系，区别只在于前者是直接承担，而后者是间接承担。所以说，货方和货方之间虽然没有直接合同关系，但是其互相分摊共同海损损失的基础仍然是与船方签订的合同关系，二者以船方为中介建立起一种间接的契约关系。

虽然实践中共同海损往往由船东宣布，理算师也通常由船东指定，[①] 但理论上也存在这样一种可能性，即船方怠于宣布共同海损，若货主宣布共同海损，其要求共同海损分摊的理论基础是什么呢？共同海损产生的原因是船货在海上面临共同危险，目的是以较小的牺牲避免较大的损失，是一种对整个船货共同体都有利的行为。也就是说，在面临危险时，无论是船方还是货方，也无论是大货主还是小货主，都认可船方有必要采取这样一种有利于船货各方的行动。这些货主和船东的利益联系在一起，所以称为利益共同体，而这个共同体之所以能够成立，是因为船方与每个货方都订有海上货物运输合同。合同的订立表明每一方都认可在发生共同海损事故时船方可以采取较小的损害措施从而避免较大损失的有利于整体的行动，最后根据权利义务一致的原则按比例承担这较小的损失。当然，如果其中某一方不愿意作为这个共同体的一部

---

① See Nicholas Kouladis, *The Legal Status of Average Adjusters*, Journal of Business Law, p. 489 (1994).

分，完全可以在合同中做出明示约定，放弃这一权利。无论是从肯定的角度还是从否定的角度，[①] 船方和货方之间的共同海损都是基于一种合意，一种源于海上货物运输合同的约定。所以说，如果是货方主张共同海损，其理论基础仍然是契约，与船方是基于海上货物运输合同，与其他货方是基于船东与其他货方签订的货物运输合同。[②] 货方要求分摊适用的准据法仍然是运输合同中共同海损条款约定适用的法律或是依据合同冲突规则确定的法律。[③] 不过现实中几乎不存在货方主张共同海损分摊的案例，[④] 这可能是由于货方获得补偿的方式不止宣布共同海损一种，其他的方法或许更为奏效。比如，货主可以以违约为由要求船东赔偿货物损失，如果是船东不可免责的过失造成的损失，则船东自然要赔偿；如果是船东可免责过失造成的损失，则船东需要承担举证责任，而这往往是比较困难的。同时，海上运输的货物，尤其是价值巨大的货物，往往都投了保险，所以损失发生后通常都能通过保险获得赔偿。基于上述原因，货主往往也就不费时费力地去宣布共同海损了。

2. 默示推定

在英美法中，即使当事人之间缺乏明确的意思表示，也有可能成立所谓的“默示合同”（implied contract）。大陆法系也逐渐接受了默示推定的观点，认为当货方将货物交给承运人后，在货方与船方之间就达成了一种默示的约定，即如果船货面临共同危险时，货方同意由船方将货

---

① “肯定”的角度是指当事方同意分摊共同海损的损失；“否定”的角度是指当事方不同意分摊共同海损的损失。

② 笔者认为，货方向其他货方主张共同海损分摊，是在代怠于履行义务的船方履行追偿义务。共同海损行为是船方在海上航行过程中实施的，货主的货物被抛弃或遭到其他损失都是船方所采取的共同海损行为造成的，根据权利义务一致性原则，船方的行为产生的损失理应由船方负责向相关受益方追偿。

③ 通常船方与货方签订的合同的格式是一致的，在现阶段主要体现为提单，属于“大量合同”。法国学者巴蒂福尔指出，当事人之间缔结“大量合同”时，因其概以同种方式产生，自宜受同一法律支配。何为同一法律？它应是与同一船舶的同一航次所签订的每份提单有共同联系的法律。（参见屈广清主编：《海事国际私法新编》，法律出版社 2005 年版，第 106 页。）如果船方的原因导致与各个货方签订的合同不一致，比如有的约定了共同海损的准据法，有的没有约定，或彼此约定的不一致，那么这种情形导致的不利后果应由船方承担。

④ 从笔者所搜集到的国内外案例和资料中尚未找到货方主张共同海损分摊的案例。

物抛弃，最后由船方与货方按照各自获救财产的比例分担被抛弃货物的损失。这种推定既有共同海损的习惯性起源的历史原因，也是基于实践中共同海损发生后各当事方处理共同海损损失的态度和做法，[①] 而不是毫无根据的臆测。

或许会有质疑“默示合同”的观点，认为在航运实践中，与货方签订运输合同的多是租船人或无船承运人，船东与货方之间常常并没有直接的合同关系，在此种情况下，去拟制或者推定船东与货方之间达成了一项与共同海损分摊有关的协议，是极为牵强的。

航运实践中，船东往往并不与托运人（货方）直接打交道，很多情况下，真正与货方打交道的是承租人，但是这并不妨碍彼此之间合同关系的正常存在。[②] 船方（承租人）[③] 或货方任何一方承担的共同海损分摊的损失都是基于运输合同中直接或推定的共同海损约定；而承租人（船方）与船东之间同样存在一份合同，只不过不是运输合同，而是船舶租赁合同，基于这份合同的约定，一旦发生共同海损给船舶造成损失，承租人需要向船东承担全部责任，即承租方在租期结束后向船东交付的船舶需要和从船东处接手时是一样的状态，或者至少是正常使用折旧后的合理状态。因此，在海上货物运输合同关系中，船东和船方（承租人）实际上是一个整体，船方就是船东的代表或者说船东是船方的代表，无论哪一方出面进行共同海损损失的分担，客观结果都是一样的，因为双方的租船合同已经对彼此的权利义务作了约定。所以从表面上看起来的船东与货方之间分担损失，实际上是船方（承运人）和货方之间分担损失，二者之间的权利义务是以货物运输合同为基础的，上述从船东和货方之间没有合同关系的角度来反对“默示合同”说是站不住

① 实践中，船方宣布共同海损后，货方往往以船方过失导致损失进行抗辩，而非否定共同海损行为本身的合理性和合法性。基于此，《约安规则》规定了不论过失性质都要进行理算和分摊的做法，毕竟船方采取的措施在客观上以较小的损失避免了较大的损失，于当事各方都是有利的。

② 此处租船合同不包括航次租船合同。

③ 此处船方与承租人是同一主体，他们基于不同的法律关系担当着不同的角色。当对象是货方时，相对方是船方；当对象是船东时，相对方是承租人。

脚的。

虽然各国的法律大都对共同海损作了相关规定，但该制度是否能够被采用以及通过什么样的方式在多大程度上获得应用仍然需要以当事人协商的方式确定。事实上，当事人可以通过协议约定一方放弃要求他方分摊其共同海损损失的权利，或者约定免除一方分摊他方共同海损损失的义务，此种约定显然并不构成对共同海损法律的违反。通过上述对共同海损的历史渊源和实践做出的分析可以得知，共同海损本质上就是一种合意，是船方、货方之间就共同海损事故发生时如何处理的一种明示或默示的意思一致的表示。

确立了共同海损的契约属性后，即完成了对共同海损法律关系的定性，在后续探讨法律适用冲突解决时，就可以顺理成章地按照国际私法中合同法律适用的冲突规则进行分析。

第二节　共同海损法律冲突之冲突法解决方法

综观各国的实践及立法，对于合同法律适用冲突的解决，最早提出并使用至今的方法，便是间接调整方法。同样，现阶段通过冲突规范来解决共同海损法律冲突，是一种被普遍采用、切实可行的有效方法。在当代冲突法领域，意思自治原则、最密切联系原则以及分割法是解决合同法律冲突最常用、作用最突出的三种方法，当然，也是解决共同海损法律冲突的重要方法。

在客观论和主观论相结合、单一论和分割论互补的基础上充分考虑合同关系的本质要求和处理合同问题的价值取向，从而确定合同应适用的法律，是现代解决海事合同法律冲突的重要原则，有学者将其称为“适当论”。① 该理论认为这是一种既具确定性又具灵活性的新理论，它

① 参见吕岩峰：《“适当论”：国际合同法律适用理论的归结与扬弃》，载《法制与社会发展》1999 年第 5 期。

符合国际合同关系错综复杂的状况，在更高层次上弥合了客观论和主观论之间的分歧，实现了单一论和分割论的统一，从而为正确地解决合同法律适用问题开辟了一条新的广阔的道路。[①]

一、主客观相结合的“自体法”理论

共同海损的契约属性，使得共同海损法律冲突的解决需要遵循合同冲突法的规则。合同当事人有权选择合同应适用的准据法，如果没有选择，一般是根据最密切联系原则来确定合同准据法。[②] 依前一项原则，合同准据法的选择权掌握在当事人自己手中；依后一项原则，法律选择权掌握在法官手中。这种主观和客观相结合的理论就是当今合同冲突法领域比较流行的“自体法”理论，赖特（Wright）勋爵将其概括为“英国法院在确定契约的债权债务时所适用的理论”[③]。该理论提供了一个适用于各类契约的范围广泛的系属公式，以更为灵活的连接因素取代了较为僵硬、单一的传统连接因素，一方面体现了对契约自由的尊重，另一方面也兼顾了国家和公众利益以及合同当事人的合法利益，有利于个案公正和社会正义的实现。[④] “自体法”理论由英国学者首先提出，随后被美国吸收，并在其他国家以各种形式得到采用，[⑤] 反映了当代合同冲突法发展的主流趋向。

共同海损纠纷解决的是船货各方的共同海损成立、理算及分摊、追偿等问题。关于共同海损的法律适用，通常情况下，裁判者首先要看争议当事人是否已经就共同海损纠纷的法律适用做出了约定，在有约定且该约定不违背法院地强制性法律和公共秩序的情况下，首先适用当事人

---

① 参见吕岩峰：《英国“适当法理论”之研究》，载《吉林大学社会科学学报》1992 年第 5 期。

② See Regina Asaviotis, *Contracts for the Carriage of Goods by Sea and Conflict of Laws*, Maritime Law & Commerce 26, No. 2, p. 293 (1995).

③ Mount Albert Borough Council v. Australasian Temperance and General Mutual Life Assurance Society, [1938] A. C. 224.

④ 参见陈小云：《英国国际私法本体研究》，知识产权出版社 2008 年版，第 73 页。

⑤ 参见傅静坤：《契约冲突法论》，法律出版社 1999 年版，第 12 页。

在合同中或共同海损发生后约定适用的法律或惯例；若无约定，则依照最密切联系原则选择与所涉纠纷有关的法律，包括船旗国法、理算地法、航程终止地法、运输合同准据法等。

根据“自体法”理论，确定准据法需要运用两级系属公式。“当事人意思自治原则”是第一级系属公式，它的功能在于确立当事人主观上想要适用的法律；“最密切联系原则”是第二级系属公式，它的作用在于根据客观案件的实际情况找出“适当”的法律。

（一）第一级系属公式——当事人意思自治原则

1. 优越性

曼斯菲尔德（Mansfield）勋爵在 1760 年的 Robinson v. Bland 案①中首次提及“支配合同的法律就是当事人意图适用的法律”这一原则，如今，该原则已成为解决法律适用问题最主要或最基本的一种途径。②对于当事人而言，相当重要的是判决结果的可预见性，当事人按照自己的意图选择法律，使得当事人及法院相对容易地知道需要适用的法律以及双方在所涉法律关系中的权利和义务，有利于当事人准确地预见法律行为的后果，实现所期望的价值和利益。而且这种法律本身就是当事人选定的，必然为当事人所接受，一旦发生纠纷，可以避免烦琐耗时的选法程序，有助于迅速、及时地解决纠纷。对于法院而言，如果当事人选择了契约的准据法，就可以免去法院在两种或多种法律体系的事实形成微妙均衡的情况下确定准据法的困难任务，③ 从而把主要精力放在具体的权利义务和责任的判断上，这样更有利于纠纷的解决，也便于当事人接受判决的结果。所以，无论是在“冲突效率”层面，还是在“实体

① Robinson v. Bland, also known as Palmes Robinson, Esp. v. Anne Bland, Spinster Administratrix de bonis non of Sir John Bland, Bart. Deceased, (1760) 2 Burrow 1077, 97 E. R. 717.

② 参见傅静坤：《契约冲突法论》，法律出版社 1999 年版，第 35 页。

③ 参见［英］莫里斯：《法律冲突法》，李东来等译，中国对外翻译出版公司 1990 年版，第 271 页。

效率”层面,[①] 当事人意思自治原则在涉外法律适用上的意义已经毋庸置疑，该原则总体上均优于其他冲突规范。[②] 该原则也因此成为合同法律适用领域广为接受的基本原则，为世界上几乎所有国家法律所接受。[③]

正是由于意思自治原则具有如此明显的优越性，如今的冲突法领域愈加重视该原则，对运用意思自治原则的某些限制逐渐减弱，当事人选择法律的意思表示受到更多的尊重，从而让商事自由在合同领域得到最大限度的体现。具体体现在：（1）当事人选择法律的方式要求放宽，不仅承认明示选择的效力，对于符合要求的默示选择也认可其效力。（2）当事人选择法律的时间条件不断放宽，大部分国家都允许当事人在一审开庭前选择法律或变更已选的法律。（3）对当事人选择法律的空间限制业已取消，当事人可以选择与合同没有任何空间上联系的法律，并认为这是当事人意思自治原则的应有之义。[④]

2. 局限性

合同是冲突法中最为复杂的一个领域，原因之一是当事人根据自己的意志选择调整他们合同的准据法的权利大小问题不具有确定性。[⑤] 当事人意思自治被采纳为合同冲突规范的首要原则，但这一条在实践中的运用不那么容易。[⑥] 尽管各国法律对协议适用法律在原则上持肯定态

---

① 从经济学的角度分析，解决法律冲突的效率目标分解为两部分：一是“冲突效率”（conflicts efficiency），即由法律选择的稳定性、一致性、可预见性以及简便性而带来的社会成本的降低。二是“实体效率”（substantive efficiency），即依冲突规范选择最有效率的实体法的问题。有关“冲突效率”和“实体效率”的区分，参见 J. P. Trachtman, *Economic Analysis of Prescriptive Jurisdiction*, Virginia Journal of International Law 42, p. 42（2001）.

② 参见徐崇利：《我国冲突法立法应拓展意思自治原则的适用范围》，载《政治与法律》2007 年第 2 期。

③ See Peter Nygh, *Autonomy in International Contracts*, Oxford University Press, 1998, p. 20.

④ 英国在实践中对当事人选择的法律范围没有限制，主张无限制的意思自治，认为无论合同是否与英国有联系，一旦英国法被当事人选为合同准据法，都应予以承认。参见黄进主编：《国际私法》，法律出版社 1999 年版，第 405 ~406 页。

⑤ 参见邓正来：《美国现代国际私法流派》（修订版），中国政法大学出版社 2006 年版，第 196 页。

⑥ See M. Zhang, *Choice of Law in Contracts: A Chinese Approach*, Northwestern Journal of International Law & Business 26, p. 289（2006）.

度，但没有不受约束的权利，这种协议的效力并不是绝对的。随着时代的发展，意思自治作为一项法律适用的基本原则在各国得以确认的同时均保留着一些类似的例外，[①] 表现在：（1）当事人所选法律受到强行法的限制，只能选择任意性法律，不能与法院地国的强行法或与合同存在实质联系的强行法相抵触。而且所选法律必须是善意的和合法的，不得违背法院地国的公共秩序，也不得规避其他可适用的法律，否则可能直接导致所选法律无效。（2）通过“公平原则”对当事人意思自治原则加以适当限制。对某些特殊类型的合同排除了意思自治原则的运用，对强势方的意思自治做出限制，进一步加强对消费者和劳动者等弱势群体的保护，从而实现法律上的公平正义。（3）在选法的方式、时间、范围、是否能够查明以及是否与案件有客观实际联系等方面，各国的法律均有不同程度的限制，虽然这种限制的程度在逐渐减轻，但是离彻底消除还有很长一段距离。

3. 在共同海损领域的适用

“契约中所表示的意思是有决定意义的”[②]，原则上，没有什么能阻止双方当事人在合同中行使他们的选择权。[③] 挪威的海事法学者 S. 布雷柯斯（S. Braekhus）教授认为，海事法的特征向来是当事人几乎可以不受限制地决定他们所缔结的合同的内容……合同自由的必然结果亦为当事人可以自由决定他们的合同将受哪一国的法律支配。[④] 在以惯例和习惯发展起来的海商法领域，意思自治原则在解决涉外海事法律冲突问题上发挥了不可低估的作用。共同海损以特定的利害关系人之间公平负担为目的，那么就没有理由否定当事人对共同海损的法律适用的约定。对于共同海损的准据法，一般尊重当事人的意见，由当事人事先

---

① 参见傅静坤：《契约冲突法论》，法律出版社 1999 年版，第 34 页。

② ［德］马丁·沃尔夫：《国际私法》，李浩培、汤宗舜译，法律出版社 1988 年版，第 599 页。

③ See Regina Asariotis, *Contracts for the Carriage of Goods by Sea and Conflict of Laws*, Journal of Maritime Law and Commerce 26, No. 2, p. 306 (1995).

④ 参见［挪］S. 布雷柯斯：《国际航运中的法律选择》，侯军译，载《上海海运学院学报》丛书（法律），上海海运学院出版社（现大连海事大学出版社）1988 年版，第 18 页。

指定的场合居多。共同海损发生后，如果当事人事先在运输合同或提单的共同海损条款中指定某特定国家的法律或规则，或采用国际通行的理算规则——《约安规则》，则应当尊重当事人的意思，适用运输合同中约定的准据法作为共同海损的准据法，大部分国家或国际公约都明确承认这种做法。① 承认当事人对共同海损的意思自治原则，使他们对发生共同海损后的权利义务有预见性和明确性，当事人可以根据自己的谈判实力，尽量约定适用对自己有利的法律，这样对当事人比较公平、合理，同时也利于纠纷的快速、顺利解决。因此，在签订运输合同时，不能忽视合同中拟定的“共同海损条款”，若其中的准据法对自己不利，应努力加以修改。②

由于《约安规则》在共同海损领域为大多数航运国家所接受，所以在共同海损理算方面许多国家立法都是以任意性规范的形式，规定适用合同中约定的《约安规则》，没有约定时才适用有关法律规定。③ 但共同海损中应用比较广泛的《约安规则》只是列明了共同海损理算规则，对于共同海损其他方面，诸如成立、分摊、追偿等法律关系的法律规则并未列明，这使得共同海损理算的国际统一性仅限于该规则所列明的情况，而对于没有列明的情况，各国仍然可以依照其法律的规定或者所适用的惯例进行可能完全不同的处理。④ 《约安规则》也对这种情况如何处理做了相应的规定。1890 年《约安规则》中就规定，对于该规则没有特别规定的情况，应根据假设运输合同没有订入共同海损按《约安规则》理算的条款时应适用的法律或者惯例处理。这是当事人意思自

---

① 在日本，关于共同海损，允许适用当事人意思自治原则。参见［日］北胁敏一：《国际私法——国际关系法Ⅱ》，姚海镇译，法律出版社 1989 年版，第 22 页。我国《海商法》第 203 条：“共同海损理算，适用合同约定的理算规则……”《蒙得维的亚条约》第 16 条第 1 款：“关于载运货物的海损，按租船合同或运输合同可适用的法律决定。”

② 参见屈广清主编：《海事国际私法新编》，法律出版社 2005 年版，第 134 页。

③ 参见司玉琢主编，冯闻军等撰：《国际海事立法趋势及对策研究》，法律出版社 2002 年版，第 407 页。

④ 参见［美］L. J. 布格拉斯：《共同海损——1974 年约克—安特卫普规则，美国法律和惯例》，叶伟膺、黎东发等译，中国国际贸易促进委员会法律事务部内部资料 1984 年版，第 13 页。

治原则在共同海损领域获得应用的又一种情形。

在共同海损法律适用过程中，当事人对共同海损的准据法的协商选择体现在运输合同的法律选择条款中，其中绝大部分体现在提单条款中。提单是一种比较特殊的海运合同凭证，所以无论是国际法还是国内法都对其作出了比较严格的规定，这就导致其法律适用中的当事人意思自治原则受到了严格的限定。当事人选择的法律经常会受到有关国家或国际公约的强制性规定的约束，这些都是必须适用的，不允许当事人通过选择法律予以排除。比如，美国《1936 年海上货物运输法》第 1312 条和《1999 年海上货物运输法（草案)》第 3 条（a）项、[①] 英国《1971 年海上货物运输法》第 1 条第 3 款、[②] 《海牙规则》第 10 条、[③] 《海牙—维斯比规则》第 5 条、[④] 《汉堡规则》第 2 条第 1 款、[⑤] 我国《海商法》第 44 条[⑥]等对条约或法律的适用范围或是提单中承运人的责任作了强制性的规定。所以，从当事人意思自治原则在共同海损领域中的适用情况来看，似乎比其他一般涉外民商事领域的限制更多，因为在这里涉及的国内或国际强制性的法律规范更多，在适用当事人意思自治

---

① 美国《1936 年海上货物运输法》第 1312 条和《1999 年海上货物运输法（草案)》第 3 条（a）项：本法适用于涉及运至或远离美国的任何运输合同。

② 英国《1971 年海上货物运输法》第 1 条第 3 款：在不损害上述第 2 款的条件下，上述条款对于有关装运港是英国港口的船舶海上货物运输有效，无论该运输是否属于该规则第 10 条所指的两个不同国家之间港口的运输。

③ 《海牙规则》第 10 条：本公约和各项规定，适用于在任何缔约国所签发的一切提单。

④ 《海牙—维斯比规则》第 5 条：本公约各项规定，应适用于在两个不同国家港口之间与货物运输有关的每一提单，如果（a）提单在某一缔约国签发；或者（b）货物从某 缔约国港口起运；或者（c）被提单所包含或所证明的合同受本公约各项规定或者给予这些规定以法律效力的任一国家立法的约束，而不论船舶、承运人、托运人、收货人或任何其他关系人的国籍如何。每一缔约国应将本公约适用于上述提单。本条规定不禁止缔约国将本公约适用于未在前述各款中列明的提单。

⑤ 《汉堡规则》第 2 条第 1 款：本公约各项规定，适用于在两个不同国家之间的所有海上运输合同，如果：（a）海上运输合同规定的装货港位于某一缔约国之内；或者（b）海上运输合同规定的卸货港位于某一缔约国之内；或者（c）海上运输合同规定的备选卸货港之一是实际卸货港，并位于某一缔约国之内；或者（d）提单或作为海上运输合同证明的其他单证，是在某一缔约国之内签发；或者（e）提单或作为海上运输合同证明的其他单证规定，本公约各项规定或者使其生效的任何国家立法制约该合同。

⑥ 《海商法》第 44 条：海上货物运输合同和作为合同凭证的提单或者其他运输单证中的条款，违反本章规定的，无效……将货物的保险利益转让给承运人的条款或者类似条款，无效。

原则确定共同海损的准据法时要注意不能违背这些强制性法律的规定。

(二) 第二级系属公式——最密切联系原则

有学者统计过，1998年至2008年作出的900多起涉外民商事案件判决中，适用最多的准据法选择方法是最密切联系原则，占案件总量的35.67%。[①] 可见，最密切联系原则在确认案件准据法方面备受法官青睐，曾成为我国涉外商事审判中适用最多的选法方法。[②] 所以有学者认为，冲突法的现代化及其程度可以从其对最密切联系精神的汲取程度得以确证。[③]

最密切联系原则，又叫"最真实联系原则"，指的是当事人在没有选择应适用法律的情况下，有国际管辖权的一国法院或行政机关依据这一原则，通过对案件具体情况或重要连接因素从质和量两个层面进行法律上的全面评价，寻找与合同利害关系最密切、相关度最高的因素作为中介点，从而谋求确定法律适用的原则。[④] 该原则继承了传统连接点选择法律的准确性、稳定性的特点，同时其自身具备的灵活性又实现了国际私法主张科学合理地适用法律的价值目标，目前已得到各国的公认。塞浦路斯在 Electromatic Constructions Co. Led. v. Azov Shipping Co. and other 案[⑤]中确立了"如果不能推定当事人的默示意思，法院将考虑适用与合同有最密切联系的法律"的原则。[⑥] 美国学者里斯在其1971年编纂的《第二次冲突法重述》中系统地提出了"最密切联系原则"

---

① 参见郭玉军、徐锦堂：《从统计分析看我国涉外民商事审判实践的发展》，载黄进、肖永平、刘仁山主编：《中国国际私法与比较法年刊》，北京大学出版社2009年版，第129页。

② 有人曾做过统计，在上海市第一中级人民法院以判决方式结案的239件涉外商事案件中，适用最密切联系原则的案件占41.4%，已经超过了适用当事人意思自治原则的案件（有76件，占31.8%）。参见任明艳：《最密切联系原则适用中的问题与对策研究》，载郑鄂主编：《中国涉外商事审判研究》（第2辑），法律出版社2011年版，第123页。

③ 参见刘想树：《论最密切联系的司法原则化》，载《现代法学》2012年第3期。

④ 参见王国华：《涉外海事合同法律适用原则及发展》，载《上海海事大学学报》2009年第2期。

⑤ Electromatic Constructions Co. Led. v. Azov Shipping Co. and other, [1988] 1 C. L. R. 768.

⑥ 参见［加］威廉·泰特雷：《国际冲突法：普通法、大陆法及海事法》，刘兴莉译，黄进校，法律出版社2003年版，第607页。

学说，并因此被公认为是最密切联系原则的创立者。英国国际私法学者也认为，如果当事人没有选择合同适用的法律，那么，与合同有最密切联系的国家的法律就应成为支配合同实质效力的法律。[①] 在 1971 年的 "Tunisienne" 案[②]中，英国上议院进一步将最密切联系原则确认为决定海上货物运输合同准据法的一般原则。[③] 及至时下，最密切联系原则终在大陆法系的形式规则与英美法系的公平考虑之间实现了观念上的兼容，在欧美的晚近立法及司法实践中均得到确认。[④]

1. 最密切联系标准的确定

最密切联系原则作为一种弹性规则，其本身没有提供统一的标准，具有非规则性，法律授予法官或出于情势需要，或在一定限度内行使自由裁量权，[⑤] 这易于导致主观随意性，减损法律适用结果的确定性和可预见性。因此，需要一种"矫正机制"来适当约束法官的权利。

（1）大陆法系的"特征性履行说"

自 20 世纪 60 年代开始，大陆法系国家采用了将最密切联系原则具体化的"特征性履行"方法来具体贯彻该原则。德国冲突法专家克格尔认为，确定最密切联系地应遵守"最低限度干扰原则"。[⑥] 依据该原则，如果合同当事人一方履行合同的行为属于职业行为，往往表现为提供实物或劳务，另一方履行合同的行为通常是金钱给付，不属于职业行为，那么最密切联系地应依有利于履行职业行为的一方当事人利益的原则确定。由于提供商品或服务的合同当事人比仅仅支付金钱的合同当事人在履行合同时需要付出的努力更多，因而也更多地受到法律冲突问题

---

① See Peter North & J. J. Fawcett, *Cheshire and North's Private International Law*, 13th ed. ,Butterworths & Co. Ltd. , 1999, p. 32.

② The "*Tunisienne*", also known as Compagnie Tunisienne de Navigation SA v. Compagnie d'Armement Maritime SA, [1971] A. C. 572, [1970] 3 W. L. R. 389, [1970] 3 All E. R. 71, [1970] 2 Lloyd's Rep. 99.

③ See A Legal Correspondent, *Proper Law of Contract*, Arbitration 35, No. 3, p. 221 – 223 (1969).

④ 参见刘想树：《论最密切联系的司法原则化》，载《现代法学》2012 年第 3 期。

⑤ 参见［英］沃克编辑：《牛津法律大辞典》，北京社会与科技发展研究所译，光明日报出版社 1989 年版，第 261 ~ 262 页。

⑥ 参见秦瑞亭：《冲突法的理论与实务》，对外经济贸易大学出版社 2007 年版，第 251 页。

的“干扰”，该方当事人承担的义务是反映该合同本质特征的义务，因此该履行义务的行为也称为“特征性履行”，承担该义务的合同当事人称为“特征性履行方”。按照该理论，在涉外合同的当事人未选择合同准据法或者选择无效的时候，合同准据法一般情况下是“特征性履行方”的主营业所所在地或者惯常居所地的法律。

“特征性履行说”的主要作用在于为最密切联系原则的适用提供一种客观依据，最密切联系原则是“纲”，“特征性履行说”是“目”，纲举则目张。[①] 这一理论得到了国际社会的广泛接受，如《罗马公约》的第4条第2款就规定了“特征性履行”成为确定与合同有最密切联系的最主要的标准。虽然“特征性履行说”在国际上得到了较为广泛的应用，但它始终只能是最密切联系说的衍生物，其推定终究是可驳倒的，在明确了所选择适用的法律与案件事实只有较弱的联系，而存在与合同有更密切联系的另一法律或此推定有可能导致不公平时，除外条款准许该法律推定不予适用。因此，《罗马公约》第4条同时又对不动产和海上运输两种类型的合同另行作了规定。也就是说，“特征性履行”不是确定最密切联系的唯一标准，实践中还存在许多例外的情况，法律允许采用其他的方法来确定与合同有最密切联系的法律，这也是最密切联系原则的逻辑结果。

（2）英美法系的“要素分析法”

现代法律选择方法不再仅仅关注法律适用的一致性，而是要建立一种公平正义的理念，力求达到法律适用的应然效果。在美国冲突法革命中，里斯教授将“结果确定性、可预测性和一致性”以及“在具体案件中的公正”列为适用最密切联系原则的双重标准因素，他认为法律选择还必须照顾互相冲突的价值，在考虑适用最密切联系原则时应考虑以下七个因素，即州际和国际制度的需要、法院地的相关政策、其他利害关系州的相关政策及利益、对正当期望的保护、特定法律领域的基本政

① 参见陈卫佐：《比较国际私法——涉外民事关系法律适用法的立法、规则和原理的比较研究》，法律出版社2012年版，第373页。

策、结果的确定性、需适用的法律易于认定和适用。里斯在《第二次冲突法重述》里列举的这些政策只是作为法院解决法律选择问题和指定法律选择规定的指导原则，所列举的那些政策并不是别无其他的政策，列举的顺序也不是按照它们相对的重要程度来排列的，在具体的案件中还需要综合各种因素进行考量，这种方法被称为“要素分析法”。[①] 实践中，加拿大法院也依据该原则，采取个案处理的方法，将连接因素列举出来进行对比，从整体上考虑与合同有关的所有连接因素。[②] 在“Iran Vojdan”案[③]中，英国法院对最密切联系原则的贯彻也是通过考察合同连接点的分布情况来确定的。

因此，在英美法中，法官或仲裁员在适用最密切联系原则，通过客观分析来权衡、确定合同适用的准据法时，不仅考量连接因素的数量，同时还要权衡每个连接因素在所涉案件中的“质量”。只要这些因素在数量上均指向某一国，在“质量”上对该合同具有重要意义，即可确定该国为最密切联系地而适用其法律。

2. 最密切联系原则在共同海损领域的适用

最密切联系原则赋予法官的自由度及其表现出来的客观合理性是显而易见的，它能适应共同海损复杂多变的客观形势的需要，避免用一种固定的连接点指引准据法的不切合案件实际情况和不利于案件公平合理解决的缺陷。

共同海损连接点数量多，这源于其法律关系的复杂性：第一，共同海损的法律关系是多个法律关系的综合，包括共同海损理算关系、分摊关系、追偿关系等。共同海损既涉及海上货物运输法律关系，又涉及海上保险法律关系等。第二，同一航程可能有几十甚至上百票货物，涉及比其他涉外法律关系更多的不同国籍的当事人，海上货物运输合同并非

---

① 参见王国华：《涉外海事合同法律适用问题探析》，载上海海事大学海商法研究中心编：《海大法律评论 2007》，上海社会科学院出版社 2008 年版，第 230 页。

② 参见［加］威廉·泰特雷：《国际冲突法：普通法、大陆法及海事法》，刘兴莉译，黄进校，法律出版社 2003 年版，第 180 页。

③ The “*Iran Vojdan*”, also known as Dubai Electricity Co. v. Islamic Republic of Iran Shipping Lines, [1984] 2 Lloyd's Rep. 380.

都在船舶所有人的住所地或船籍港签订，这就会使一个航次运输产生数个合同签订地。同时，合同履行地有装货港、卸货港之分，有时一个航次中还会涉及位于不同国家的数个装货港、转运港或卸货港。面对如此繁多、分布广泛的连接因素，应该增加传统冲突规范的弹性，适当扩大最密切联系原则在共同海损法律关系中的适用范围。依据该原则，不但能够克服传统冲突规范机械、僵硬的一面，客观地做出公正合理的法律选择，而且能够提高法律适用的灵活性，有利于复杂的共同海损案件获得公正、合理的解决。①

共同海损的法律关系涉及的连接因素不仅在“量”上很多，而且在“质”上也很复杂，如船舶国籍、船舶所有人、船舶承租人、位于不同国家的货方和保险人、理算地、航次终止地、事故发生地等都可能成为连接因素。对于这样多的连接因素在“质”的考量上不可避免地会发生分歧。各国在立法时针对不同的连接点的考量重点是不同的，如英国重视航程终止地法，而德国侧重船旗国法和理算地法。在我国的审判实践中，海事法院审理涉外合同纠纷案件，主要考虑合同签订地、合同履行地及当事人所属国等连接因素来推定合同的准据法，尤其是履行行为是使合同特定化的最有意义的行为，因此，更侧重于合同履行地法的适用。②

针对共同海损法律关系的复杂性，最密切联系原则经过适当的限制和完善，以“特征性履行”理论为指导，结合具体案件中具有不同重要程度的考量因素，尽力避免该原则的固有缺陷，逐渐成为一种被普遍接受的确定共同海损准据法的原则。

二、统一论与分割论互补原则

国际上关于合同的法律适用有两种理论，即统一论和分割论，二者对于合同法律冲突的解决都有其自身的价值。

（一）统一论与分割论互补的理论分析

统一论也称单一论，主张适用同一准据法来处理同一案件中的各个

---

① 参见屈广清主编：《海事国际私法新编》，法律出版社2005年版，第103页。

② 参见金正佳、翁子明：《中国海事审判的理论与实践》，海天出版社1993年版，第61页。

问题，这样可以实现案件判决的一致性，使合同处于稳定统一的状态。所谓的分割论，也称“准据法的分裂”[①]，在美国冲突法领域则称为“德伯沙治”方法，[②] 是指对一涉外案件依据不同方向或性质细分成数项争执的问题，对不同部分或不同环节规定不同的连接因素，而适用数个国际私法规则，产生数个准据法并行适用的情形。在 Club Mediterranee NZ v. Wendell 案[③]中，新西兰法院就注意到，在一个案件中，将合同准据法适用于合同履行的每一部分，是不可取的。AO Smith Electrical Products (Changzhou) Co. Ltd. v. Blue Anchor Line 案[④]中，香港高等法院也依据当事人的约定针对不同的法律关系适用不同的准据法。对同一法律关系的不同方面适用不同的法律规则有利于合同纠纷的妥善处理，既符合当事人的正当期待，也是软化传统冲突规范的一种有效方法。分割论的观点反映在立法上，典型地体现在《罗马公约》第 3 条第 1 款第 3 句（后被《罗马 I 规则》第 3 条第 1 款第 3 句所取代）中。[⑤]《罗马公约》不仅在主观选择法律时允许当事人针对同一法律关系的不同方面分别选择法律，而且在依客观方法确定准据法时，也准许“准据法的分裂”，进一步扩展了分割论的适用范围。国际法研究院 1991 年巴塞尔会议通过的关于私人之间的国际性合同的当事人意思自治的决议第 7 条规定：“双方当事人可以就合同整体或合同的一个或多个部分选择准据法。”[⑥]

效率和公平是法律适用问题上的两种不同价值，统一论偏重效率，

① 陈卫佐：《比较国际私法——涉外民事关系法律适用法的立法、规则和原理的比较研究》，法律出版社 2012 年版，第 389 页。

② 参见邓正来：《美国现代国际私法流派》（修订版），中国政法大学出版社 2006 年版，第 233 页。

③ Club Mediterranee NZ v. Wendell, [1989] 1 N. Z. L. R 216639.

④ AO Smith Electrical Products (Changzhou) Co. Ltd. v. Blue Anchor Line, 2011 WL 5506317 (CFI), [2012] 1 HKLRD 301, [2011] HKEC 1525. 该案中，法院判决货物运输涉及美国港口的时候，应适用美国《1936 年海上货物运输法》；否则将适用《海商法》；但是涉及责任限制问题应依据当事人的约定的适用法决定，而不适用上述法律。

⑤ 《罗马公约》第 3 条第 1 款第 3 句：当事人可以选择适用于合同全部或仅适用于合同部分的法律。《罗马 I 规则》第 3 条第 1 款第 3 句：当事人可以指定适用于其合同的整体或仅适用于其合同的一部分的准据法。

⑥ 陈卫佐：《比较国际私法——涉外民事关系法律适用法的立法、规则和原理的比较研究》，法律出版社 2012 年版，第 390 页。

分割论更加注重公平，它们在理论上都有一定的合理内核。晚近国际私法在此领域的发展趋势表现为，将这两种看似对立的理论进行兼采，赋予当事人选法较大的空间。[①] 任何一种方法都不是绝对适用于所有情况和领域的，在当今涉外合同的法律适用上，分割论是选择的主流，这常为实践所承认，但漫无限制的分割容易引起适用法律的不稳定和不统一，因此对于合同的分割也应有所限制，必须保持在适度的范围内。这就是说，应在尽量保持合同完整性的前提下，对于明显易于且可能区分的方面加以分割；但对于一些内在联系紧密且不易或不宜分开的问题不能硬性分割。此外，当事人通过意思自治进行分割必须出于善意，不得以此规避与合同或合同某些方面有最密切联系的国家法律的强制性规定。

（二）统一论与分割论互补原则在共同海损领域的适用

海事领域同一法律关系涉及的问题往往比一般涉外民商事法律关系更加复杂，例如，船舶碰撞可能导致七八种合同准据法的确定。因此，在确定海事案件适用的准据法时，适宜采用分割的方法，将法律冲突的问题分为几部分，分别适用不同的法律。有学者认为，“Titanic”案[②]的判决是错误的，它判决或意图判决只适用一项或许两项法律来解决因与冰山发生决定命运的碰撞而产生的几乎所有的法律责任。[③] 实践中类似的情况并不少见，在“Korean Wonis One”案[④]中，两艘韩国籍船舶在韩国水域发生碰撞，当事人约定适用美国海上货物运输法确定对货物损害的责任，而法院将当事人的这种选择扩大到责任限制。得出这样的结论是基于一种错误的观念，即单一的法律适用于船舶碰撞产生的所有法律问题，这种结论排除适用任何合理的法律适用方法解决诸如船舶碰撞、共同海损等导致多种法律问题的任何事件。[⑤] 类似于船舶碰撞法律

---

① 参见韩德培主编：《国际私法》，高等教育出版社 2000 年版，第 196 页。

② The “*Titanic*”, also known as Oceanic Steam Nav. Co. v. Mellor, 233 U. S. 718, 34 S. Ct. 754, U. S. 1914.

③ 参见［加］威廉·泰特雷：《国际冲突法：普通法、大陆法及海事法》，刘兴莉译，黄进校，法律出版社 2003 年版，第 27 页。

④ The “Korean Wonis One”, 919 F. 2d 601, 1991 A. M. C. 499.

⑤ 参见［加］威廉·泰特雷：《国际冲突法：普通法、大陆法及海事法》，刘兴莉译，黄进校，法律出版社 2003 年版，第 340 页。

关系，共同海损同样包含着复杂的法律关系，这些方面既相互关联又不乏独立性。纵向看，共同海损包括共同海损是否成立、理算、分摊、索赔等不同的法律问题，为了避免适用统一法律而导致的不同当事人的利益失衡，在共同海损领域宜采用分割的方法，区分不同的法律关系或不同的法律问题，依据不同的冲突法原则，选择适用不同的准据法，这样便于问题更好解决。共同海损成立是解决共同海损行为是否符合共同海损要件的问题，宜采用法院地法；共同海损理算解决的是各受益方具体分摊金额和比例的问题，宜适用理算地法；共同海损分摊解决的是共同海损损失和费用能否被最终分摊以及能否追偿的问题，适用当事人选择的法律更利于案件的处理。这几个方面都是相对独立的，从理论上观察，各部分都有不同的适当的准据法，允许当事人将各问题分割开来分别或按顺序解决，可以获得单一论无法满足的立法和司法目的。① 横向看，共同海损包括运输、共同海损、保险等不同的法律关系，希望确定单一的法律解决共同海损中所有的法律问题，是不合理的，也不能充分地解决那些问题。共同海损与海上货物运输和海上保险之间的关系是相对而言的，在适用法律过程中既要注意统一又要区别对待。在“Soya Margareta”案②和“Astraea”案③中，当事人就在合同中对共同海损和海上货物运输其他法律关系的准据法分别做了约定。伦敦保险协会货物保险条款（Institute Cargo Clause，ICC）也很好地运用了分割论与统一论相结合的原则协调了三者（运输、共同海损和保险）之间的关系，

---

① 我国学者王国华也主张，对共同海损法律关系宜采用分割的办法，分别规定相应的法律适用规则。参见王国华：《海事国际私法专题研究》，辽宁大学出版社2012年版，第244页。

② The “*Soya Margareta*”, also known as Owners of Cargo on Board the Soya Lovisa v. Owners of the Soya Margareta, [1961] 1 W. L. R. 709, [1960] 2 All E. R. 756, [1960] 1 Lloyd's Rep. 675, (1961) 105 S. J. 406. 该案中，租约第13条约定，合同适用船旗国法，但是共同海损纠纷适用1950年《约安规则》。See also P. D. J. Lilly, “The Soya Margareta. Owners of Cargo on Board the Soya Lovisa v. Owners of the Soya Margareta”, *Arbitration* 26, No. 3, 1960, p. 127.

③ The “*Astraea*”, also known as Alma Shipping Corp v. Union of India, [1971] 2 Lloyd's Rep. 494. 该案中，当事人在合同第31条约定共同海损适用1950年《约安规则》，第34条约定因履行合同引起的纠纷适用（英国）1950年仲裁法。See also Des Mcconaghy, *I. General Average Contribution*, Arbitration 39, No. 2, p. 82 (1972).

该条款第 2 条“共同海损条款”规定：“本保险承保共同海损和救助费用，其理算或确定应根据运输契约和/或有关法律或惯例办理。”第 19 条规定：“本保险以英国法律及惯例为依据。”①

随着合同冲突法理论的发展，无论是国内立法还是国际条约，甚至于当事人在海上货物运输合同中，都纷纷选择了分割论来解决共同海损的法律适用问题，详见表 6。这充分说明，在共同海损法律适用问题上，依据每个案件的不同法律问题按其性质适用不同的准据法，越来越成为立法和实践的潮流。

表 6 国际上适用分割论解决法律冲突的立法及运输合同举例

名称	规定
《意大利航海法典》第 11 条	共同海损适用旗国法，至于理算，可以适用法院地法
《阿根廷航海法》第 607 条	船旗国法确定共同海损成立与否及其手续和分摊义务，理算地国的法律适用于理算
《蒙得维的亚条约》	海损的性质、关于船舶的单独海损、有关共同海损行为的条件和手续的一切事项，均由船籍国的法律确定（第 15～17 条）
	共同海损的理算和分配，应在船舶目的港进行；如果船舶不能到达目的港时，则在其卸货港进行（第 18 条）
中远公司提单[1]	当事人同意在案件涉及承运人的义务、责任、权利及豁免方面应适用《海牙规则》（背面条款第 24 条第 1 款）。 案件的其他方面适用中国法律（背面条款第 2 条）

[1] 中远公司提单，是中国远洋海运集团有限公司（China COSCO Shipping Corporation Limited）及其旗下公司签发的，用于证明货物已由其接收或装船，约定将货物运往指定目的地并交付给收货人的书面凭证，是国际贸易中重要的货运单证。得益于中国远洋海运集团有限公司强大的航运实力，中远公司提单在各大航运公司中占据重要地位，具有较强的影响力和竞争力，在海上运输业务领域被广泛采用。

① 《ICC 条款（ABC）中英对照》，载百度文库，https：//wenku. baidu. com/view/96a383aa9a8fcc22bcd126fff705cc1755275f90. html？_wkts_ =1753957347382&needWelcome Recommand =1，2025 年 7 月 31 日最后访问。

我国立法应该借鉴有关国际条约和其他国家的立法规定，对共同海损所涉及的问题的不同方面规定适用不同的准据法。当然，分割是在统一基础上的分割，对于一些内在联系紧密且不易或不宜分开的问题仍然应适用统一的法律，比如共同海损理算法律关系，其中涉及理算的费用和牺牲等不同的法律问题，这些问题之间虽然具有独立性，但彼此共属海损理算范畴，就不宜硬性分割。所以"统一"和"分割"应掌握适度原则，二者之间应形成互补性的关系，以更好地实现当事人对准据法的期望。

可以说，合同冲突法的发展从来没有停滞不前，而且在理论研究方法上也已经具备了国际性。海上货物运输涉及不同国家的有关航海和贸易的海事法律问题，司法者不得不寻找具有共同标准的原则和适用的法律以适用于不同国家的人民。① 但是，如果过多地关注某一种方法，把它当成一种目的而不是工具，那么，最终"法"将沦为"方法"的奴隶。所以，无论法律选择方法多么优良，其最终服务于纠纷的解决。法律的根本目的是妥善解决涉外民商事纠纷，维护各方当事人的合法权益，所以在立法和司法实践中不能本末倒置，要明确法律冲突的解决方法仅仅是"方法"而已。

第三节　共同海损法律冲突之统一实体法解决方法

勒内曾预言："法在国际上的一定程度的统一是今天的世界所要求，而对明天的世界来说，它将是更加必需。"② 加之在海事领域达成国际社会一致的可能性最大，因此，有人认为统一的海事实体法是解决海事法律冲突的最理想的途径。③

---

① See Gerard J. Mangone, *United States Admiralty Law*, Kluwer Law International, 1997, p. 1.

② ［法］勒内·达维德：《当代主要法律体系》，漆竹生译，上海译文出版社1984年版，第35页。

③ 参见侯军主编：《当代海事国际私法》，上海科学技术文献出版社1990年版，第342页。

一、共同海损领域的统一实体法

统一实体法的渊源包括国际条约和国际惯例。共同海损领域迄今为止还未缔结国际条约，原因之一就是国际惯例——《约安规则》实际上发挥了统一法的功能，在一定程度上统一了共同海损的理算。虽然这种统一是局部的而非全面的统一，《约安规则》也因自身的缺陷或多或少地影响着共同海损法律冲突的解决，但不可否认的是，该规则的存在客观上推动了共同海损法律适用的一定程度上的统一。

（一）《约安规则》是事实而非法律[①]

在古代及中世纪，惯例与法律几乎无差别，海事惯例与法具有同等效力。而现代的海事惯例所反映的只是人们共信共守的事实，其本身并不具有法律特有的强制力。人们对国际海事惯例共信共守，只是由于法律对惯例涉及的内容无明确规定，而海事惯例能满足人们的实际需要。国际海事惯例要获得法律拘束力，需要靠法院或国际组织在一定条件下赋予它法律效力，但大部分情况下国际海事惯例是依靠当事人的选择适用而获得法律拘束力。“习惯是人人确信其为法律”，但其本身并不是法律。《约安规则》作为国际海事惯例，不是国家之间缔结的具有法律约束力的国际规则，而是由国际航海贸易的有关当事人在契约中通过协议方式自愿采用的习惯性做法，当事人没有选择的时候并不具有法律约束力。正如吉尔摩和布莱克所描述的那样：“任何一个版本的《约安规则》均无法律约束力，提单可以规定适用任何版本的规则或适用一个或数个版本中的一些规则而不适用它们中的另一些规则。”[②] 所以，《约安规则》大部分时间是以一种任意性规范的形式存在的，需要通过当事人协商约定方能得到适用，但是如果当事人未约定采用《约安规则》，或者涉及《约安规则》未规定的事项，或者《约安规则》的规定与合同

---

① 此处的法律作狭义理解，即由有权机关制定具有强制性的规范。

② ［美］G. 吉尔摩、C.L. 布莱克：《海商法》（上），杨召南等译，中国大百科全书出版社 2000 年版，第 334 页。

准据法的强制性规定相抵触时，就需要适用相关的冲突规范指引确定共同海损的准据法。

即使存在上述不足，作为国际海事惯例的《约安规则》在共同海损领域也并没有因为其本身的任意性属性而受到“冷遇”。虽然《约安规则》不具有法律效力，却被并入几乎所有的海运合同中。[①] 如今，国际海事惯例的成文化和系统化进展明显，国际海事惯例的法律约束力得到了加强。如果说以前《约安规则》只有通过当事人选择才对他们有法律约束力的话，现在仲裁庭在实践中越来越多地直接引用该规则。如果说以前主要是仲裁机构适用《约安规则》的话，现在不仅越来越多的国家在国内立法中直接规定了《约安规则》的可适用性，[②] 而且法院也在司法审判中将该国际惯例作为断案依据。《约安规则》在共同海损领域能得到如此广泛的适用，主要有以下三方面原因。

首先，国际海事惯例为航运界长期共信共守，具有相当约束力，在人们的内心产生了一种法的信念（虽然本身并不是法），这种信念促使人们在将来的航运活动中仍按惯例来决定自己的行为。国际海事惯例的非法律属性并未对人们的这种信念产生深刻的影响，尤其是在共同海损领域，长期的习惯性做法使得人们对海事惯例的非法律属性更加模糊。

其次，国际航运惯例的适用增加了海商法统一化进程的灵活性和实用性，为海商法的发展和协调提供了新的法律因素，海运发展史表明惯例的出现将逐渐引导各国国内法走向国际化。[③] 在共同海损领域，相关的国内法在立法过程中很大程度上吸收借鉴了共同海损的习惯性做法，譬如我国《海商法》中有关共同海损的规定就大部分引用了1974年

---

① See B. J. Davenport, *Lowndes and Rudolf's Law of General Average and the York-Antwerp Rules*, Law Quarterly Review 108, p. 683 (1992).

② 如《俄罗斯联邦商船航运法典》第285条第2款规定：双方在协议中有明确规定适用，在海损评估、共同海损损失理算和分摊方面以及所适用的法律规定不完善的情况下，应适用有关共同海损的《约克—安特卫普规则》及其他国际商船的惯例。

③ 参见陈宪民：《海事法律冲突研究》，载《河北法学》2006年第9期。

《约安规则》中的条款。[①] 许多共同海损的法律原则起源于航海惯例，加之在该领域尚未缔结国际海事公约，国际海事惯例由此成为补充国内法律不足的重要途径。

最后，在共同海损领域，《约安规则》作为国际海事惯例，具有灵活性和实用性的特点，同时由于其在共同海损领域具有统一实体规则的性质，能够弥补冲突法规范带来的不足，所以经常被当事人在合同中直接援用。美国颁布的标准提单条款对《约安规则》的规定已不作任何删减而予以全部援用。[②] 1994 年英国上议院在审理 "*Bijela*" 案[③]时，就是以当事人在租船合同中明确约定适用 1974 年《约安规则》为由，推翻了英国上诉院的判决，维护了国际海事惯例的地位，在海事司法界有较大影响。[④]

基于上述原因，《约安规则》虽然并非法律，但其因具有避免和解决共同海损法律冲突的优势，从而获得当事人和司法者的青睐。依据当事人的协议选择适用或司法机关的主动适用，《约安规则》的任意性便不再成为其获得广泛适用的障碍。

（二）《约安规则》多种版本并存

国际惯例如同国际条约或国内法一样，不是一成不变的，而是随着客观情况的发展也需要不断地予以充实和完善，只有这样才能保持国际惯例与时俱进的实践性品质，《约安规则》之所以不断出现新的版本就

---

① 有学者认为我国《海商法》第十章"共同海损"的规定，完全取自 1974 年《约安规则》。参见王国华：《海事国际私法专题研究》，辽宁大学出版社 2012 年版，第 51 页。笔者认为该观点过于绝对，更确切的说法是第十章的内容大部分沿袭了 1974 年《约安规则》的规定。学者陈波也认可该观点，认为我国《海商法》中"共同海损"实体法内容主要参照了国际上普遍采用的 1974 年《约安规则》，但做了简化处理。参见陈波：《对我国〈海商法〉中"共同海损"一章的修改意见》，载《中国海商法年刊》2001 年第 0 期。

② 参见［美］G. 吉尔摩、C. L. 布莱克：《海商法》（上），杨召南等译，中国大百科全书出版社 2000 年版，第 338 页。

③ The "*Bijela*", also known as Marida Ltd. v. Oswal Steel, ［1994］1 W. L. R. 615, ［1994］2 All E. R. 289, ［1994］2 Lloyd's Rep. 1, ［1994］C. L. C. 410, (1994) 144 N. L. J. 604, (1994) 138 S. J. L. B. 95.

④ 参见王建新：《论海事国际惯例的适用》，武汉大学 2004 年硕士学位论文。

是顺应这一趋势的体现。但是，新的版本出现，旧的版本并不停用，而是和新的版本同时有效，这样在当事人约定不明的情况下就容易出现适用冲突。选择不同版本的《约安规则》，对当事人权利义务的确定具有至关重要的影响。

由于《约安规则》需要通过当事人的选择得到适用，所以当事人的意思自治是解决这一问题的主要途径。对同一争议事项，首先应根据当事人的意思选择适用某一版本的《约安规则》，在当事人没有约定的情况下应适用有密切联系的惯例，就像根据最密切联系原则确定应适用何国法一样进行分析。[①] 运用最密切联系原则选择国际惯例针对的虽然主要是不同的国际惯例，但是对于同一国际惯例的不同版本，具有借鉴作用。通常情况下是适用最新版本，因为最新版本往往是针对最近的客观情况作出的最新修订，与所签订的合同内容最为契合。由于《约安规则》有多个版本供当事人自由选择，合同各方并不受制于最新版本的约束。[②] 如果合同并非最近签订，根据最密切联系原则就应适用与之签订时间最近的《约安规则》版本。因为相对而言，时间相近往往联系也最紧密。[③] 同时，不同版本《约安规则》获得援用的程度并不相同。实践中，1974 年《约安规则》弥补了以前版本的不足，又规避了后续版本中有争议的问题，因而获得了当事人更多的采用。但是，依据客观实际的变化，2004 年《约安规则》在更好地协调不同当事方利益的同时，与时俱进地简化了理算规则，日益受到广泛的选择。2016 年《约安规则》是伴随着航运实践变化和各方利益重新分配需求的情形下做出的调整，强调了效率要求，细化了理算规则，符合当代海运实践的需求。所以，在当事人没有明示或默示适用的《约安规则》版本时，需要借鉴

---

① 参见郭春风：《论航运惯例》，载大连海运学院国际海事法律系编：《海商法论文集》，学术书刊出版社 1989 年版，第 215 页。

② See D. J. Wilson, *Lowndes and Rudolf: the Law of General Average and the York-Antwerp Rules*, Law Quarterly Review 114, p. 163 (1998).

③ 这种情况具有相对性，比如说虽然 1994 年《约安规则》比 1974 年《约安规则》制定的时间晚，但是前者不如后者适用广泛。所以，时间的接近性只是判断最密切联系的标准之一，而不是唯一标准。

最密切联系的原则，结合版本的制定时间和被适用程度等因素予以综合认定。由于我国《海商法》中的“共同海损”一章在立法时参照了1974年《约安规则》，所以在当事人未指明适用的版本时，通常情况下适用1974年《约安规则》。①

当然，也有可能出现下面这种情况。如果一艘船舶载有不同货主的货物，运输合同中有关于共同海损理算法律适用的特殊规定，而船东没能保证他与每个货主签订的运输合同中写有同样的规定。有些提单约定适用1974年《约安规则》，另一些提单中约定适用1994年《约安规则》。这样理算就要按照不同的规则体系进行，由此导致的不同的理算结果、烦琐的理算程序和多余的理算费用应该由船东承担。如果船东仅在部分提单中作出了适用《约安规则》的约定，而另外一部分提单中未明确作出类似约定，英国法一般采用默示原则来解决这一问题，认为既然在部分提单中约定“共同海损应按1974年《约安规则》理算”，就意味着应按此约定进行理算和结算。② 由于船东是提单的签发人，其自身疏忽在提单中写入不同的共同海损条款由此产生的不同的法律适用及理算结果，理应由船东承担不利后果，因为他们要承担违反默示者条款的责任。也就是说，无论是英国法的规定还是相关的理论分析，都认可对于同一航程中船东与不同的货主约定适用不同的理算规则所导致的所有后果都应该由船东本人承担，因为提单的签发和理算规则的约定是其自己处分权利的结果，《约安规则》的不同版本并不是其承担不利后果的原因。

（三）《约安规则》调整的范围有限

无论是国内法还是国际公约，都不可能对某一领域的法律问题作出面面俱到的规定，国际海事惯例同样如此。《约安规则》调整的范围也

---

① 合同或提单中未明确指明适用《约安规则》版本的案例，笔者尚未找到，但这并不意味着这种情况不会存在。笔者根据现阶段海事合同中有关共同海损约定适用的大都是1974年《约安规则》的情况，以及我国《海商法》的立法现状得出该结论。

② 参见杨建国编译：《英国法下共同海损理算地点和适用法律》，载《中国对外贸易》2000年第2期。

是有限的，它主要调整共同海损中理算的相关内容，未涉及或很少涉及共同海损的成立、分摊、追偿等其他问题。这种调整范围的局限性暂时是无法避免的。

理算是共同海损中最具专业性和制度性的内容，是共同海损中非常关键的一个问题，《约安规则》对该问题的统一对于整个共同海损法律冲突的解决具有非常重要的意义。我们不能期望一个国际海事惯例解决共同海损所有的法律适用问题，只要该惯例有助于共同海损某一方面法律冲突的解决，就是对解决共同海损法律冲突的重要贡献。

对于共同海损制度的其他法律冲突问题，国际上流行采用分割法，即针对不同的法律关系采用不同的法律冲突解决原则和方法。同时，既然都属于同一法律制度，其他共同海损法律冲突的解决可以借鉴和参考理算冲突的解决方法，通过类比的方式采用统一实体法或冲突法予以解决。另外，《约安规则》随着客观实际的变化拓展其规则内容或是制定新的规则也不是不可能的事情。

综上所述，海事国际私法之所以具有其他法律无法比拟的顽强生命力，正是海事惯例和习惯性做法发挥了无可替代的作用。[①] 国际惯例在共同海损法律适用中的地位和作用是其他涉外民商事领域无法企及的，这一方面是由于共同海损的习惯性起源，另一方面也是共同海损国际惯例自身不断修订完善的结果。《约安规则》的成功制定为消除各国间关于共同海损的法律差异、统一国际共同海损理算实践起到了巨大的推动作用。[②] 作为国际惯例，《约安规则》在共同海损法律冲突的解决中扮演了重要的角色，有效地弥补了国内、国际立法的不足，其本身固有的缺陷通过不同的方式得到了不同程度的解决，在实践中并未阻碍当事人选用该规则的意图。

作为统一实体法的一种途径，现代习惯商法（包括海事法）似乎

---

① 参见屈广清主编：《海事国际私法新编》，法律出版社 2005 年版，第 46 页。

② 参见胡正良主编：《海事法》（第 2 版）（修订本），北京大学出版社 2012 年第 2 版，第 261 页。

正在形成。在此特别强调的是，《约安规则》既不是国家法规，也不是国际公约，而是通过标准合同——主要是提单中的专门条款——赋予其效力。因此，就该规则而言，它的存在和权威性源自商人们的协议，因而可以被看作是一个现代的、国际习惯商法的范例。① 尽管形成包含完整统一规则的现代习惯商法似乎还太遥远，但是，这毕竟不是不可考虑的事情。②

二、统一法对共同海损法律冲突的解决

从事海运业的人经常碰到的烦恼就是不知道用何种法律调整特定的法律关系，即使确定了应该适用的法律，又经常会陷入对异国法律缺乏了解、理解困难的困境，甚至还会出现无法查明的窘状。为了避免上述烦恼，国际海事委员会努力谋求海事法和海事习惯的国际统一，这对于共同海损法律冲突的解决起到了重要的作用。一方面，相关海事领域的国际公约有利于促进共同海损法律冲突的解决；另一方面，《约安规则》在该领域具有"一统天下"的作用，因为该规则内容明确，为国际航运界所熟知，且已为各利益方所广泛接受，不会被认为对某一方利益有所偏袒。

（一）统一法对共同海损定义和范围冲突的解决

由于"共同安全"派和"共同利益"派之间的斗争，国际上关于共同海损的定义和范围一直没有真正意义上获得统一，《约安规则》的出台使得共同海损定义和范围之争逐渐平息。

1924 年《约安规则》对共同海损范围的规定逐渐清晰，其字母规则主要体现"共同安全"派的主张，而数字规则较多地反映了"共同利益"派的观点，其中字母规则 A 对"共同海损行为"进行了

---

① 参见［加］威廉·泰特雷：《国际海商法》，张永坚等译，法律出版社 2005 年版，第 303 页。

② See Francis Bacon, *The Advancement of Learning*, Book Ⅱ, the Clarendon Press, 1876, p. 11.

定义。[①] 从此，以英国为首的“共同安全”派和以美国为首的“共同利益”派之争逐渐平息，但这种平息只是暂时的，因为1924年《约安规则》规定的共同海损行为的定义与英国《1906年海上保险法》第66条第2款的规定基本相同。[②] 因此，1924年《约安规则》被认为是“共同安全”派的胜利，加上其他一些原因，使得该规则在美国仍然受到了许多批评，“在那里，规则虽被勉强采用，但有许多重要的保留，包括删去了除有关代替费用的规则F以外的所有字母规则”[③]。也就是说，美国并不认可1924年《约安规则》中关于共同海损行为的定义。

1924年《约安规则》创新性地采取了字母规则和数字规则相结合的形式，一般认为，《约安规则》中的字母规则和数字规则分别是关于共同海损及其理算的原则性规定和具体性规定，数字规则构成字母规则所规定的总体原则的一些例外。但是，这两部分在内容上存在许多矛盾的地方，而该规则未对应优先适用哪一部分作出明确的规定，一旦二者出现不一致，将导致在共同海损理算实践中无所适从。因此，1950年对《约安规则》进行第四次修改时，增加了一条解释规则，以明确字母规则和数字规则之间的关系。[④] 通过该解释规则，1950年《约安规则》确立了“数字优先于字母”的原则，使数字规则具有了优先适用的效力，数字规则没有规定时，才适用字母规则。这又被认为是《约安规则》对“共同利益”派的倾斜，因此1950年《约安规则》很快在美国受到欢迎，其中关于共同海损的定义也获得了美国的接受，最终成为

---

① 1924年《约安规则》字母规则A：只有在为了共同安全，使同一航程中的财产脱离危险，有意而合理地做出特殊牺牲或支付特殊费用时，才能构成共同海损行为。

② 英国《1906年海上保险法》第66条对共同海损的定义是：（1）共同海损是共同海损行为造成的或者是共同海损行为的直接后果。共同海损，包括共同海损费用和共同海损牺牲。（2）为了在危急时刻维护在共同航程中处于危险情况的财产，有意而合理地作出牺牲和支付特殊费用，则构成共同海损行为。

③ ［美］L. J. 布格拉斯：《共同海损——1974年约克—安特卫普规则，美国法律和惯例》，叶伟膺、黎东发等译，中国国际贸易促进委员会法律事务部内部资料1984年版，第13页。

④ 1950年《约安规则》解释规则：共同海损理算……除数字规则已有规定者外，共同海损应按字母规则理算。

"英国和美国法律和惯例的结合"①。

2004 年《约安规则》的字母规则 A 对共同海损行为做出了概括的定义。② 该定义强调了共同海损行为的目的是同一航程中船货的共同安全。主观上是一种有意的心理状态，即将货物投弃于海，把船舶搁上浅滩，还有离开正常航线驶入避难港等违背契约的"越轨"行动，都是人的有意识的行动；客观结果是投弃于海的货物的损失，自动搁浅的船壳的破坏，进入避难港的特殊费用等都是共同海损行为直接造成的合理后果，字母规则 C 把上述造成的合理的、特殊的牺牲和费用定位为应受补偿的共同海损的损失。要构成共同海损损失，必须符合四个基本要素，即针对共同危险而为、措施有意且合理、牺牲和费用特殊、措施有效，③ 但同时排除了环境污染损失和间接损失。既然共同海损的牺牲和特殊费用是为拯救船货的共同安全而付出的代价，属于共同海损，理所当然的应由被救船货共同负责，字母规则 B 规定损失由各受益方共同分担，就是基于这样的理由。由此可知，《约安规则》字母规则 A、B、C 三条组成了一个完整的共同海损定义，审理或处理共同海损案件，必须三条连在一起考虑，才能够得出正确的结论。各国对共同海损的定义都或多或少地参考了《约安规则》的规定，这在一定程度上统一了共同海损的定义和范围。

（二）统一法对共同海损过失与分摊关系法律冲突的解决

在各国相关理论和法律规定有所不同的情况下，过失与分摊之间的关系一直存在争议，国际社会通过海事惯例和海事公约为该问题提出了解决路径。

---

① ［美］L. J. 布格拉斯：《共同海损——1974 年约克—安特卫普规则，美国法律和惯例》，叶伟膺、黎东发等译，中国国际贸易促进委员会法律事务部内部资料 1984 年版，第 20 页。

② 2004 年《约安规则》字母规则 A：只有在为了共同安全，使同一航程中的船舶、货物和其他财产脱离危险，有意而合理地做出特殊牺牲或支付特殊费用时，才能构成共同海损行为。

③ 参见吴焕宁主编、陈文秋等撰：《海商法学》，法律出版社 1996 年版，第 287 页；郁志轰、沈秋明编著：《海商法学》，杭州大学出版社 1996 年版，第 197 页；沈木珠：《海商法比较研究》，中国政法大学出版社 1998 年版，第 315 页；赵国玲：《海商法概论》，北京大学出版社 2000 年版，第 193 页；司玉琢主编：《海商法》，法律出版社 2003 年版，第 285 页。

1. 国际海事惯例对过失与分摊关系法律冲突的解决

规范共同海损的《约安规则》对航行过失与共同海损分摊之间关系冲突的解决并不是一蹴而就的，而是一个逐渐清晰和完善的过程。

1903 年在安特卫普年会上，《约安规则》通过一条规则："即使引起牺牲或者费用的危险可能是由于同一海上航程中一方的违约行为所造成，也不影响要求分摊共同海损的权利，并不妨碍就此项违约行为可能向该方提出的任何救济措施。"① 这是《约安规则》第一次对共同海损过失与分摊之间的关系作出明确规定。

1924 年《约安规则》在 1903 年规定的基础上，做了一些文字上的调整，将"danger"改为"event"，"default"改为"fault"。② 通过词义进行分析，"danger"（危险）指的是一种状态，"event"（事故、结果）的范围要比"danger"更广泛，它不仅仅是指一种危险的状态，还包括危险状态后面的危险结果。"default"（违约）仅指违反合同义务的情形，而"fault"（过失、违法行为）还包括违反法定义务的情形，比"default"的范围宽泛得多。修改后的字母规则 D 的内容为："即使引起牺牲或者费用的事故可能是由于同一海上航程中一方的过失所造成，也不影响要求分摊共同海损的权利，但这不妨碍就此项过失可能向该方提出的任何救济措施。"可见，1924 年《约安规则》比 1903 年《约安规则》的规定更加全面、合理，对船方的要求也更加严格。

1974 年《约安规则》字母规则 D 在 1924 年《约安规则》的基础上进一步做了文字上的变动，在最后一句话中加了"defences"（抗

---

① 原文为：Rights to contribution in general average shall not be affected though the danger which gave rise to the sacrifice, or expenditure, may have been due to default of one of the parties to the adventure; but this shall not prejudice any remedies which may be open against that party for such default。

② 1924 年《约安规则》字母规则 D：Rights to contribution in general average shall not be affected though the event which gave rise to the sacrifice, or expenditure, may have been due to fault of one of the parties to the adventure; but this shall not prejudice any remedies which may be open against that party for such fault。

辩)，在“against”后面加上了“or to”,① 其内容为：“即使引起牺牲或者费用的事故可能是由于同一海上航程中一方的过失所造成，也不影响要求分摊共同海损的权利，但这不妨碍非过失方就此项过失可能向过失方提出的任何索赔或者该过失方可能具有的任何抗辩。”1974 年《约安规则》在 1924 年《约安规则》的基础上，进一步对“救济措施”做出具体的说明，即“救济措施”不仅包括“索赔”，还包括“抗辩”。“索赔”是非过失方具有的权利，而“抗辩”是过失方对非过失方索赔要求的抗辩。

英国法院曾指出：“罗得法不是以损失的原因，而是以损失的实际存在作为分摊权利的根据的。”②《约安规则》的规定承袭了这一理念，认为“过失”并不影响共同海损的“分摊”。无论共同海损的牺牲或费用是由于承运人的雇用人或代理人的疏忽或过失（可免责的过失）造成的，还是由于承运人本身不可免责的过失所造成的，承运人都有权要求其他各受益方分摊共同海损。当然，分摊之后，《约安规则》赋予非过失方的权利是“索赔”，即由于承运人过失造成的共同海损，非过失方有权就已经分摊的损失向承运人追偿，该观点在国际上已经达成共识。③

2. 国际海事公约对过失与分摊关系法律冲突的解决

过失与分摊之间的关系源于海上货物运输与共同海损之间密切的牵连关系。约束海上货物运输关系的 1924 年《海牙规则》以及对其进行了非实质修改的 1968 年《海牙—维斯比规则》，都规定了承运人航行过

---

① 1974 年《约安规则》字母规则 D：Rights to contribution in general average shall not be affected, though the event which gave rise to the sacrifice or expenditure may have been due to the fault of one of the parties to the adventure, but this shall not prejudice any remedies or defences which may be open against or to that party respect of such fault。

② 王恩韶、许履刚：《共同海损》，大连海事大学出版社 1996 年版，第 122 页。

③ 比如，我国《海商法》第 197 条：“引起共同海损特殊牺牲、特殊费用的事故，可能是由航程中一方的过失造成的，不影响该方要求分摊共同海损的权利；但是，非过失方或者过失方可以就此项过失提出赔偿请求或者进行抗辩。”《俄罗斯联邦商船航运法典》第 285 条第 3 款：“尽管导致额外的费用和牺牲产生的事件，可能是由航程中一方过错所致，共同海损分摊的权利不受影响。但是共同海损的当事方仍有权就发生的损失向责任方提出赔偿请求。”

失免责，这样就导致了“先分摊、后追偿”还是“先定责、后分摊”的争议。《海牙规则》是以英国为首的航运大国为了维护自己航运业的竞争力，对以美国为首的货主国家做出妥协的情形下签订的，其无论是对承运人义务的规定还是责任的限制，均体现着承运人的利益，而对货主的保护相对较少。虽然后来由于货主国家的反对而对该规则进行了修改，但修改后的1968年《海牙—维斯比规则》仍规定承运人航行过失免责制度，依然未改变货主的不利地位。随着货主力量的逐渐增大，要求废除航行过失免责的呼声也越来越高，直到1978年签订的代表货主利益的《汉堡规则》，才宣布彻底废除航行过失免责，这一颠覆性的改变使得承运人的责任大为增加。一旦因为承运人的过失而造成共同海损事故时，由于共同海损理算耗时耗资，即使承运人宣布共同海损甚至获得分摊费用之后也会因为失去了航行过失免责的保护而遭到货主的索赔，由于举证责任在船方，这种索赔往往会获得成功，所以在这种情况下宣布共同海损很多时候会得不偿失，此时过失与分摊之间谁先谁后也便不再是问题了。因此，《汉堡规则》第24条第2款①的规定明确赋予了收货人拒绝分摊承运人过失所造成的共同海损的权利。只不过由于《汉堡规则》的加入国较少，货主力量相对薄弱，现阶段在共同海损领域仍然存在着“过失”与“分摊”关系的争议。

随着国际经济交流的扩大与发展，不同的利益主体之间的力量逐渐趋于平衡。2008年通过的旨在取代《海牙规则》《海牙—维斯比规则》《汉堡规则》的《2008年联合国全程或部分海上国际货物运输合同公约》（以下简称《鹿特丹规则》），也取消了航海过失免责制度，这意味着船东将不愿再就船长或船员的航海过失而引发的共同海损事故要求货方分摊其损失。《鹿特丹规则》中航海过失免责制度的发展趋势足以说明取消航海过失责任制度势将成为必然，届时过失与分摊关系法律冲突的基础也将彻底消失。当然，这并不是说在《鹿特丹规则》下由于船

---

① 《汉堡规则》第24条第2款：除第20条外，本公约关于承运人对于货物的灭失或损坏的责任的规定，也确定收货人可否拒绝分摊共同海损，以及承运人就收货人所作的任何此项分摊或所付的任何救助费用而给予收货人赔偿的责任。

长、船员的航海过失所引发的事故就不能产生共同海损，如前所述，过失并不影响共同海损的成立，因此，如果遭受共同海损损失的是船东之外的其他无过失的一方，该方仍有权利要求包括船东在内的其他受益方分摊其损失。不过，在这种情况下，相比较于宣布共同海损，遭受损失的一方向船东提起违约之诉可能是获得赔偿的更好途径。

三、共同海损领域统一法的发展趋势

随着海上运输国际化和信息化的发展，海事立法的国际统一显得更加迫切，近几十年来制定的各种国际海事公约便充分地体现了这一趋势。[①] 不仅如此，许多国际民间组织和团体还根据需要，整理制定了有关国际惯例以谋求各国海事法实体内容的统一，如《约安规则》。这些国际公约、国际惯例对各国的海事立法都产生了很大的影响，大多数国家在制订国内海事法时，都充分考虑到国际公约和国际惯例的内容和要求，从而谋求海事法在国际上更大范围的统一。[②] 共同海损的法律适用，无论是从冲突法还是从统一法角度，也应该顺应这一趋势。

（一）适用与国际公约或国际惯例最接近的国家的法律

在海事国际私法中，选择适用法律时将国际公约或国际惯例作为比较标准是必然的发展趋势。[③] 选择适用与国际海事公约或国际惯例最接近的法律来替代传统冲突规范的法律选择方式更能够顺应国际海运经济发展的要求。适用与国际海事公约最接近的法律，系指在涉外海事案件中，把与案件相关的法律与国际公约进行比较，之后选择与国际公约最

---

① 目前海事公约涉及海事法的广泛领域，从提单到船舶所有人责任限制，从船舶碰撞、海难救助到船舶抵押权以及船舶优先权，从海上人命安全到防止海洋污染都先后制定了相关的公约。比如：《海牙规则》《海牙—维斯比规则》《汉堡规则》《1957 年船舶所有人责任限制公约》《1976 年海事赔偿责任限制公约》《1910 年统一船舶碰撞某些法律规定的国际公约》《1989 年救助公约》《1926 年统一船舶优先权和抵押权某些法律规定的国际公约》《1993 年船舶优先权和抵押权国际公约》《1979 年人命救助公约》《1969 年国际油污损害民事责任公约》《1973 年国际防止船舶污染公约》等。

② 参见侯军、侯广燕编著：《当代海事法律适用法学》，世界图书出版公司 1998 年版，第 20~21 页。

③ 参见侯军主编：《当代海事国际私法》，上海科学技术文献出版社 1990 年版，第 7 页。

接近的法律作为该案的适用法。[①] 对于没有国际公约的领域或者国际公约尚无规定的，拟应将国际惯例作为法律选择与适用的参照标准。[②] 这种比较与选择的方法不仅能使当事人有所预见、法官有所参照，符合法律选择的一致性要求，而且对于各国海事法的统一趋向也具有深远的意义。

关于共同海损的法律适用尚无专门的公约予以规制，各国没有适用公约的国际义务，也无相应的参照适用标准。《约安规则》作为国际惯例，在共同海损法律适用领域具有重要的地位，各国海运提单大都将其纳入其中。不仅如此，各国在立法时也有意识地向该惯例靠拢，《约安规则》成为重要的立法参考。《约安规则》的广泛适用使得不同国家的法律选择规范趋向一致或互相接近的目标成为可能，适用与《约安规则》最接近的法律是减少乃至消灭共同海损法律冲突的重要途径。

（二）实现国际惯例向国际公约的转化

《约安规则》与时俱进的实践性品格使其获得了不同利益团体的共同认可，在共同海损领域获得了广泛的适用，在解决共同海损的法律冲突方面发挥了重要的作用。但由于《约安规则》的国际惯例性质，仍须以当事人选择适用作为其产生法律效力的主要途径，这在很大程度上限制了该规则在更广泛的范围内适用。例如，英国海上保险领域内，保险人支付共同海损适用的法律规则首先是目的地法律及惯例，只有在运输合同中特别约定适用《约安规则》的情况下才能适用。[③]

鉴于《约安规则》作为国际惯例在海上货物运输领域已被熟知并接受，转化成国际公约的现实条件已经成就。有关的国际组织和航运界

---

① 参见侯军、侯广燕编著：《当代海事法律适用法学》，世界图书出版公司 1998 年版，第 100 页。有学者表述为："在国际海商海事领域，盛行非缔约国参照和适用国际条约的惯例。"丁伟：《论国际海商海事领域法律适用的特点》，载《法学》1997 年第 2 期。

② 参见侯军、侯广燕编著：《当代海事法律适用法学》，世界图书出版公司 1998 年版，第 213 页。

③ 参见［英］Donald O'may、［英］Juliam Hill：《OMAY 海上保险——法律与保险单》，郭国汀等译，法律出版社 2002 年版，第 438 ~ 439 页。

也一直准备将《约安规则》改为国际公约，使其成为对成员国具有直接法律效力的规则，这一努力应该说已为《约安规则》的升格奠定了一定的基础。将《约安规则》转化成国际公约对于更有效地解决共同海损法律冲突具有重要的意义，因为对于国际公约的缔约国而言，公约的优先适用毋庸置疑，不仅因为它是一种“特殊法”，而且因为它遵循了深深植根于国际公法中的原则。[①] 虽然《维也纳条约法公约》第 34 条确立了“公约对第三国不加损害也不予利益”的原则。[②] 但国际海事公约的“没有更优惠条款”（no-more favourable-treatment clause）[③] 是对上述原则的挑战，其实际作用是使非缔约国的船舶在特定条件下不得不按公约的要求行事，其客观结果是有意无意地扩大了公约的适用范围。比如，作为《海牙规则》缔约国的美国，通过其《1936 年海上货物运输法》中的“地区条款”，将该规则的强制性规定适用于所有进出美国港口的外国船舶，从而使非缔约国在客观上受制于《海牙规则》的规定。所以，适时地将《约安规则》转化成国际公约是减少共同海损法律冲突的有效方法，在客观上也有利于促进各国实体法的统一。

国际经济一体化的趋势促使当代国际私法统一化的倾向不断加强，而海事法律关系的特殊性决定了海事国际私法是国际上统一趋势最为强烈的一门法律。[④] 但由于法律本身的复杂性，其统一还涉及各国历史传统、社会制度、民族心理、文化风俗等许多方面，因此，要实现完全统一，将会是一个漫长的过程。

---

① 参见［委内瑞拉］G. P. 尔拉·阿兰盖伦：《美洲国际私法的晚近发展》，熊大胜、刘卫翔译，载《外国法译评》1993 年第 3 期。

② 《维也纳条约法公约》第 34 条：“条约非经第三国同意，不为该国创设义务或权利。”

③ “没有更优惠条款”的含义是：作为有关公约缔约国的一方对停靠该国港口的任何外国船舶不给予更优惠的待遇，缔约国有义务保证公约像适用于他们自己的船舶一样适用于非缔约国的船舶。参见侯军、侯广燕编著：《当代海事法律适用法学》，世界图书出版公司 1998 年版，第 670 页。

④ 参见侯军、侯广燕编著：《当代海事法律适用法学》，世界图书出版公司 1998 年版，第 208 页。

本章小结

美国几乎所有的国际私法理论著作都是论述法律选择问题的，因为从理论上讲，法律选择是这门学科最困难的一部分。[①] 学者一直在探讨解决法律冲突的最有效的方法体系，但无论是冲突法方法还是统一实体法方法，都不可能解决所有的法律冲突。很多时候，冲突法和统一实体法是相互配合共同发挥作用的，可以通过统一法解决的法律冲突，统一规则首先得到应用；在构建统一法的现实条件还不够成熟的情况下，利用冲突法是具有现实意义的重要路径。“经验表明，以一种方法或者另一种方法处理的问题之间的密切联系也不允许将这两种方法（冲突法和统一实体法）分开研究。”[②] 当然，一种冲突或许不止一种解决方法，但是总有一种是最合适的，我们的任务就是通过比较众多的方法找出或制定出最适合解决某类法律冲突的方法。

现阶段，在共同海损统一实体法中，尚无国际公约，虽然《约安规则》在解决共同海损法律冲突方面发挥了重要的作用，但是由于其自身的任意性和范围的局限性，仍无法很好地解决共同海损领域全部的法律适用问题。共同海损的契约属性，使得合同冲突法中的意思自治原则、最密切联系原则以及分割法成为解决共同海损法律冲突重要的冲突法方法。上述冲突法方法与统一法相结合构成了共同海损法律适用的理论基础，在它的指导下，共同海损法律冲突在不同程度上得到了解决。为了更好地适应海事国际私法发展的统一化趋势，有必要在冲突法领域引进“适用与国际公约或惯例最接近的法律”的冲突法规则；在统一法领域适时地实现《约安规则》由惯例向公约的转化，以求进一步统一共同海损的法律规范，减少和避免共同海损的法律适用冲突。

---

① 参见［英］莫里斯：《法律冲突法》，李东来等译，中国对外翻译出版公司1990年版，第508页。

② ［法］巴蒂福尔、［法］拉加德：《国际私法总论》，陈洪武等译，中国对外翻译出版公司1989年版，第4页。

第四章　共同海损法律适用的实证分析

与大部分学科相比，冲突法具有共通性，我们可以在更大程度上从其他国家解决类似问题的办法中获得参考。关于海上货物运输，目前大多数海事合同选用英国法律或根据英国法形成的惯例，原因在于英国航运业相当发达，其海事法律体系也非常完备。本章引用了较多英国海事案例，主要有以下三方面原因：一是英国航运法发达，其案例对于我国处理类似纠纷具有很好的借鉴和参考作用；二是英国海事法庭和商业分庭审理的海事案件最多，法官经验丰富，有关案件的分析和判断对我国的立法和司法具有重要的参考意义；三是英国和我国香港特别行政区属同一法系，我国香港地区的很多法律规定和法律适用规则来源于英国，对更好地处理区际法律冲突有一定的参考作用。

第一节　提单中法律选择条款的种类和效力比较分析

共同海损属于海上货物运输的随附制度，海运合同的法律选择制约着共同海损的法律适用。在海上货物运输中，提单被誉为“打开浮动仓库的钥匙”①，是一种特殊的海上货物运输合同，是约束承运人和提单持有人权利义务的唯一凭证，制约着几乎所有涉及海上货物运输的相关领域，因此梳理、分析提单中的法律适用条款对分析解决共同海损法律

① 郭瑜：《海商法的精神——中国的实践和理论》，北京大学出版社 2005 年版，第 169 页。

冲突具有典型而重要的意义。①

一、提单中法律选择条款的种类

共同海损是在海上货物运输过程中遭遇特殊危险而发生的，其法律适用的基础首先是分摊各方在提单中的具体约定。提单是海上货物运输的重要单证，提单转让之后，在承运人和提单持有人之间就建立了一种以提单为表现形式的合同关系。为明确各方当事人的权利义务，当事人往往在提单的背面约定准据法，这是当事人意思自治原则的具体体现。实践中，提单法律选择条款的具体形式包括首要条款、地区条款、一般法律选择条款以及共同海损条款。

（一）首要条款

首要条款中经常被引用的是《海牙规则》、《海牙—维斯比规则》和《汉堡规则》等国际条约，或英国《1971 年海上货物运输法》、美国《1936 年海上货物运输法》等国内法。为了行文叙述的方便，下文笔者以最典型的《海牙规则》为例，论述首要条款的相关内容。

1. 首要条款的概念

提单的首要条款，是指提单中指明该提单受某一国际公约或某个国家的某一特定法规制约的条款。② 其主要作用在于保障相关国际条约或已将国际条约内国法化的法律规范的强制适用。在形式上，首要条款与提单一般法律适用条款相分离，通常称为“Paramount Clause”。在内容上，首要条款是当事人在提单中约定合同的履行适用某一国际条约或某一国法律，用以确定承运人在船舶适航、管货等方面的权利、义务、责任和豁免，但并不涉及提单其他诸如转让、背书等事项。

按较普遍的观点，提单的首要条款是伴随《海牙规则》的生效而

---

① 提单之外的其他运输单证，如海运单等不可转让单证，因为不具有物权凭证的功能，仅仅具有海上货物运输合同的证明和货物收据的职能，不具有合同职能，无法对当事人的权利义务做出最终确认，不是本部分讨论的对象。

② 参见司玉琢主编：《海商法》，法律出版社 2003 年版，第 137 页。See Alan Mitchelhill, *Bills of Lading*: *Law and Practice*, Chapman and Hall Ltd. , 1982, p. 27.

出现的。[①] 首先，作为一种强制性规范《海牙规则》明确规定了承运人最低限度的责任与义务、免责范围和对货物灭失或损害的赔偿限额等内容。该规则禁止通过合同条款减轻或免除这些强制性规定，适用于所有在缔约国签发的提单。首要条款的设立旨在确保《海牙规则》等强制性法律规范的适用，以实现统一国际立法的目的。其次，《海牙规则》现已为大多数海运国家所承认，具有强大的生命力，可以说成了“管辖世界海上货运的规则”[②]，而且从某种程度上说，已经成为国际性的强行法。[③] 虽然一些国家未正式承认《海牙规则》，但出口的商品亦会受到承认《海牙规则》进口国法律的管辖，则《海牙规则》的原则仍会强制适用。[④] 再次，《海牙规则》规定承运人仅负有谨慎处理的不完全过失责任，对承运人比较有利，这样即使是非缔约国的船公司的提单也常订有适用《海牙规则》的首要条款，以享受《海牙规则》的最大利益。最后，首要条款直接指定了以相关国际条约或内国法的某些规则来确定提单当事人相关的权利义务关系，从而可相应简化提单内容，免去不必要的烦琐。[⑤] 基于上述原因，提单中的首要条款应运而生，即客观需要与法定要求的结合最终催生了提单中的首要条款，这样就大大扩大了《海牙规则》的适用范围。

2. 首要条款的性质

英国法院分两种情况处理首要条款：（1）如果提单中未另外约定准据法，则首要条款表达了当事人默示选择将该国法律作为合同准据法的意图。（2）如果提单中已另行约定了适用的法律，则首要条款表明

---

① 参见郭国汀：《提单法律适用条款与首要条款若干问题研究》，载北京大学法学院海商法研究中心主编：《海商法研究》（总第2辑），法律出版社2000年版，第70～85页；又见韩立新：《论提单中有关法律适用条款》，载《中国海商法年刊》1996年第0期。

② 杨良宜编著：《航运实务丛谈：提单》（第1册）（第2版），大连海运学院出版社1994年版，第15页。

③ 参见王国华：《海事国际私法专题研究》，辽宁大学出版社2012年版，第172页。

④ 参见杨良宜编著：《航运实务丛谈：提单》（第1册）（第2版），大连海运学院出版社1994年版，第15页。

⑤ 参见邢海宝：《海商提单法》，法律出版社1999年版，第386页。

当事人意图将条款中的法规“并入”合同，使之成为合同的条款。[①] 英国的这种不确定做法导致我国司法界和学术界对提单首要条款的性质产生了分歧。

判断某一提单条款是不是法律适用条款的关键应是看它的内容，而不是它的形式，只要其内容是指明该涉外民事关系受某法的支配，则该条款即是一项法律适用条款。[②] 虽然提单中当事人有关于法律适用的其他约定，但分割论是当今解决合同法律冲突的主流趋势。按照该观点，提单中的法律适用条款可以不止一个，分别就提单的不同事项约定适用不同的法律。因此，首要条款可以作为法律选择条款与其他法律适用条款并行不悖地存在于提单中。

在我国的法律体系中，国际条约、外国法律、国际惯例与国内法一样，在法律性质上均属法律，只要其不违背我国的公共秩序和强制性法律的规定，均可被选择适用。我国在涉外合同法律适用问题上一向采取分割制的方法，允许合同的不同方面选择适用不同的法律，这也是多数国家的冲突法原则。因此，首要条款选择的公约或法律即使只涉及海上货物运输合同的一部分内容，也并不影响其法律选择条款的性质。实践中，我国也是将首要条款作为法律选择条款适用的。在“美国总统轮船公司与万宝集团广州菲达电器厂、中国长城工业广州公司、菲利（广州）工业有限公司无单放货纠纷”案[③]中，提单首要条款约定适用美国《1936 年海上货物运输法》或《海牙规则》，最高人民法院最后适用了美国《1936 年海上货物运输法》，理由是：该案系合同纠纷在合同的法律适用问题上，应当尊重当事人的意思，尽量适用当事人选定的法律。广州海事法院在审理“五矿东方贸易进出口公司诉罗马尼亚班轮公司海上货物运输损害赔偿纠纷”案中，提单背面首要条款载明：《海牙规则》的条款作为提单条款的一部分并入提单。法院认为：原被告一致同

---

① 参见屈广清主编：《海事国际私法新编》，法律出版社 2005 年版，第 95 页。

② 参见屈广清主编：《海事国际私法新编》，法律出版社 2005 年版，第 97 ~ 98 页。

③ 最高人民法院民事判决书，（1998）交提字第 3 号；又见司玉琢主编：《海商法学案例教程》，知识产权出版社 2003 年版，第 66 ~ 73 页。

意将1924年《海牙规则》作为解决该案纠纷的法律，双方选择适用法律的意思表示不违反中国的法律，应确认其效力。①

3. 首要条款的作用

提单首要条款源自一些国家的法定要求，与《海牙规则》密切相关。《海牙规则》生效后，由于各国接受它的程度各不相同，其未能产生人们期待的普遍的强制力。作为《海牙规则》缔约国的英国、美国、加拿大等国，因其国内海上货物运输法对《海牙规则》的吸纳较为彻底，为强化国内法的强制适用并间接保障《海牙规则》的强制效力，均要求在其国内签发的提单插入首要条款，以强制适用《海牙规则》或其国内海上货物运输法。比如使用英国船舶从伊拉克运输货物至智利，伊拉克和智利都不是《海牙规则》的缔约国，没有适用《海牙规则》的国际义务。可是英国船舶签发的提单上的首要条款约定适用《海牙规则》，使该规则能够适用于在任何情况下和任何地点签发的提单，从而扩大了《海牙规则》的适用范围。同时，由于《海牙规则》的规定对承运人比较有利，即使是非缔约国的航运公司的提单的首要条款中也订有了承运人的权利和义务、责任与豁免等适用《海牙规则》的条款，这又进一步扩大了国际公约或国内法的适用范围，这就是首要条款存在的意义。

提单首要条款的目的是确保提单符合《海牙规则》《海牙—维斯比规则》《汉堡规则》的要求，并遵守那些已将公约转化为国内法的国家法律。之所以要强调这种“遵守”，是因为《海牙规则》《海牙—维斯比规则》《汉堡规则》中对承运人的义务作了不得减损的强制性规定，否则会导致提单的无效。② 对于缔约国而言，即使提单中没有首要条款，《海牙规则》也仍然适用，这些强制性规定都是必须履行的。英国最初对该观点是有争议的。英国判例认为，如果提单中没有出现首要条

① 参见金正佳主编：《中国典型海事案例评析》，法律出版社1998年版，第368～384页。

② 参见董水清：《论提单中载入首要条款的必要性》，载《中国海商法研究》2013年第2期。

款，1924 年《海牙规则》就不具有强制性。[①] 但是后来这种观点逐渐改变，英国《1971 年海上货物运输法》已经取消了必须插入首要条款的规定。[②] 对非条约的缔约国而言，其并没有必须适用条约或某国国内法的义务，但是假如其约定适用的准据法指向的法律或法院地国的法律中有强制性的关于提单的规定，即使没有在提单中插入首要条款，也要履行这些法律规定的强制性义务，而且大多数情况下这些规定等于或高于首要条款规定的强制性义务。[③] 对于上述两种情况，首要条款仅具“训示性”作用，也就是说，即使没有首要条款，该提单仍然有效且仍应适用缔约国参加的国际条约或其海上货物运输法。[④] 根据 1978 年《海牙—维斯比规则》，首要条款不是必要的。[⑤] 而且，根据 1924 年《海牙规则》，首要条款从来也没有成为真正的必要条款，[⑥] 条约的适用并不以首要条款的客观存在为前提。

那么首要条款是否就没有存在的必要了呢？答案是并非如此。当提单签发国并不是《海牙规则》等强制性国际条约的缔约国，提单中的法律选择条款指向的准据法也没有对提单中承运人规定强制性的义务，

---

① See Vita Food Products Inc v. Unus Shipping Co. Ltd.，[1939] A. C. 277，[1939] 1 All E. R. 513，(1939) 63 Ll. L. Rep. 21.

② 英国《1971 年海上货物运输法》是根据 1968 年颁布的《海牙—维斯比规则》对英国《1924 年海上货物运输法》做出的修改，1968 年《海牙—维斯比规则》第 10 条规定该规则不仅直接适用于提单签发或货物起运的缔约国提单，而且还适用于已经将该规则内国法化的国家的提单，从而取代了“首要条款”。See Regina Asariotis，*Implications of a “British” Jurisdiction Clause*，Journal of Business Law，p. 321（1992）. 实践中，不论是否存在首要条款，大多数法官都能适当地理解 1968 年《海牙—维斯比规则》的强制性质。

③ 参见董水清：《论提单中载入首要条款的必要性》，载《中国海商法研究》2013 年第 2 期。

④ 参见吴冬：《浅论提单中的准据法条款》，载陈安主编：《国际经济法学刊》（第 8 卷），北京大学出版社 2004 年版，第 319 页。

⑤ 《海牙—维斯比规则》第 5 条是对《海牙规则》第 10 条的修订：本公约各项规定，应适用于在两个不同国家港口之间与货物运输有关的每一提单，如果（a）提单在某一缔约国签发；或者（b）货物从某一缔约国港口起运；或者（c）被提单所包含或所证明的合同受本公约各项规定或者给予这些规定以法律效力的任一国家立法的约束，而不论船舶、承运人、托运人、收货人或其他任何关系人的国籍如何。每一缔约国应将本公约各项规定适用于上述提单。本条规定不禁止缔约国将本公约适用于未在前述各款中列明的提单。

⑥ 参见［加］威廉·泰特雷：《国际冲突法：普通法、大陆法及海事法》，刘兴莉译，黄进校，法律出版社 2003 年版，第 192～193 页。

同时法院地国也不是条约的缔约国，其国内法律并没有对承运人的责任作出严格的强制性规定的情况下，就有插入首要条款的必要性了。[①] 例如，巴西不是《海牙规则》的缔约国，但为了与国际接轨，其习惯性做法是在巴西港口签发的每一份提单中约定一项“首要条款”，这样，《海牙规则》就成了所有的国际货物运输都明确选择适用的法律。但这时需要特别注意的是，首要条款中约定适用的法律不得与相关国家的强制性法律相抵触，否则将适用某内国的强制性法律。我国在“中保财产保险有限公司福建省分公司诉俄罗斯远东海洋轮船公司海上货物运输代位求偿纠纷”案[②]中充分地体现了上述观点。本案中，提单（在韩国签发）背面首要条款约定“若有关海运国家赋予1924年《海牙规则》以法律效力，则提单适用《海牙规则》。当《海牙规则》在有关海运国家不具有法律效力时，本提单适用运输目的国的相应法律。如目的港国家对海运无强制性的法律规范，仍适用《海牙规则》。对于强制适用《海牙—维斯比规则》的国家或者地区进行贸易时，视为该规则并入提单”。案件在我国审理，我国并非《海牙规则》及《海牙—维斯比规则》的缔约国，两规则在我国不具有主动适用的法律规范的效力。根据提单背面条款的约定，该案应适用目的港国家的法律，即中国法律来解决双方当事人之间的纠纷。[③] 从该案的首要条款的规定来看，当事人希望在非缔约国提单上适用《海牙规则》或《海牙—维斯比规则》，但是必须满足两个前提，一是提单中要出现“首要条款”，二是首要条款约定适用的法律不得与我国（法院地国）的国内强行法相抵触。

（二）地区条款

国际上，许多班轮公司在其经营的美国航线的格式提单中专门列有地区条款，规定对于进出美国的货物，提单条款受美国的海上货物运输

---

① 参见董水清：《论提单中载入首要条款的必要性》，载《中国海商法研究》2013年第2期。

② 金正佳主编：《中国海事审判年刊（2000）》，人民交通出版社2000年版，第467～472页。

③ 我国《海商法》第四章中关于海上货物运输的法律是强制性规定。

法约束，我国中远提单也不例外。[①] 有人把这种法律选择称为“随机的法律选择”，即该法律选择是在将来可能随机出现的事件的基础上做出的，它可以照顾到当事人所从事的国际交易发展变化的不同情形，富有灵活性，因而也是有实践价值的。[②]

1. 地区条款的定义和作用

地区条款，提单上表述为“local clause”，是根据某些国家国内立法适用范围的强制性规定，在提单中载明从事运往和（或）运出该国家港口的货物运输时必须适用该国内法规的条款。[③] 其主要作用在于保障该特定国家、特定法律的强制适用，[④] 最常见的是美国地区条款。[⑤] 除美国以外，荷兰、加拿大等一些国家也有类似的规定，我国《海商法》中没有类似的规定，国内学者司玉琢、胡正良提出的《海商法》修改建议稿中建议应增加一条：“提单或者其他运输单证证明的海上货物运输合同，单证的签发地或者合同的履行地在中华人民共和国境内的，适用本法的规定。”[⑥]

地区条款的存在一定程度上保证了案件判决结果的一致性。如果某一进出美国港口的航次中的提单中没有订立地区条款，可能会导致下面

---

① 中远公司提单背面第27条第1款规定：关于运往美国或从美国运出的货物，尽管有本提单的任何其他条款，本提单应遵守美国《1936年海上货物运输法》的规定。

② 参见龚婕：《论提单法律适用的一般原则》，载金正佳主编：《中国海事审判年刊（2000）》，人民交通出版社2000年版，第87页。也有学者认为“随机的法律选择”，是指当事人选择了两个或两个以上的法律（体系），但这些体系并非分别支配提单的不同部分，而是分别在不同的条件下，各自从整体上支配提单。参见邵景春：《国际合同——法律适用论》，北京大学出版社1997年版，第57页。本书采用第一种理解。

③ 参见韩立新：《论提单中有关法律适用条款》，载《中国海商法年刊》1996年第0期；刘栋：《论提单中的首要条款》，载关正义主编：《海事审判实务研究》，大连海事大学出版社2006年版，第149页。

④ 参见李守芹：《海事诉讼与海事（商）法》（第2版），人民法院出版社2007年版，第83页。

⑤ 为了行文叙述的方便，笔者也以美国地区条款为例。美国地区条款的表述参见美国《1936年海上货物运输法》第12条的规定：本法适用于对外贸易中进出美国港口的海上货物运输合同。（This chapter shall apply to all contracts for carriage of goods by sea to or from ports of the United States in foreign trade.）

⑥ 司玉琢、胡正良主编：《〈中华人民共和国海商法〉修改建议稿条文、参考立法例、说明》，大连海事大学出版社2003年版，第636页。

的结果：原告在美国法院起诉，美国海上货物运输法将被强制适用；而在其他国家起诉，法院将会依据本国的冲突法原则确定提单的准据法，因为任何法院都没有义务主动去适用某一外国法律。因此，在不同的国家进行诉讼，将得到不同的结果，这也给判决的承认和执行带来麻烦。为了避免提单的准据法因为管辖法院的不同而产生差异，确保当事人权利义务的确定性，提单中通常加入地区条款以明确双方权利义务。但是，需要注意的一点是，地区条款指明的准据法仅限于该法本身，该国的其他法并不因为当事人的这种特定的选法而成为准据法。

2. 地区条款的效力基础

地区条款之所以能够得到适用，并非因为美国海上货物运输法的强制性规定。从国际公法原理来讲，一国国内立法赋予本国法律的强制性只能保证在本国境内贯彻执行，该法能否得到其他国家的适用完全取决于法院地冲突规则的具体指引。当提单中的地区条款优先于一般法律选择条款而得到适用时，其效力源于"特别约定优先于一般约定"这样一个普遍性的法律适用原则，[①] 这是地区条款和首要条款的重要区别之一。首要条款中约定适用的法律规范主要是制约海上货物运输的《海牙规则》《海牙—维斯比规则》《汉堡规则》，而《海牙规则》《海牙—维斯比规则》《汉堡规则》对其缔约国是具有强制性的；即使是首要条款中约定适用的国内法规范亦是对《海牙规则》《海牙—维斯比规则》《汉堡规则》的吸收和转化，与《海牙规则》《海牙—维斯比规则》《汉堡规则》具有类似的强制性规定。所以首要条款具有比地区条款更强的强制性，该强制性是源于"条约优先适用"这一国际法原则。当然，现实中也会出现首要条款和地区条款约定适用的都是某国内法的情况，此时就要适用那个规定了更高要求的法律选择条款，这是法律"就高适用原则"的本质要求。

从性质上讲，地区条款是一个附条件的法律适用条款。当条件成就时，该条款优先于一般法律适用条款而得到适用；当条件不成就时，无

① 参见肖建依：《无单放货国际私法问题研究》，复旦大学2009年硕士学位论文。

须考虑该条款的适用。[①] 所以，与首要条款相比，地区条款适用的范围更狭窄，具有很强的地域性，这也是称为“地区条款”的原因。

（三）一般法律选择条款[②]

此处的法律选择条款是狭义的，是指当事人在提单中约定海运合同的解释及争议适用何国法律解决的条款。[③] 被选定的法律即为提单的准据法。提单中的一般法律选择条款经常与管辖权条款合并为一个条款，如中远提单第26条的规定。[④] 在这种情况下，管辖权条款将会极其显著地加强对一般法律选择条款的影响，但从法律意义上讲，法律适用与管辖权是两个性质截然不同的法律问题，因此这种合并的约定方式并不影响一般法律选择条款的独立存在。

1. 一般法律选择条款的效力分析

从理论上讲，虽然提单中的一般法律选择条款是由承运人事先制定的，但提单是应托运人要求而签发的，托运人或收货人接受了承运人签发的提单的行为视为同意了提单中的法律选择条款，因此其也应是承托双方自愿协商一致的结果。但在我国实践中，法院的观点并不一致。

在“中国人民保险公司浙江省分公司诉沙特阿拉伯国家航运公司、法国达飞轮船有限公司海上货物运输合同纠纷”案[⑤]中，提单背面条款注明：本提单应适用《海牙规则》或法国法律。法院判决：本案涉案提单是被告单方事先印制的，提单背面关于法律适用的条款，不能认为是托运人与承运人即被告之间就法律适用问题事先进行了协商，在原告不承认提单项下的纠纷适用提单背面条款的情况下，不能认定双方就法律适用问题进行了协商一致的选择。故上海海事法院对被告关于法律适

① 参见刘萍：《无单放货中国际私法问题研究——基于中国的理论分析与实证考察》，法律出版社2008年版，第166页。

② 为了区分，本书中将该意义的法律选择条款称为“一般法律选择条款”。

③ 参见董水清：《论提单中载入首要条款的必要性》，载《中国海商法研究》2013年第2期。

④ 中远公司集装箱提单背面条款第26条第1款：本提单受中华人民共和国法律管辖。本提单项下或与本提单有关的一切争议，均应根据中华人民共和国的法律加以裁定；凡是针对承运人的任何诉讼均应提交上海海事法院或中华人民共和国其他海事法院。

⑤ 上海海事法院（2001）沪海法商初字第286号。

用的主张未予采纳。该案中，提单背面的一般法律选择条款被视为格式条款而不被认为是船货双方意思一致的表示。

但在“福建省工艺品厦门进出口公司诉裕利航运有限公司等无单放货纠纷”案[①]中，法院认为：该案提单背面条款载明适用我国香港特别行政区法律。原告在接受涉案提单的情况下，并未就其背面的法律适用条款提出异议，视为同意涉案提单项下纠纷应适用我国香港特别行政区法律。该案中，法院认同提单法律适用条款体现了当事人的合意。

笔者认为，提单作为特殊的海上货物运输合同，对其法律适用条款的效力判断应结合其流转和交易的特殊性，不能仅因形式上的瑕疵而否定其体现的是当事人的合意。作为一种可转让单证，客观实践中，交易各方无法对提单的条款进行一一协商，一方接受提单的行为视为对提单相关条款的认可的做法符合客观实践的要求，应该获得支持。

2. 一般法律选择条款的存在原因及限制

从广义上讲，首要条款、地区条款属于法律选择条款，但仅适用于海运合同履行中的部分事项。而一般法律选择条款则专门约定整个海运合同准据法，涵盖首要条款、地区条款未规定的其他内容，如合同的成立、解释等争议的法律适用问题，以弥补首要条款和地区条款的不足。中远集装箱提单背面条款的设计就符合这样的逻辑，其关于承运人责任限制的首要条款规定在第 7 条第 1 款，关于“驶往、来自或经过美利坚合众国某一港口或地点的运输”按照第 7 条第 2 款、第 26 条第 2 款规定的地区条款的约定适用美国法律，关于一般法律适用规定在第 26 条第 1 款，适用中国法律。

一般法律选择条款是当事人意思协商一致的体现，其选择的法律是否必须与案件存在客观联系曾是个有争议的问题，但就目前的实践来看，即使当事人选择了与争议无关的法律作为准据法，也并不会导致法律选择的无效。我国最高人民法院《关于适用〈中华人民共和国涉外民事关系法律适用法〉若干问题的解释（一）》（以下简称《法律适用

---

① 厦门海事法院民事判决书，（2004）厦海法事初字第 51 号。

法解释（一）》）第5条[①]也对此作出了肯定性的规定。但是，提单中一般法律选择条款指向的准据法不得与法院地国的强制性法律相抵触。在我国，提单中一般法律选择条款的效力，除了受《海商法》第四章规定的限制外，还受《海商法》第十四章、《民法典》中有关涉外关系的法律适用的规定以及《涉外民事关系法律适用法》（以下简称《法律适用法》）等的相关规定的限制。根据上述法律规定，提单的法律选择不得违背我国已缔结或参加的国际公约，且不得违背我国的社会公共利益和强制性法律规定。

（四）共同海损条款

由于航海技术的局限性、自然环境的不可预测性以及海上地理环境的复杂性等固有风险，海上货物运输中时常发生共同海损事故，为此，世界各国航运公司的提单和租船合同中都订有共同海损条款。[②] 此处的"共同海损"通常做狭义解释，[③] 仅仅指共同海损理算，所以有的提单也将共同海损条款称为"共同海损理算条款"，是提单当事人对共同海损理算法律适用的约定，规定了共同海损的理算地点和理算依据的规则。例如，中远公司提单中的共同海损条款规定："共同海损应在承运人选定的港口或地点按1990年及其他修正案修订的1974年约克·安特卫普规则理算。"共同海损理算是一项非常复杂的工程，需要适用特定的理算规则，约定理算师所熟悉的理算规则，有利于及时迅速地做出理算结果，所以提单中的共同海损条款通常约定共同海损理算适用理算地法律或《约安规则》。例如，中国保险行业协会定期船舶保险条款（1983/10/1）中对共同海损理算的法律适用就作了这样的规定：首先，

① 《法律适用法解释（一）》第5条："一方当事人以双方协议选择的法律与系争的涉外民事关系没有实际联系为由主张选择无效的，人民法院不予支持。"

② 参见申佳慧：《共同海损法律制度研究》，哈尔滨工程大学2010年硕士学位论文。

③ "共同海损"的具体范畴要参照约定的准据法或理算规则予以确定。如果约定的准据法可以解决共同海损一系列法律关系的法律适用问题，则"共同海损"是指广义的共同海损制度；如果约定的准据法或规则只能解决共同海损理算的法律适用问题，则"共同海损"是指狭义的共同海损理算。

共同海损的理算应按照“航程终止地的法律和惯例办理，如同运输合同中没有这方面特别规定”；其次，运输合同特别规定“按照《约克—安特卫普规则》理算，则应按此规则办理”，[①] 此条款中特别强调合同特别规定的情形是按照《约安规则》办理，这也是最密切联系原则在共同海损法律适用领域的体现。

或许没有哪种合同会如提单一般，具有如此众多的法律选择条款。一方面，这些法律选择条款有利于促进不同种类的法律纠纷的解决，另一方面，实践中容易因为理解的不同而产生冲突和混乱。因此，具体分析不同的法律适用条款的效力以明确提单应适用的准据法就显得尤为必要。

二、提单中法律选择条款的效力比较分析

在合同冲突法领域，“分割论”因其灵活性和公正性得到了越来越广泛的应用。从提单中不同法律选择条款的规定来看，当事方采取了“分割论”，即针对提单法律关系的不同方面选择适用不同的法律，既很好地履行了公约义务，也使得不同的法律关系适用与之具有最密切联系的法律，便于更好地解决纠纷。比如，中远提单条款中对承运人及其代理人、受雇人等的责任的限制通常适用中国《海商法》，但对进出美国港口的情形则适用美国法，对共同海损的理算适用 1974 年《约安规则》，案件的其他方面适用中国法律。当事人意思自治原则的本意就是尽可能在法律允许的范围内，尊重当事人的意志。中远提单分别对不同的法律关系适用不同的法律的约定，充分体现了这一点。当然，这种“分割”是“统一”前提下的分割，各种法律选择条款之间应当协调一致，否则会使提单的法律适用陷入困境。

提单中涉及的四种法律选择条款的法律效力如何？彼此之间是否会出现冲突？效力是否受到一定的制约或限制？笔者将通过不同条款之间

---

① 参见中国保险行业协会定期船舶保险，https://www.iachina.cn/col/col4670/index.html。

的效力比较来分析说明上述问题。

（一）不同法律选择条款效力的比较分析

1. 首要条款、一般法律选择条款与共同海损条款的效力比较分析

（1）首要条款与一般法律选择条款的效力范围分析

国内有学者认为，首要条款的效力应根据提单的一般法律选择条款中约定的准据法来决定。[①] 笔者认为，用一般法律选择条款确定的准据法来判断首要条款的效力，既有违首要条款存在的目的，也缺乏理论基础。[②] 首要条款作为当事人议定的合同条款，一般只对海上货物运输合同中的部分问题作出规定，仅调整合同的某些事项或在特定情况下适用。实践中，被首要条款引用的法律主要包括约束海上货物运输的《海牙规则》《海牙—维斯比规则》《汉堡规则》或某一国的海上货物运输法。而无论是《海牙规则》《海牙—维斯比规则》《汉堡规则》，还是国内海上货物运输法，其内容都是围绕着当事人在海运合同的履行过程中的权利义务。首要条款是针对承运人在船舶适航、管货等方面的权利、义务、责任和豁免方面的法律适用作出的约定，这些约定适用的法律对承运人具有一定的强制性。对于首要条款没有涉及的合同的成立、生效、转让、终止及违约责任等各个方面，仍然要根据冲突法的原则另行确定其准据法，也正因为如此，提单上才通常在首要条款之外，还会另订一般法律选择条款，为首要条款所选择的国际公约或者国内法不能解决的那些事项确定准据法。

（2）首要条款与共同海损条款的效力范围分析

首要条款针对的是承运人在船舶适航、管货等方面的权利、义务、责任和豁免方面的法律适用作出的约定。共同海损条款是针对共同海损的理算作出的法律适用的约定，针对的只是涉及共同海损理算的事项，并且其适用具有随机性。共同海损条款确定的准据法规范的对象与首要条款的准据法规范的对象完全不同，而且首要条款中经常被引用的《海

① 参见韩立新：《论提单中有关法律适用条款》，载《中国海商法年刊》1996 年第 0 期。
② 既然都是法律选择条款，彼此之间并无隶属制约关系。

牙规则》就明确规定其不妨碍在提单中引入关于共同海损的合法条款，所以二者可以并行不悖地共存于提单中。

(3) 首要条款、一般法律选择条款与共同海损条款的效力综合分析

一般法律选择条款确定适用的法律是用来规范首要条款和共同海损条款不涉及的事项，或者是上述条款无效情况下的准据法。从效力上而言，首要条款和共同海损条款约定的法律规范的对象具有很强的针对性，即首要条款只针对承运人的权利和义务以及涉及海运合同履行的方面；共同海损条款只针对共同海损理算方面的事宜；除此之外的合同的其他方面由一般法律选择条款确定的法律予以规范。三者各有不同的规范对象，在不同方面“各负其责”，从理论上讲是不会产生冲突的。但是如果在一般法律选择条款约定适用的法律中也有对诸如承运人权利责任规定或共同海损理算规定的内容的情况下，如何确定法律选择条款的效力呢？笔者认为，无论是从形式上还是从内容上看，首要条款和共同海损条款都是对合同的特定方面法律适用的特别规定，根据合同冲突法“特殊优于一般”的法律适用原则，应该优先适用首要条款和共同海损条款选择的法律；在该法律没有规定或者规定无效的情况下，再适用一般法律选择条款确定的法律。上述结论是建立在首要条款所指向的法律对承运人的要求不低于一般法律选择条款确定的法律的前提下，否则就要按照“就高适用原则”适用法律，即首要条款和一般法律选择条款所指向的法律中哪一个对承运人要求高，即适用哪一个法律，这是由提单的特殊性所决定的。由于约束共同海损的法律大部分情况下属于任意性规范，因此不适用“就高适用原则”，其之所以能优先于一般法律选择条款获得适用，是因为它是当事人对共同海损理算适用的法律作出的特别约定，源于“特殊优于一般”的法律适用原则。

2. 首要条款与地区条款的效力比较

首要条款与地区条款所规范的对象具有某些重合性，这种重合性体现在二者对承运人责任问题的规定上。地区条款和首要条款效力的比较

是对一国内法与一国际条约（首要条款援引的对象是国际条约）或另一国内法（首要条款援引的对象是另一国内法）效力的比较。提单是一种由承运人单方签发的特殊的格式合同，[①] 为了维护货方的合法利益，《海牙规则》《海牙—维斯比规则》《汉堡规则》和许多国家的国内法都对提单中承运人的义务作出了严格的强制性规定。要解决首要条款和地区条款在规范对象相同时的法律冲突，就要看二者所指向的法律哪个对承运人的责任规定得更为严格。例如，首要条款规定提单应受《海牙规则》的约束，而地区条款中的英国法吸收了《海牙—维斯比规则》的规定，比《海牙规则》对承运人的要求更高，此时地区条款就要优先于首要条款而得到适用。反之，则是首要条款得到优先适用。从这一点上看，二者之间似乎并无多大冲突，因为适用了更为严格的地区条款的情形下，首要条款自然也得到了适用。[②]

从范围上看，地区条款约束的内容要比首要条款广泛。当地区条款和首要条款约束的对象不同时，如首要条款主要约束的是承运人的责任问题，而地区条款涉及的是合同的效力问题，这样优先适用地区条款并不构成对首要条款的违反。当然，也有当事人在提单中对二者的效力作出约定的情况。[③] 比如，中远提单第 26 条规定的“本提单中所载任何内容均不得视为承运人对其根据美国海上货物运输法而享有的任何权利、豁免、除外或限制的放弃，或其义务的任何增加”，就是因为地区条款有了当事人的合意约定而优先于首要条款获得适用。

地区条款是一种随机条款，只有当涉案货物运输涉及该地区港口时，地区条款才适用，这也是称为“地区条款”的理由所在。如果海上货物运输不涉及地区条款规定的国家，地区条款发生效力的基础不存

① 提单在不同的当事人之间具有不同的性质：在承运人与托运人之间是合同的证明，在承运人与提单持有人之间是合同。此处指后一种情况。

② 参见董水清：《论提单中载入首要条款的必要性》，载《中国海商法研究》2013 年第 2 期。

③ 这种情况是指提单签发国并非《海牙规则》、《海牙—维斯比规则》和《汉堡规则》缔约国的情形，即该国并没有适用首要条款中约定的国际公约的国际义务。

在，此种情况下地区条款即使存在也没有实际意义，也就不存在首要条款与地区条款的效力冲突问题。

3. 地区条款与一般法律选择条款效力的比较

地区条款是为满足某国内特定法的强制性规定而制定的，当提单货物运输涉及该国港口时，相当于提单当事人就该特定航线运输特别约定了适用的法律。[①] 故地区条款本质上应是一种特殊的法律选择条款，它既具有一般法律选择条款的属性，又具有优先于一般法律选择条款适用的特别属性。根据“特殊优先于一般”的法律适用原则，如果合同的特别条款和一般条款均涉及同一问题，将适用特别条款。因为特别条款会更准确地反映当事人的意愿，他们可能会用更多时间考虑并签订特别的条款。[②] 当然，这是以提单运输涉及了地区条款中指明的港口，即以地区条款能获得适用为前提的。如果提单运输根本未涉及地区条款指明的港口，则地区条款没有适用的空间。

（二）法律选择条款效力的限制

无论提单中哪种类型的法律选择条款，都是当事人依照意思自治原则对适用的法律的选择，这种选择都应受法院地国有关公共秩序和强制性法律规定的制约，不得与之相冲突，否则将导致法律选择条款的无效。在决定提单中法律选择条款的实质有效性方面法院地法具有绝对性的权威。

下面笔者采用假设案例的方式，分析不同的法律选择条款与法院地法之间的关系。假设案例为：当事人在首要条款中约定适用《海牙规则》，在地区条款中约定适用美国《1936 年海上货物运输法》，共同海损条款约定适用 1974 年《约安规则》，在一般法律选择条款中约定适用英国法，案件在中国审理。

---

① 参见饶中享主编，王建新等撰稿：《海事应用法学研究》，湖北人民出版社 2004 年版，第 451 页。

② 参见［加］威廉·泰特雷：《国际冲突法：普通法、大陆法及海事法》，刘兴莉译，黄进校，法律出版社 2003 年版，第 423 页。

1. 首要条款与法院地国的强制性法律抵触的情形

我国《海商法》第269条[①]中的“法律另有规定”，在《海商法》第四章“海上货物运输合同”中应指第44条[②]的规定。这是海上货物运输合同与其他涉外合同的重要不同之处，即意思自治原则在这里受到严格的限制，不允许当事人以协议适用法律的方式改变承托双方的权利义务，规避本章的强制性规定。《海商法》第45条[③]又规定了针对承运人责任和义务强制性的例外规定。把《海商法》第44条和第45条结合起来，其含义是：第一，提单条款违反我国《海商法》第四章强制性规定的，无效；第二，增加承运人的责任和义务有效，减轻承运人的责任和义务无效。[④]

假设案例中首要条款明确规定本提单的一切争议适用1924年《海牙规则》。案件在我国审理，因此首要条款约定适用的法律不得与我国的强行法相抵触，否则会导致首要条款无效。我国《海商法》第四章的立法基础是《海牙—维斯比规则》，并适当吸收了《汉堡规则》的合理性条款，对承运人的义务要求高于《海牙规则》的规定。因此，首要条款减轻了承运人的责任和义务，违反了我国《海商法》第44条的强制性规定，应属无效。本提单中涉及承运人权利、义务及合同履行方面的问题，应适用我国《海商法》第四章的相关规定。

2. 地区条款与法院地国的强制性法律抵触的情形

假设案例中地区条款中的美国《1936年海上货物运输法》指引适用的《提单法》规定记名提单收货人在提货时无须出示提单的规定与

---

① 《海商法》第269条：“合同当事人可以选择合同适用的法律，法律另有规定的除外……”

② 《海商法》第44条：“海上货物运输合同和作为合同凭证的提单或者其他运输单证中的条款，违反本章规定的，无效……”

③ 《海商法》第45条：“本法第四十四条的规定不影响承运人在本章规定的承运人责任和义务之外，增加其责任和义务。”

④ 参见司玉琢主编：《海商法学案例教程》，知识产权出版社2003年版，第25页。

我国《海商法》的强制性规定[①]相抵触，也是无效的。上海高级人民法院在审理“江苏省纺织进出口集团股份有限公司诉北京华夏企业货运有限公司上海分公司等海上货物运输合同无单放货赔偿纠纷”案[②]中，根据涉案提单背面的美国地区条款的规定，[③] 法院认为，该地区条款所指向的法律对无单放货责任的规定违反我国《海商法》第四章的强制性规定，所以，应依照我国《海商法》对承运人责任做出认定。

3. 一般法律选择条款和共同海损条款的适用

假设案例中一般法律选择条款约定适用英国法，首先应该尊重当事人的意愿，以英国法为该案的准据法。但是，在判断英国法是否能够得到适用时，还要看其是否有违背我国强制性法律或公共秩序的情形。只有当事人约定适用的英国法没有违反我国法律的强制性规定的情况下才是有效的，否则应该直接适用法院地法——中国法。

共同海损条款同样要受到法院地法的制约，但是大部分国家有关共同海损的实体法都是任意性的，不具有强制性，所以实践中，共同海损条款约定适用的国际海事惯例或国内法律一般不会出现与法院地法相冲突的情况。假设案例中共同海损条款约定适用 1974 年《约安规则》，由于我国《海商法》第十章有关共同海损的相关规定大多是参照 1974 年《约安规则》制定的，所以二者不存在冲突，当事人有关共同海损条款的约定是合法有效的，应该得到适用。

（三）管辖权[④]与准据法的关系

1. 管辖权条款对法律适用的倾向性影响

当事人在合同中约定了管辖法院或仲裁地是否表明他们默示地选择

---

① 《海商法》第 71 条规定：“提单，是……承运人保证据以交付货物的单证……” 据此规定，不论是记名提单还是可转让提单，承运人均需凭提单交付货物。参见司玉琢：《海商法专论》，中国人民大学出版社 2007 年版，第 159 页。

② 上海海事法院民事判决书，（2003）沪海法商初字第 299 号；又见郑肇芳主编：《海上货物运输无单放货案例》，上海人民出版社 2006 年版，第 243 ~ 246 页。

③ 涉案提单背面的地区条款约定：“无论运输从美国开始或者到美国的，承运人的责任（如果存在）必须根据美国《1936 年海上货物运输法》的规定确定。”

④ 此处的“管辖权”包括法院管辖权和仲裁庭管辖权两种形式，本部分以下同。

了该国的法律？对此，不同国家有不同的理论和实践。理论上，管辖权和法律适用是两个独立的问题，选择了管辖地或仲裁地并不当然地意味着选择了管辖地或仲裁地的法律。但是，管辖权和法律适用也有着密切联系。伯明翰（Bmgham）法官在“Iran Vojdan”案①中认为，管辖权条款与法律选择条款密不可分。这就使得管辖权条款对法律适用具有了倾向性的影响，即合同当事人选择了某一特定国家的法院或仲裁庭的行为，在一定程度上表示他们对该国法律制度的信赖。管辖权条款确定的某国法院或仲裁庭通常仅熟悉和适用其国内法，法官或仲裁员在断案时总是倾向于依据法院地国或仲裁机构所在地的法律来判定合同的效力，这也就是在普通法下，货物运输合同中管辖权条款或者仲裁条款的存在，被认为是默示选择法院或者仲裁机构所在地法的强有力的指示的原因。因此，提单各方当事人不仅应该注意法律选择，同时也不能忽略管辖权的选择。

（1）英国的实践。在 1971 年以前，英国认为，当事人对英国法院或仲裁机构的选择是他们选择了英国法的决定性因素，除非当事人做出了适用其他国家法律的更为明显的表示。② 这方面的著名案例是 Tzortzis v. Monark Line A/B 案③。该案最后判决认为，虽然合同与瑞典具有最密切、最真实的联系，但是当事人选择伦敦作为仲裁地也就默认选择英国法作为合同的准据法。唐纳森（Donaldson）法官认为：“鉴于当事人约定了伦敦仲裁，所以仲裁员应当适用英国法律。”萨蒙（Salmon）法官也主张，该仲裁条款“所引发的推论压倒了其他一切因素的影响”。这种“选择法院（仲裁机构）即选择法律”的推定在英国被认为是合理的基本规则，从中足见英国管辖权对准据法具有重

---

① The “*Iran Vojdan*”, also known as Dubai Electricity Co. v. Islamic Republic of Iran Shipping Lines, [1984] 2 Lloyd's Rep. 380.

② See Regina Asaviotis, *Contracts for the Carriage of Goods by Sea and Conflict of Laws*, Maritime Law & Commerce 26, No. 2, p. 297 (1995). 又见张忠晔主编：《各国和各地区海商法比较》，人民交通出版社 1994 年版，第 297 页。

③ Tzortzis and Another v. Monark Line A/B, [1968] 1 W. L. R. 406.

要影响。[①] 因此，在英国冲突法中，管辖权问题通常会趋于掩盖法律选择问题。换言之，时常会出现“如果管辖权问题妥善地解决了，就不会再出现法律选择问题”的情形。[②]

然而，后来的发展表明管辖权条款或仲裁条款并不总是确定准据法的决定性因素。英国上议院 1971 年审理的“Tunisienne”案[③]中，租船合同第 13 条规定，合同受装运货物的船旗国法制约；第 18 条规定在伦敦仲裁潜在的争议。判决认为，伦敦仲裁条款是当事人意欲适用英国法律的有力的推论，但它只是一个参考因素或推论而已，不是绝对的。里德（Reid）勋爵说：“伦敦仲裁和适用英国法之间并没有必然的联系。”威尔伯福斯（Wilberforce）勋爵则进一步说：“仲裁条款仅仅是连接因素之一，如果其他因素比它更为清晰，那它必须让路。”最后，该案根据最密切联系原则，确定适用船旗国法（法国法）。该案颠覆了通过管辖权和仲裁地推定法律适用的绝对性做法。但是，英国的大部分案件仍然认为管辖权条款是当事人关于准据法意图的重要指示，如“Freights Queen”案[④]、“Parouth”案[⑤]和“Komninos S.”案[⑥]，法院均根据管辖权条款适用了英国法律。

（2）我国的立法规定及实践。在我国，单纯的管辖权约定并不意

---

① 参见屈广清、赵劲松等编：《海事判决和仲裁裁决的执行——英国典型海事案例评析》，大连海事大学出版社 2006 年版，第 11 页。

② Dicey & Morris, *Dicey and Morris on the Conflict of Laws*, 13th ed., Sweet & Maxwell, 2000, p. 4.

③ The “*Tunisienne*”, also known as Compagnie Tunisienne de Navigation SA v. Compagnie d'Armement Maritime SA, [1971] A. C. 572, [1970] 3 W. L. R. 389, [1970] 3 All E. R. 71, [1970] 2 Lloyd's Rep. 99.

④ 由于转租船合同中约定有伦敦仲裁条款，所以优先适用英国法。See The “*Freights Queen*”, also know as Mineracoas Brasilieras Reunidas v. EF Marine SA, [1977] 2 Lloyd's Rep. 140.

⑤ 伦敦仲裁条款虽然不是重心因素，但是具有确定准据法是英国法的重要作用。See The “*Parouth*”, also known as Compania Naviera Micro SA v. Shipley International Inc, [1982] 2 Lloyd's Rep. 351.

⑥ 根据合同中当事人约定在伦敦解决争议的条款，可以推断当事人适用英国法解决争议的意图。See The “*Komninos S*”, also known as Hellenic Steel Co. v. Svolamar Shipping Co. Ltd., [1991] 1 Lloyd's Rep. 370.

味着准据法的确定。一般来说，管辖权条款和仲裁条款只能确定程序法的适用，即对程序问题适用法院地法或仲裁地法；实体问题则按照冲突法规则适用合同应该适用的准据法。法律选择并不必然与管辖权联系在一起，法律应该尊重当事人对准据法的选择。在当事人未选择法律的情况下，我国司法实践也承认协议管辖或仲裁地的默示选择法律作用已成为国际上的惯例，但是强调不能把管辖权或仲裁地的选择作为默示选择法律的决定性因素和唯一因素，而应把它和合同的其他连接因素结合起来考虑，不能仅根据某一种标志来探索当事人选择法律的默示意图。在"中国抽纱深圳公司诉日本大阪商船三井船舶株式会社"案①中，法官在当事人未做出法律选择的情况下，将案件在我国法院管辖作为根据最密切联系原则确定准据法的重要标准之一，但不是唯一标准。当然，如果当事人选择的法律为外国法而该法又被排除适用时，管辖法院的确定往往导致法院地法的适用，我国司法实践中亦认可此种做法。

各方当事人协议选择某一特定法院或仲裁地管辖，可能会让人推断该合同是受选定法院或仲裁地的实体法支配的一项协议。即使情况并非如此，当人们站在更为客观的立场上选择准据法时，各方当事人对管辖权的选择依然会被认为是重要的连接因素。假如根据协议管辖把合同纠纷提交到某一国家，那么管辖权条款将会明显地加强对法律选择的影响。② 我们不能忽视这一国际惯例的客观存在，但也不能过分夸大管辖权对法律适用的作用。在法律选择地位日渐提升的今天，世界各国都逐渐认可合同或提单中的仲裁条款和管辖权条款在当事人缺乏明示的法律选择时，可以作为确定合同准据法的一个重要因素来考虑，但不是决定性的、唯一的因素。即使是素以管辖权推定法律适用的英国也改变了以前的绝对性做法。

2. 法院地强行法对准据法的制约

当事人在合同中约定了适用的法律，这种约定还要受到法院地法的

① 司玉琢主编：《海商法学案例教程》，知识产权出版社 2003 年版，第 49～55 页。

② 参见屈广清主编：《海事国际私法新编》，法律出版社 2005 年版，第 13 页。

检验。著名的 Vita Food Products Inc v. Unus Shipping Co. Ltd. 案[①]中，赖特法官认为，一个法院必须遵守它自己的立法机关的法律，如果依它自己的法律，它面对的合同是有效的，它将认可该合同的效力，而不管外国的法律如何规定，因为违背法院地法的外国法是无法获得适用的。法院地法的适用，很多情况下是因为诉讼在相关法院提起，法院有责任适用法院地的强行法，这些强行法是在特定法院提起诉讼所应适用的法院地强制性规则的特殊形式。

英国将管辖权与法律适用关联在一起进行考虑是富有实践意义的，管辖权不仅逻辑地优先于法律适用，而且还逻辑地制约着法律适用。管辖权的适当与否将会传递到法律适用上，不论冲突规范规定得如何优秀，管辖权的不当行使将会颠覆冲突规范立法的全部努力。[②] 同时，当事人选择管辖法院，一定要先考查一下各国的法律，做出对自己有利的选择，因为法院地国的强制性法律是无条件地优先适用，否则当事人协商选择法律解决纠纷的意图就会落空。

第二节　租约[③]与提单之间的法律适用分析

航次租船合同虽然名为“租船合同”，实则与一般意义上的船舶租用合同有所不同，它具有货物运输合同的多种特征，如合同主体的主要权利义务与海上货物运输合同的定义相对应，承租人支付给出租人的叫“运费”而不叫“租金”，因此在法律上大都将其归属于海上货物运输合同的范畴。例如，1980 年《罗马公约》中，把单程租船合同看作是货物运输合同。[④] 我国《海商法》中，航次租船合同位于第四章“海上

---

① Vita Food Products Inc v. Unus Shipping Co. Ltd. , [1939] A. C. 277, [1939] 1 All E. R. 513, (1939) 63 Ll. L. Rep. 21.

② 参见刘想树:《论最密切联系的司法原则化》，载《现代法学》2012 年第 5 期。

③ 没有特别指明的情况下，本章中所指的租约均指航次租船合同。

④ 1980 年《罗马公约》第 4 条第 4 款最后一句规定：单程租船合同和其他以货物运输为主要目的合同均应视为货物运输合同。

货物运输合同”中，而非规定于第六章“船舶租用合同”中。因此，将航次租船合同认定为一种海上货物运输合同完全符合其本质特征。[①]从广义上讲，国际海上货物运输合同包括租约和提单两种形式，合同主体不仅仅关系到船东和托运人，还涉及许多无法限定的其他当事方，这些人均与货物安全抵达目的地有着利害关系，这样就导致不同合同的当事方的身份有所重叠，在涉及不同的法律关系时，适用哪种准据法解决纠纷就成为首先要解决的问题。

租约与提单的法律适用冲突主要体现为两种情形：一是依据租约签发的提单与租约的有关法律适用的规定不一致，此时租约的准据法能否确定提单的准据法？二是提单声称并入租约中的法律选择条款，这种并入条款的效力如何？

一、租约的准据法能否确定提单准据法

（一）租约与提单法律适用的区别

租约与提单的密切关系及差异决定了提单的法律适用问题比较复杂、特殊。了解租约与提单在实体上的不同不仅是必要的，而且是依据冲突规范对它们适用不同的规则所必需的。

1. 在连接点上，租约更有可能适用船旗国法，因为租约与船舶关系较为紧密；而提单更多的是与托运人和承运人有关的权利义务有联系，而与船舶的联系较少。[②]

2. 在准据法的选择方式上，租约双方当事人的法律地位平等，当事人在租约中选择处理其争议的法律被各国的冲突法普遍接受，并成为法院适用法律的依据；而提单多是通过并入租约相关条款而约定应适用的准据法，这种方式存在很大的争议。

3. 在法律的规定上，租约中的当事人处于平等地位，因此他们具

① 参见袁发强主编：《海商法案例教程》，北京大学出版社2012年版，第91页。

② 参见［加］威廉·泰特雷：《国际冲突法：普通法、大陆法及海事法》，刘兴莉译，黄进校，法律出版社2003年版，第162页。

有完全的合同自由，各国法律一般不进行强制性规定；提单中的承运人具有明显的优势，提单由承运人单方制定，托运人无权修改提单中预先印制的条款，并要受提单条款的约束，因此需要相关的法律制度对货方利益加以维护。大多数国家的法律包括国际公约对提单都有强制性规定，比较典型的如英国《1971 年海上货物运输法》《海牙规则》等。

（二）租约与提单法律适用冲突的分析

在绝大多数海上货物运输合同中，都涉及租约和提单。因此，要确定适用何种法律，必须首先确定租约和提单两者中哪一个是应当予以考虑的合同。依据租约签发的提单有两种。

一种是提单持有人是承租人的提单，这种提单只是一张收据，一般没有背面条款，是承租人与出租人之间租约的证明，也是出租人收到货物的收据和据以交付货物的凭证。这种提单不可转让，更类似于海运单。这种以格式条款形式出现的提单没有必要包含当事人约定的所有事项。这时出租人和承租人之间的法律关系是承运人和托运人的法律关系，租约是当事人在开船以前通过平等谈判而达成的协议，是双方之间租用船舶和运输的合同本身，二者之间的权利义务依据租约确定。租约中约定的准据法制约着双方的权利义务，即使提单规定的法律适用条款和租约规定的法律适用条款相冲突，由于提单只是租约的证明，当事方的权利义务仍应以租约为准。这种情况下的冲突是一种“虚假冲突”。

另一种是提单持有人不是承租人的提单，提单是在支付了提单价值的第三方手中，此时也就是我们通常意义上所说的提单。这种提单与第一种提单的区别之处就在于它具有物权凭证的功能，能够流转，这就使它在出租人与受让人之间具有了独立的合同功能，成为约束提单持有人和提单签发人权利义务的运输合同本身。此时的提单受到《海牙规则》《海牙—维斯比规则》《汉堡规则》或某些国内法中强制性规定的调整，出租人和提单受让人之间的权利义务关系亦依提单确定；而出租人和承租人之间的法律关系依据租约的约定。由于当事方不一致，如果当事人在起草和签发约束这些关系的提单时对条款的协调未予充分的注意，则租约可能与提单并不完全相同。比如，在法律适用问题上，有可能租约选择适用的准据法与提单中约定适用的准据法并不一致，此时船方处于出租人和承运人双重的法律地位，纠纷产生时应该适用何种法律？此时出现的法律冲突就是一种“真实冲突”，英国的“Njegos”案①是关于这一问题的典型案例。

在“Njegos”案中，原告认为，租约受英国法律调整，而提单是在租约下签发的，故也应受英国法律调整。被告认为，提单在出租人、承租人双方之间，同第三人之间是不一样的，其准据法也不同。即使提单是在租约下签发的也不受租约准据法的约束，否则对第三人是不公平的。法官赞成原告的观点，他的理由是，若租约的准据法和提单的不一致，就会造成租约的出租人权利义务和提单的承运人权利义务不一致。

有关提单的国际公约，如《海牙规则》对提单作出了比较严格的规定，而多数国家的海商立法对租约的规定多半是任意性条款，强制性的约束较少。因此，出租人基于租约承担的责任要远远小于基于提单所承担的责任。当出租人签发的提单经承租人转让后，对于出租人和提单受让人之间的争议，应该依提单条款解决，即出租人要承担高于租约的责任，作为出租人是不希望这种情况发生的。虽然出租人在赔付了提单受让人之后，可以依据租约向承租人追偿。但是这样做会给出租人造成麻烦，也可能会因承租人信誉不佳、资金缺乏、濒于破产而使追偿变得不可行。因此对于一个理智的船舶出租人而言，其肯定意图是在租约和提单中约定相同的法律适用条款，将租约条款下和提单条款下承担的责任尽可能一致起来，这样不论是基于提单还是基于租约，出租人承担的责任和义务都是相同的。所以法官从租约和提单权利义务的统一性上，推断提单受英国法律的调整。

笔者认为，法官的观点是建立在租约和提单当事人一致的基础上的。在租约和提单当事人不一致的情况下，出租人要想在租约和提单中适用同样的法律必须确保租约与提单约定适用的法律是一致的。无论是租约还是提单，出租人都是合同的参与人，如果因其自身的失误而使二

---

① The “*Njegos*”, [1936] 1 Lloyd’s Rep. 286, [1936] P. 90, (1935) 53 Ll. L. Rep. 286, 1935 WL 7912.

者之间不一致，由此产生的不利后果也应由船方承担。法官默示推定的结论对持有提单的第三人是非常不公平的。持有提单的第三人与出租人之间的合同是在接到提单时成立的，提单经过多次流转后，提单持有人接到提单时，只能知道提单上的内容及其包含的法律，而无从知晓租约的内容以及租约的准据法。如果以租约的准据法去约束提单持有人，无形中损害了提单持有人的利益。从公平原则出发，非租约当事方的提单持有人将不会受与提单条款不一致的特别条款的约束，这也是提单通常会被做出对签发承运人不利的解释的原因。

也有异议认为提单法律选择条款并非当事人双方协商一致的意思表示。① 理由是提单的格式条款事先未与收货人协商取得一致，并非当事人意思的共同选择，所以是无效的。鉴于单据的流转功能，承运人不可能和每个有关的当事人都协商法律适用条款，为了防止承运人利用自己的优势地位制定显失公平的提单条款，有关的国内法和国际公约对承运人的责任和义务作出了强制性规定，其目的就是限制承运人的缔约自由，从而保护货主的利益，因此没有必要再去否定提单上的法律选择条款。对于交易而言，法律关系的稳定性、效率性比公平性更加重要。况且，大多数航运公司的提单条款都是固定的，法律适用条款是事先印好的，经常打交道的客户对这些条款也是明知的。而且提单是承运人应托运人的要求而签发的，托运人接受了提单就视为认可了提单中的所有条款。大多数提单在正面都印有“托运人、收货人以及提单持有人接受或同意提单所有内容”的声明接受条款以加强提单上法律选择条款的效力。②

① 此种情况是指流转到第三人手中，制约承运人与非托运人的收货人之间权利义务的提单。

② 例如，东方海外货柜航运有限公司提单中就载明：Notwithstanding any customs or privileges to the contrary，the Merchant，in accepting this Bill of Lading，expressly agrees to be bound by all stipulations，exceptions，and conditions attached hereto or stated herein，whether written，printed，stamped or otherwise incorporated herein，as fully as if they were all signed by such Merchant.（尽管存在任何与之相悖的惯例或特权，但货方在接受本提单时，明确同意受附于本提单或在其中载明的所有规定、免责事项及条件的约束，无论这些内容是以书写、印刷、盖章还是以其他方式纳入本提单的，其效力完全等同于这些内容均已由该货方签署。）https://www.oocl.com/schi/resourcecenter/blterms/Pages/default.aspx#:~:text=Notwithstanding%20any%20customs%20or%20privileges%20to%20the%20contrary%2C，if%20they%20were%20all%20signed%20by%20such%20Merchant，2024 年 11 月 12 日最后访问。

因此，提单中的法律适用条款本质上是一种协议选择法律的模式。我国厦门海事法院审理的“福建省工艺品厦门进出口公司诉裕利航运有限公司等无单放货纠纷”案[①]中，法院即认为该案提单持有人在接受涉案提单的情况下，并未就提单背面的法律适用条款提出异议，应视为其同意涉案提单项下纠纷适用我国香港特别行政区法律。在“广州市兆鹰五金有限公司诉北京康捷空货运代理有限公司广州分公司等海上货物运输无提单交付货物纠纷”案[②]中，广州海事法院也确认承运人按托运人要求签发提单的行为视为双方对提单条款协商一致的意思表示，应按照双方在提单中约定适用的美国《1936 年海上货物运输法》确定各方的权利和义务。因此，鉴于航运实践的特殊性和提单流转的需要，不能简单地因为提单法律适用条款缺少当事人面对面、条对条的协商过程，便否定提单法律适用条款的效力。按照英国法，甚至第三方——提单收货人没有同意，也应受合同的原始缔约方协议的约束，以保证提单的正常流转。[③]

虽然提单和租约有密切联系，但它们毕竟是相互独立的，且在不同的法律关系里约束着不同的当事人，不能由此必然推出提单和租约适用同一法律的结论。如果第三人手中的提单明确约定了该提单受某国法律调整，则提单中的约定应首先适用，这是尊重当事人意思的应有之义。

二、并入提单的租约条款能否确定提单准据法

所谓并入条款，是指提单持有人不是承租人的提单中，租约中的出租人通常具有承运人的法律地位，为使其根据提单对货物运输承担的义务和享有的权利尽可能与租约一致，常常在提单中订入

---

① 厦门海事法院民事判决书，（2004）厦海法事初字第 51 号。

② 广州海事法院民事判决书，（2004）广海法初字第 59 号。

③ See The “*Iran Vojdan*”, also known as Dubai Electricity Co. v. Islamic Republic of Iran Shipping Lines, ［1984］2 Lloyd’s Rep. 380. 又见王国华：《海事国际私法专题研究》，辽宁大学出版社 2012 年版，第 185 页。

"并入条款"，规定租约中的所有条款、条件和免责事项均适用于提单，视为并入提单，其目的是使非租约当事人的收货人受租约的约束。对于该并入条款的法律效力，各国法院态度不一。

理论界普遍认可管辖权条款、仲裁条款和法律适用条款与合同的一般条款相比具有独立性，即合同的无效不影响上述条款的效力，笔者称为"独立性条款"①。理论上，对仲裁条款或管辖权条款讨论得相对较多，实践中涉及的案例也丰富、全面；而对法律适用条款讨论得较少，有关案例也相对匮乏。为了更清楚地说明问题，基于上述三种条款的法律地位的一致性，笔者试图通过对仲裁条款或管辖权条款并入提单的效力分析来类比说明法律选择条款并入提单的效力问题。

由于有关提单的国际公约和国内法通常对提单做出许多强制性规定，所以并不是所有的租约的内容都能够并入提单中，国际上确定并入条款的效力一般有以下几个原则。

（一）租约并入提单的范围和措辞是否清楚

勒什（Lush）法官在 Crooks v. Allan 案②的判决中说道："若一个船东，希望在他的提单中引进一条如此新的条款，……他不仅应在文字上明确确定，而且还应使之足够明显，使得具有普通能力和注意的人，不至于不能看见插入该文件的这部分内容。"通常情况下，措辞清楚是租约条款有效地并入提单的标准之一。但是究竟怎样才算是"措辞清楚"呢？

按目前我国海商法学界普遍的观点及英国、美国等国的司法实践，判断租约是否并入提单的关键是看提单并入条款的措辞是否足以将租约条款并入。目前，常见的租约"独立性条款"并入提单的表述

---

① 即合同中的上述三种条款与主合同是可分的，它们虽然附属于主合同，但与主合同形成了两项分离或独立的契约，其效力不受主合同是否有效的影响。参见刘晓红：《仲裁条款独立性理论的法理及实证探析》，载王虎华、丁成耀主编：《当代国际法论丛》（国际私法卷），上海人民出版社 2003 年版，第 165 页。

② Crooks v. Allan, also known as Crooks & Co. and Another v. Allan and Another, (1879) 5 Q. B. D. 38.

主要有三种形式：其一，比较笼统的一般性并入表述；其二，特别提及仲裁及法律适用条款并入提单；其三，特别详细注明具体的租约并入提单。①

在英国，若租约下签发的提单中的合并条款系使用了一般的用语，如“租约中的所有条款、条件和免责事项，均适用于提单，并视为并入本提单”或“其他条件均按租约条件办理”。若干判例都认为上述条款的有效性仅以与提单主旨即与货物的装卸、运输、交付等有关的租约条款才能有效并入提单，而那些与提单主旨或货物运输内容无关的条款，如管辖、仲裁、法律适用条款等则不能有效并入提单。1912 年的 Thomas v. Portsea 案②中，法官认为：“要想把像仲裁条款这样一种与运输合同内容无关的条款并入提单，应当使用专门的特定词语，而不是使用本案这样的概括词。”1971 年的“Annefield”案③中，英国上诉法院认为“租约中所有的条件和免责条款，都并入提单中”的条款无法并入仲裁条款，裁定“除非在提单中或租约中有明确文字表明适用于提单，否则笼统的与提单标的无直接相关的词句不能并入提单。”在“Nerarno”案④中，英国高等法院判决认为，“提单中明确指出将租约中所有条款并入提单，并明确仲裁条款的范围足以涵盖提单各方在提单项下的争议，才能有效地并入租约中的仲裁条款”。Siboti K/ S v. BP France SA 案⑤涉及的是管辖条款并入问题，审理该案的格罗斯（Gross）法官认为：“提单并入条款使用概括性的词语仅限于将与装船、运输和交货有关的租约条款并入提单，而不能将那些附属的与提单主要

---

① 参见刘寿杰：《租约仲裁条款并入提单——海事仲裁裁决司法审查的理论与实践》，载关正义主编：《海事审判实务研究》，大连海事大学出版社 2006 年版，第 39 页。

② Thomas v. Portsea, also known as T. W. Thomas & Co. Limited v. Portsea Steamship Company, Limited, [1912] A. C. 1.

③ The "*Annefield*", also known as Owners of the Annefield v. Owners of Cargo Lately Laden on Board the Annefield, [1971] P. 168, [1971] 2 W. L. R. 320, [1971] 1 All E. R. 394, [1971] 1 Lloyd's Rep. 1.

④ The "*Nerarno*", also known as Daval Aciers D'Usinor et de Sacilor v. Armare Srl, [1994] 2 Lloyd's Rep. 50.

⑤ Siboti K/ S v. BP France SA, [2003] EWHC 1278 (Comm), [2003] 2 Lloyd's Rep. 364, [2004] 1 C. L. C. 1.

内容不相关的租约条款并入提单。”

根据上述案例确定的原则，租约中的法律适用条款要在提单中适用的话，必须有足够明确的措辞才能将其并入。按英国的实践，以下三种情形可有效并入：(1) 在提单中明确指明租约中的法律适用条款一同并入；(2) 将租约中的法律适用条款的序号在提单的合并条款中言明；(3) 合并条款所引的租约条款本身即包含了法律适用条款既用来解决租约争议又用来解决提单争议的内容。[①] 例如，在 2001 年的 "*Delos*" 案[②]中有两套提单。第一套是康金提单，其并入条款规定："本提单背面标明签订日期的租约中的所有条款、条件、权利、除外责任条款，包括法律适用条款和仲裁条款，均并入本提单。" 第二套是普通提单，其并入条款没有特别指明法律适用条款。法官认为，康金提单的并入条款含有租约法律适用条款字样，因此法律适用条款可以并入康金提单，但不能并入普通提单，[③] 因为普通提单使用的是一般概括性的词，就像上百年来的案例所确立的那样，是不能并入的。[④]

美国司法判例对并入条款的措辞通常采用宽松的做法，只要提单与租约条款和条件有一般性关联，租约中的法律适用条款即可被并入提单中。在 Son Shipping Co. v. De Fosse & Tanghe 案[⑤]和 Transocean Gulf Oil Co. v. Parapada Shipping Co. Ltd. 案[⑥]中，提单的并入条款仅仅写道，"本次运输按照出租人和承租人于 1948 年 6 月在安特卫普订立的租约进行，除约定的运费费率及支付外，上述合同中的所有条款适用并调

---

① 参见张天钦：《海上货物运送法修正专论》，法律出版社 1986 年版，第 133 页。

② The "*Delos*", also known as Owners of Cargo Lately Laden on Board the MV Delos v. Delos Shipping Ltd., [2001] 1 All E. R. (Comm) 763, [2001] 1 Lloyd's Rep. 703.

③ 参见邹志洪主编：《海上保险追偿法律与实务》，首都经济贸易大学出版社 2011 年版，第 82 ~ 83 页。

④ 参见黄永申：《英国"租约并入提单"百年史话及现状》，载《中国海商法年刊》2009 年第 Z1 期。

⑤ Son Shipping Co. v. De Fosse & Tanghe, 199 F. 2d 687, C. A. 2 1, 952, 1952 A. M. C. 1931.

⑥ Transocean Gulf Oil Co. v. Parapada Shipping Co. Ltd., 547 F. Supp. 93, 1983 A. M. C. 1257.

整本项运输中各有关当事方的权利。”法院认为，提单的并入条款“词句明确无误，其含义是不容置疑的”，判决上述并入条款有效，承运人必须参加仲裁并适用租约中确定的法律。在 Henkel，K. G. v. M/T Stolt Hippo 案[①]和 Bunge Corp v. M/T Stolt Hippo 案[②]中，提单条款规定，“上述租约中的所有条款……适用于调整与本次运输有关的各当事方的权利”，这便使得提单持有人在发生争议时有与船东按照租约进行仲裁并适用租约准据法的义务。笔者认为，美国实践中的做法忽略了仲裁条款及法律适用条款等独立性条款与一般租约条款的区别，认为法律适用条款是租约的组成部分，租约条款并入提单，自然包括法律适用条款。然而，事实并非如此。无论是国际上还是在中国，通说都采法律适用条款与主合同的可分性原则，即法律适用条款是独立于租约的条款。一般意义上的租约条款并不包括法律适用条款，而仅指约束合同双方的权利义务的主旨条款；合同的一般无效，并不影响法律适用条款的效力。所以，在租约并入提单时，虽然提单上写明并入租约的所有条款，但效力仅及于货物装船、积载、保管、照料、卸载及运费支付等与货物运输有关的实体权利义务条款，并不包括仲裁条款、法律适用条款等非主旨性合同条款。[③]

在我国，根据我国《海商法》第 78 条第 1 款[④]和第 95 条[⑤]的规定，提单持有人与承运人之间的权利义务关系首先适用的是提单的约定。提单属于文义证券的一种，应以其所载文义为限确定提单关系的内容。如果提单中的合并条款采用了一般性表述，则应结合其语义及提单系运输单证的属性，确认只有与提单主旨即运输相关的租约条款才能有效并入

---

① Henkel，K. G. v. M/T Stolt Hippo，1980 A. M. C. 2618.

② Bunge Corp. v. M/T Stolt Hippo，1980 A. M. C. 2611.

③ 参见司玉琢：《海商法专论》，中国人民大学出版社 2007 年版，第 297 页。

④ 《海商法》第 78 条第 1 款：“承运人同收货人、提单持有人之间的权利、义务关系，依据提单的规定确定。”

⑤ 《海商法》第 95 条：“对按照航次租船合同运输的货物签发的提单，提单持有人不是承租人的，承运人与该提单持有人之间的权利、义务关系适用提单的约定。但是，提单中载明适用航次租船合同条款的，适用该航次租船合同的条款。”

提单。我国法律认可租约条款并入提单的效力，但租约中的仲裁条款或法律适用条款也欲并入提单时，并入条款必须有明确的表示。[①] 为了明确这一点，最高人民法院进一步指出“正面载明日期的租约中所有条款、条件、特权与免责，包括法律适用及仲裁条款都再次明确并入提单”的措辞才具有并入仲裁条款的效力。[②] 这样的理解和做法既是国际上通行的，同时也是对提单持有人利益的维护。从法律的价值取向看，《海商法》第95条的规定有利于对出租人的保护，但并不利于船舶出租人与提单持有人之间的利益平衡。因此，司玉琢、胡正良等国内海商法学者建议将上述条款修改为：“运输单证中载明适用特定航次租船合同条款的，适用该航次租船合同的条款，但该航次租船合同的条款与运输单证的规定相抵触，或者违反本章规定的，对托运人、实际托运人或者收货人没有约束力。”[③] 目前，我国法院趋于一致的观点认为，“提单与租船合同一并使用时，应当在提单正面明示哪一份租船合同并入提单及租船合同的仲裁是否并入提单[④]。”这是最高人民法院对仲裁条款是否并入其他合同的明确意见。[⑤] 鉴于法律适用条款和仲裁条款法律地位的一致性，实践中，对于法律适用条款并入提单的效力问题的认识，也应参考借鉴这一意见。

（二）租约是否随提单一并转让

租约要有效地并入提单，必须让提单持有人了解租约的内容。所以这种提单在转让时，应附有一份租约的副本，供提单受让人了解租约的

---

① See Huijie Luo & Miao Li, *Reviewing Recent Developments in Chinese Maritime Law*, Journal of Maritime Law and Commerce 41, p. 418 (2010).

② 参见最高人民法院（2009）民四他字第36号，最高人民法院《关于上诉人武钢集团国际经济贸易总公司与被上诉人福州天恒船务有限公司、被上诉人财富国际船务有限公司海上货物运输合同纠纷管辖权异议一案的请示》的复函。

③ 司玉琢、胡正良主编：《〈中华人民共和国海商法〉修改建议稿条文、参考立法例、说明》，大连海事大学出版社2003年版，第308页。

④ 刘寿杰：《租约仲裁条款并入提单——海事仲裁裁决司法审查的理论与实践》，载关正义主编：《海事审判实务研究》，大连海事大学出版社2006年版，第43页。See also Huijie Luo & Miao Li, *Reviewing Recent Developments in Chinese Maritime Law*, Journal of Maritime Law and Commerce 41, p. 418 (2010).

⑤ 参见最高人民法院（2002）民四他字第23号。

内容。否则，提单持有人完全可以不知情为由而否认并入条款的效力。国内有不少判例支持了这一观点。

“上海农工商诉马耳他多米诺海运货损纠纷”案中，涉案提单背面条款第1条规定“提单证明所示日期的租船合同的所有条款、条件、责任与除外责任，包括法律适用和仲裁条款，并入本提单”。法院认为，被告没有在签发提单时将被并入的租约一并交予托运人，原告受让提单时对被并入的法律适用条款并不知情，不能认为提单受让人与承运人就法律适用达成了协议。[①] “中国人民保险公司福建省分公司营业管理部诉EMERALD REEFER LINES，LLC. 海上保险合同代位求偿”案[②]中，涉案提单载有并入条款，即提单证明提及的租约中的所有条款和条件、责任和免责，包括法律和仲裁条款被并入提单，但实际上租约并未与提单一并流转。法院判决：因租约并未先行送交或随提单一并流转，提单虽将租约中的仲裁条款并入提单，但不意味着租约中的仲裁条款对提单持有人具有当然约束力。[③]

在1990年《国际贸易术语解释通则》中也规定：“如果该运输单据提及参照租船契约办理，卖方还必须提供一份租船契约副本。”这样的要求可以使租约以外的第三方接受提单时能对其可能承担的义务有了合理的预期。[④] 可见，即使租约条款并入提单已经描述得足够详细，要使该条款对受让人产生效力也必须在提单转让时附上包含法律适用条款的租约，受让人在“知情”的情况下，才受租约条款约束，否则，法院并不认为提单受让人与承运人就法律适用问题达成了协议。

---

① 参见金正佳主编：《中国海事审判年刊（2000）》，人民交通出版社2000年版，第531~532页。

② 厦门海事法院民事判决书，（2001）厦海商榕初字第022号。

③ 参见刘寿杰：《租约仲裁条款并入提单——海事仲裁裁决司法审查的理论与实践》，载关正义主编：《海事审判实务研究》，大连海事大学出版社2006年版，第37页。

④ 参见刘寿杰：《租约仲裁条款并入提单——海事仲裁裁决司法审查的理论与实践》，载关正义主编：《海事审判实务研究》，大连海事大学出版社2006年版，第37页。

（三）并入条款不得与强行法相抵触

并入条款本身及被并入的内容不能与提单的明示约定或调整提单法律关系的国际公约或国内相关法律法规的强制性规定相抵触，否则并入条款无效。提单作为一种特殊的海上货物运输合同，承运人的权利义务受到国际及国内法律的严格限制，不允许当事人通过合同约定减轻承运人的法定责任，否则将导致合同条款的无效。如果租约中有类似减轻或免除承运人责任的内容，无论并入条款的意图如何明确，措辞如何清楚，该类条款都无法并入提单中，这主要是为了保护善意的提单受让人的利益。因此，并入提单中的租约法律适用条款约定适用的法律不得与提单明示约定或调整提单法律关系的强制性规定相抵触，这是其获得法律效力的重要条件。

综上所述，一般认为，如果并入条款采用的是广泛而笼统的语言，则租约中的法律适用条款不能被有效并入提单。如果并入条款本身明确约定租约的法律适用条款并入提单，并且该并入条款与提单约定或规定适用的强行法并不冲突，同时提单当事人能够清楚并入条款的具体内容，则法律适用条款可以有效地并入提单。《汉堡规则》第22条第2款规定的仲裁条款并入提单的必要条件与上述观点是一致的，即租约中的仲裁条款明确约定其适用于提单争议的解决，并且提单的受让人了解租约的内容，则租约中的仲裁条款可以有效地并入提单。[①] 我国理论界也认为，要适用并入提单中的租约的法律适用条款，首先需要确保租约中的法律适用条款是有效的，且不得与提单中的其他条款相冲突；其次要求在提单中用清楚明了的词语体现出租约法律适用条款并入的事实，至于标准则要符合一般人的理解能力。实践中，我国法院一般认为租约中的法律适用条款要并入提单必须满足以下几个条件：（1）并入提单的租约可以被清楚地识别；（2）租约条款被特别明示并入提单；（3）法律适用条款本身是有效的。[②]

---

① “法律适用条款”类比“仲裁条款”，做同样理解。

② 参见王敬主编：《敬海律师文集》，大连海事大学出版社2009年版，第145~146页。

第三节　共同海损保险人代位求偿行为法律适用分析

首先需要声明的是，“无论是否已经投保，当事各方均有分摊共同海损的义务”①。货物运输过程中发生共同海损事故，货方投保的共同海损分摊险约定保险人要对承保的共同海损分摊之债承担保险责任，被保险人有权从保险人处直接取得所有损失的保险赔偿，而不必先行使向其他方要求分摊的权利。保险人按照保险合同约定支付了保险费用后，取得被保险人的共同海损分摊索赔权，有权向事故责任方索赔，该权利称为代位求偿权。代位求偿权是一项法定权利，即被保险人在法律规定的条件下，依据保险合同将其享有的对第三人的债权转让给保险人，被保险人丧失共同海损分摊索赔债权人的身份，保险人取代被保险人的地位来处分该债权，其从性质上而言属于一种债权的让与。② 获得代位求偿权的保险人应依据何种法律向责任方追究责任？其所依据的准据法是否受运输合同准据法的影响，或者说其与保险合同之间有没有关系？这些是本节要解决的问题。

一、代位求偿行为与保险合同法律适用的关系

在“商业联合保险（泰国）公司诉贝尼迪特Ⅱ K/S 公司、天津远洋运输公司货损代位求偿纠纷”案③中，法院认为货损代位求偿纠纷，其准据法应包括保险合同关系的准据法和被保险人与第三人关系的准据法。关于保险合同的准据法，该案的保险合同没有约定适用的法律，原告作为被损货物的保险人在中国天津海事法院起诉，且在诉讼中引用中

---

① Aitchison v. Lohre (1879) 4 App. Cas. 755 at 760 per Lord Blackburn.

② 参见“连云港明日国际海运有限公司诉纳塔斯有限公司等共同海损纠纷”案，天津市高级人民法院民事裁定书，(2013) 津高民四终字第 54 号。

③ 商业联合保险（泰国）有限公司诉贝尼迪特Ⅱ K/S 公司、天津远洋运输公司代位求偿纠纷案，参见金正佳主编：《中国海事审判年刊（2000）》，人民交通出版社 2000 年版，第 437～438 页。

国法律阐述自己的主张，事实上选择了中国法律，因此保险合同应以中国的法律作为准据法。关于被保险人与第三人关系的准据法应包括两部分：一部分是被保险人的货物损失系船舶与贝尼迪特 II K/S 公司船舶碰撞所致，二者之间的法律关系是侵权关系，依照我国原《民法通则》第 146 条的规定，侵权行为的损害赔偿应适用侵权行为地法，该案侵权行为地位于中国领海内，因此应适用中国法律。另一部分是关于被保险人与被告天津远洋运输公司之间纠纷的准据法，二者系提单合同关系的双方，准据法首先依赖于合同即提单的约定，根据提单背面管辖权条款，承托双方的争议应在船旗国解决，碰撞船和转运船均系中国国籍，所以中国法是其准据法。最后法官适用了中国法解决该案。

上述案例中法官的观点是：代位求偿行为的法律适用要区分保险合同的准据法和被保险人与第三人之间的准据法两部分予以分析。笔者认为这种观点失之偏颇。代位求偿权虽然是基于保险合同的权利，但是一旦该权利成就，便是保险人取代被保险人行使追偿权，而与原来的保险合同无关。我国《海上保险规定》[①] 进一步明确了这一点，规定保险人行使代位求偿权的案件应视作第三人与被保险人的案件进行审理。也就是说，保险人是在被保险人的地位上承担权利义务，法院在审理保险人代位求偿权利案时，不应当再审查保险人与被保险人之间的法律适用。在“中国人保诉港运物流、庆新物流海上货物运输合同纠纷”案[②]中，法院就依据上述《海上保险规定》作出了判决。该案中，中国人保赔付了被保险人后取得代位求偿权，庆新物流以中国人保对被保险人的赔付不合法为由进行抗辩，法院在判决中指出，该案只审理造成保险事故的第三人与被保险人之间的法律关系，而不审理被保险人与保险人之间的法律关系，因此对被告的主张不予支持。

---

① 《海上保险规定》系最高人民法院《关于审理海上保险纠纷案件若干问题的规定》的简称，案件审理时用的是 2007 年版本，其第 14 条规定：受理保险人行使代位请求赔偿权利纠纷案件的人民法院应当仅就造成保险事故的第三人与被保险人之间的法律关系进行审理。2020 年 12 月 29 日颁布的《海上保险规定》，所引用条款没有变化。

② 青岛海事法院（2010）青海法海商初字第 8 号。

《海上保险规定》第 15 条[①]和第 16 条[②]的规定，进一步将保险人的代位求偿权明确到程序权利。也就是说，保险人的代位求偿权全面“继承”了被保险人的权利，不仅包括实体权利，还包括程序性权利。在“中国人民保险公司河北省分公司诉塞浦路斯瓦塞斯航运有限公司海难救助费用分摊追偿纠纷”案[③]中，中国饲料进出口公司及其保险人中国人民保险公司河北省分公司（以下简称中保公司）以原告已取得保险赔偿，保险人已受让保险代位求偿权为由共同申请将原告中国饲料进出口公司变更为中国人民保险公司河北省分公司。宁波海事法院准许中国人民保险公司河北省分公司以原告身份进入诉讼，并适用中国饲料进出口公司与被告之间约定适用的法律审理案件。至于中国人民保险公司河北省分公司是否获得代位求偿权，那是保险合同约定的范畴，与代位求偿法律关系无关。

从理论上而言，保险人获得代位求偿权后，是处于被保险人的位置，即“站在被保险人的鞋里”[④] 向责任方追偿，应该适用被保险人与责任方之间应适用的法律。保险人与第三人之间的关系是保险法律关系之外的法律关系，应遵循被保险人和第三人之间法律适用的冲突法原则。前述法律关系同保险人与被保险人之间的保险合同法律关系是不同的，如果允许第三人对保险合同的法律适用提出异议，等于允许合同以外的人对合同的法律适用提出异议，这有违合同的相对性原则。对于第三人来说，无论是依据合同约定还是法律规定，其责任和适用的法律都是确定的，只是赔付对象不同，不存在不公平之说。因此，受理保险人行使代位求偿权利纠纷案件的法院应当仅就造成保险事

---

① 《海上保险规定》第 15 条：保险人取得代位请求赔偿权利后，以被保险人向第三人提起诉讼、提交仲裁、申请扣押船舶或者第三人同意履行义务为由主张诉讼时效中断的，人民法院应予支持。2020 年版本没有变化。

② 《海上保险规定》第 16 条：保险人取得代位请求赔偿权利后，主张享有被保险人因申请扣押船舶取得的担保权利的，人民法院应予支持。2020 年版本没有变化。

③ 宁波海事法院民事判决书，（1996）甬海商初字第 207 号。

④ 理论依据是英美法系的“程序代位理论”，即保险人原则上以被保险人的地位行使代位权。参见上海市高级人民法院课题组：《保险代位求偿权纠纷案件的法律适用问题研究》，载《法律适用》2011 年第 5 期。

故的第三人与被保险人之间的法律适用进行确认，与保险合同的准据法无关。

二、代位求偿行为与原因行为法律适用的关系

代位求偿是保险人赔偿了被保险人后法律赋予的一种债权。国外的当事人基于英国法中保险人代位求偿就是“站在被保险人的鞋里”的原则，认为只要被保险人应受某法律适用条款的约束，保险人也应受该法律条款的约束。[①] 英国法律十分强调“合约的相对性”原则，[②] 只允许保险人行使被保险人对有责第三方所拥有的权利，适用被保险人与第三人之间的法律。我国学者也主张，如一人（债权人）对另一人（债务人）依合同具有求偿权，而第三人有向债权人清偿债务的义务，则应依支配债务人向债权人清偿义务的法律决定第三人是否有权对债务人行使原来债权人按其同债务人关系的法律享有的权利。[③] 《罗马 I 规则》第 14 条第 1 款规定：“让与人和受让人之间或代位人和被代位人之间与对第三人（债务人）的债权有关的关系，适用依本规则而适用于使之受约束的合同的法律体系。”可见，国际上关于代位求偿行为适用的法律应依据“被保险人与第三人之间的准据法”的理论观点基本上是一致的。

具体到保险人与第三人之间准据法，应依据不同的原因适用不同的冲突规则。下面通过具体案例来分析这一问题。在“Sucarseco”案[④]中，挪威船舶“Toluma”号和美国船舶“Sucarseco”号发生碰撞，两船互有过失且都有损害。“Toluma”号依据提单中的“杰森条款”

---

① See James Nelson & Sons, Limited v. Nelson Line (Liverpool), [1906] 2 K. B. 217. See also Oriental Fire & General Ins. Co. v. American President Lines, [1968] 2 Lloyd's Rep. 372, (1968) 118 N. L. J. 1126. And also The "*Esso Bernicia*", also known as Esso Petroleum Co. Ltd. v. Hall Russell & Co. Ltd., [1989] 1 Lloyd's Rep. 8, [1989] A. C. 643, [1988] 3 W. L. R. 730, [1989] All E. R. 37, 1988 S. L. T. 874.

② 参见张丽英、赵劲松、赵鹿军编：《中英海上保险法原理及判例比较研究》，大连海事大学出版社 2006 年版，第 205 页。

③ 参见屈广清主编：《海事国际私法新编》，法律出版社 2005 年版，第 241 页。

④ The "*Sucarseco*", [1935] 51 Ll. L. Rep. 238.

宣布共同海损，货主们亦认可了共同海损分摊金额。假如货物保险人依据保险条款承担了分摊责任，那么他向责任方追偿应适用什么法律？

（一）违约关系中代位求偿权的法律适用

如果共同海损事故是承运人不可免责的过失造成的，货方保险人根据保险合同赔偿了被保险人（货方）的损失之后，有权向承运人追偿损失。此时应将运输合同当事人明示选择的法律作为准据法，即保险人与第三人之间的代位求偿权纠纷适用的法律应以被保险人与第三人之间的主合同确定的法律为准据法，通常是提单中确定的准据法，此时的第三人通常是指承运人。如果运输合同中没有约定应适用的准据法，则应该根据合同冲突法原则，适用最密切联系原则确定准据法。在这里有一个问题，那就是保险合同的准据法能否作为确定代位求偿行为准据法的最密切联系因素之一？从理论上讲，保险合同是约束保险人和被保险人权利义务的契约，与被保险人和第三人之间的货物运输关系是完全独立的法律关系。虽然保险人承担了理赔责任后取得了代位求偿权，而使得同一主体处于不同的法律关系中，但是基于合同的“独立性”原则，保险合同的准据法并不能成为确定货物运输关系准据法的参考因素。否则，对于对保险合同毫不知情的第三方而言是非常不公平的。

上述“Sucarseco”案中，共同海损事故是承运人可免责过失造成，保险人依据保险合同中的共同海损赔偿条款支付保险金额后获得代位求偿权，依据运输合同中的“杰森条款”，其无权向“Toluma”号船东要求赔偿，因此该案中不存在违约行为的法律适用问题。

（二）侵权关系中代位求偿权的法律适用

在“Sucarseco”案中，共同海损事故系互有过失的两船碰撞引起，货物所有人无法基于运输合同向承运人要求赔偿，但是无过错货物所有人可以从非承运船舶处获得其相应过失比例的赔偿。在“香港民安保险有限公司与统一和平海运有限公司共同海损分摊费用追偿纠纷”案[①]中，保险人香港民安保险有限公司在赔付了被保险人共同海损分摊额以后，法院支持其向侵权行为人——统一和平海运有限公司追偿其相应责任比例的分摊额。这种情况下应依据侵权冲突法原则来确定应适用的法律。在侵权法律关系中，承运船舶和货物属于一个整体，承运船舶与非承运船舶之间依据冲突法确定的准据法，也是货主与非承运船舶之间应适用的法律。保险人通过代位求偿权完全继承了被保险人（货方）的权利，包括实体权利和程序权利，因此也应依据货主与非承运船舶之间的准据法向非承运船舶进行追偿。

概括而论，可以作为船舶碰撞准据法的选择主要有七种，即侵权行为地法、法院地法、侵权行为地与法院地法、船旗国法、最密切联系地法、意思自治原则确定的准据法、国际公约准据法。[②] 从海事国际私法发展趋势来看，国际公约准据法最具适用价值和生命力，是最能体现公平原则的准据法。[③] 但就现阶段而言，冲突法仍是解决船舶碰撞法律冲突的主要方法。根据各国对国际海事委员会发出的“海事国际私法问题单”的回复，各国对于船舶碰撞的法律适用通常区分为在公海上和在领海或内水两种情况：在公海上发生船舶碰撞通常采用船旗国法或法院地法，在领海或内水通常采用侵权行为地法或法院地法或船旗国法。其中侵权行为地法既能够照顾到侵权行为地所属国家的根本利益，又是维护国家主权的需要，从而成为船舶碰撞损害赔偿案件中的一个基本原则。[④] 这也是我国司法实践中审理船舶碰撞案件的重要原则。

通过对“Sucarseco”案的分析可知，如果共同海损事故发生的原因系船舶碰撞等侵权事件，保险人依据保险合同承担了共同海损分摊之债后，有权向侵权方追偿。此时，有可能涉及两个方面的法律适用——

---

① 上海海事法院民事判决书，（2002）沪海法海初字第 18 号。

② 参见侯军、侯广燕编著：《当代海事法律适用法学》，世界图书出版公司 1998 年版，第 405 页。

③ 参见侯军、侯广燕编著：《当代海事法律适用法学》，世界图书出版公司 1998 年版，第 405 页。

④ See Timothy B. De Sieno, *Choice of Law in Maritime Torts*, Journal of Maritime Law and Commerce 20, No. 3, p. 376 (1989).

违约行为的法律适用和侵权行为的法律适用。船舶碰撞案件中有可能双方都有责任，也可能责任归于一方。如果是双方责任，则货物保险人与承运人之间适用运输合同约定的准据法或者根据合同冲突法原则确定应适用的法律，保险人与第三方之间依据侵权冲突法原则确定准据法。如果责任全部归承运人之外的第三方承担，则保险人只与该第三人之间依据侵权冲突法原则确定代位求偿诉讼的准据法。同样，如果责任全部归承运人承担，则保险人只需依据运输合同约定的准据法或其他冲突法原则确定准据法。

本章小结

理论最终要落实到现实层面，再好的方法如果没有经过实践的检验也是盲目和无效的。本章主要论述实践中共同海损法律冲突如何在相关理论的指导下获得解决的问题，现实中共同海损的法律冲突主要体现在两个层面。

微观层面体现在提单中不同法律选择条款对共同海损法律适用的影响，具体包括首要条款、地区条款、一般法律选择条款和共同海损条款。这些条款或由于适用的范围有限，或因为效力等级的差异，通过分割法和意思自治原则的应用而使得彼此之间的冲突获得解决。当然，无论哪种类型的法律选择条款，都是合同当事人基于法律适用的一种合意，都不得违背相关国家法律的强制性规定，否则会导致约定的无效。同时，管辖权条款对法律选择的制约作用也不容忽视，有时甚至会推翻上述所有的方法理论，而径直适用法院地法，尤其是在英美法系，管辖权的确定往往就意味着准据法的确定，实践中当事人在选择法律时必须重视这一点。

宏观层面是指提单与相关合同之间有关共同海损法律适用的冲突，本书分析了租约与提单之间的法律适用以及共同海损分摊额获赔后的代位求偿权的法律适用问题。上述不同法律关系中合同主体的部分重叠，导致当事人对如何适用法律产生疑惑。笔者着重对租约中法律适用条款并入提单的效力问题做了分析，通过对租约并入提单的范围和措辞是否清楚、租约是否随提单一并转让、并入条款是否与强行法相抵触等三个方面分析了租约法律适用条款并入提单的效力。关于代位求偿权法律适用问题，笔者从代位求偿权与保险合同之间的关系、代位求偿行为与原因行为之间的关系两个角度予以分析，得出结论：代位求偿权一旦成就，便与保险合同无关，而应适用违约或侵权等原因法律关系的准据法。

第五章　中国共同海损法律适用的立法构想

共同海损是海商法中的制度，应受《海商法》的直接调整。共同海损的法律适用问题属于海事国际私法的范畴，《法律适用法》在制定过程中，并未纳入《海商法》的有关具体规定，而是专门对海事海商关系的法律适用问题做出衔接性规定。这表明我国立法倾向于将海事国际私法作为国际私法的一个特殊组成部分，在法律适用上采用一套专门的冲突规范。[①] 据此，《海商法》中对涉外民事关系的法律适用另有特别规定的依照其规定，《海商法》中的特别规定优先于《法律适用法》适用；在《海商法》没有规定的情况下，适用《法律适用法》的相关规定；在《海商法》和《法律适用法》都没有规定的情况下，适用《民法典》等其他民事法律和国际条约的规定；在上述法律都没有规定的情况下，可以适用国际惯例。

第一节　中国共同海损法律适用的立法现状

《海商法》和《法律适用法》对我国共同海损的法律适用问题从宏观和微观两个方面作了规定。

一、共同海损法律适用的原则性立法规定

（一）国际条约的适用

根据国际私法的一般原则，一国缔结或参加某一国际条约，应优先

① 参见丁伟：《论国际海商海事领域法律适用的特点》，载《法学》1997 年第 2 期。

适用条约的规定。[①] 虽然目前在海事冲突法方面没有全球性条约，但存在《罗马公约》《布斯塔曼特法典》等影响广泛的区域性国际私法条约，某些统一实体法条约如《区域全面经济伙伴关系协定》也涉及法律冲突问题的解决。同时，国际统一实体海事条约的数量也逐年增长，而且海商领域还出现了国际条约的效力延伸至非缔约国的现象，这些都体现了海事国际私法发展强烈的统一化趋势。[②] 因此，我国必须重视国际条约在海事冲突法领域的重要作用。国际条约在我国实践中有两种适用情形：一是中国参加的条约在中国直接适用，并且在国内法与其不一致时，具有优先适用的地位；二是条约可以根据意思自治原则通过当事人的选择而获得适用，[③] 但是这种自由选择的前提是内国法律明确规定可以选择。[④]

1. 国际条约的直接适用

《海商法》第 268 条第 1 款[⑤]对国际条约直接适用的情况作了规定。根据上述条款，国际条约要在我国得到直接适用需要具备以下三个条件：（1）我国已经缔结或参加了该条约；（2）条约的规定和我国国内法的相关规定不同；（3）我国没有对该不同条款做出保留。在符合上述三个条件的情况下，条约可以在我国得到优先适用。在共同海损实体法领域，我国并没有加入约束共同海损和与之相关领域的国际统一实体法条约；在冲突法领域，我国也没有加入涉及共同海损法律适用的任何国际海事条约。所以关于共同海损，我国并没有优先适用国际条约的国际义务。

---

① 参见丁伟：《论国际海商海事领域法律适用的特点》，载《法学》1997 年第 2 期。

② 参见侯军、侯广燕编著：《当代海事法律适用法学》，世界图书出版公司 1998 年版，第 208 ~ 213 页。

③ 参见广东省高级人民法院民四庭：《关于涉外民商事关系法律适用的若干问题》，载关正义主编：《海事审判实务研究》，大连海事大学出版社 2006 年版，第 53 页。

④ 《法律适用法解释（一）》第 4 条规定："中华人民共和国法律没有明确规定当事人可以选择涉外民事关系适用的法律，当事人选择适用法律的，人民法院应认定该选择无效。"

⑤ 《海商法》第 268 条第 1 款："中华人民共和国缔结或者参加的国际条约同本法有不同规定的，适用国际条约的规定；但是，中华人民共和国声明保留的条款除外。"

2. 国际条约的选择适用

我国在共同海损领域没有优先适用国际条约的国际义务，并不表示我国在该领域没有适用国际条约的需求。在国际海商海事领域，盛行非缔约国参照和适用国际条约。由于海上货物运输领域的国际条约对承运人的义务有强制性要求，为了法律适用的一致性，非缔约国国家的船东也广泛地援引条约的规定。同时海上货物运输制度和共同海损制度具有密切的牵连关系，这会间接制约共同海损的法律适用。因此，当事人通过意思自治援引国际条约，使我国未缔结的国际海事条约在我国当事人之间也有了适用的空间。审判实践中，不少案件当事人在提单中载明适用我国未加入的《海牙规则》或《汉堡规则》等国际条约，人民法院应如何对待这种情形呢？

《法律适用法解释（一）》第7条①和最高人民法院《关于审理涉外民商事案件适用国际条约和国际惯例若干问题的解释》（以下简称《适用国际条约和国际惯例的解释》）第4条②和第7条③对当事人选择适用我国未加入的国际条约的情况作出了明确的规定。实践中，当事人选择国际条约作为准据法，必须符合一定的条件：（1）当事人选择适用条约的具体形式既可以是书面的，也可以是口头的，但必须是共同的明示选择，这里强调当事人明确表达出来的合意。（2）具体案件的争讼问题属于该国际条约调整的范围，否则无法起到调整案件的作用。（3）当事人的选择不违反我国法律中的强制性规则、国家主权和安全以及公共秩序。（4）被当事人选择的国际条约应是国际统一实体法条约，一般不包括程序法条约和冲突法条约。因为程序法问题通常涉及国家的公共

① 《法律适用法解释（一）》第7条："当事人在合同中援引尚未对中华人民共和国生效的国际条约的，人民法院可以根据该国际条约的内容确定当事人之间的权利义务，但违反中华人民共和国社会公共利益或中华人民共和国法律、行政法规强制性规定的除外。"

② 《适用国际条约和国际惯例的解释》第4条："当事人在合同中援引尚未对中华人民共和国生效的国际条约的，人民法院可以根据该国际条约的内容确定当事人之间的权利义务，但违反中华人民共和国法律、行政法规强制性规定或者损害中华人民共和国主权、安全和社会公共利益的除外。"

③ 《适用国际条约和国际惯例的解释》第7条："适用国际条约和国际惯例损害中华人民共和国主权、安全和社会公共利益的，人民法院不予适用。"

利益，一般不会赋予私方当事人以自治权；而冲突法规则本身没有相应的确定性，不符合当事人期待的一致性要求，当事人一般不会选择适用。①

实践中，当事人在合同中援引对我国尚未生效的国际条约，法院一般会尊重当事人的选择。但法院将对我国尚未生效且无拘束力的国际条约作为裁判依据的理论基础是什么呢？这个问题在2012年《法律适用法解释（一）》制定过程中有三种观点，分别是“外国法律说”、“国际惯例说”和“合同内容说”，② 立法者最终采纳了第三种观点。③ 但是由于国际条约的复杂性，我们不能将其内容简单地等同于当事人之间的合同内容，对我国尚未生效的国际条约很有可能存在对我国不利的条款，因此需要国家立法对此作出明确的限制性规定。根据《适用国际条约和国际惯例的解释》第4条和第7条的规定，适用对我国尚未生效的国际公约不得违反我国的公共利益和强制性法律规定。

（二）国际惯例的选择适用

习惯法在海事国际私法中始终起着举足轻重的作用，现代意义上的海事国际私法肇始于古老的海事习惯法。④ 那些具有生命力的海事习惯法发展至今，大都成为各个领域具有法律功能的国际海事惯例，在国际海事实践中发挥着重要的事实上的调整功能，有效地弥补了国际条约及有关国内法的不足。承认和充分认识国际海事惯例对航运协议和法律的补充作用，大胆而恰当地运用国际海事惯例处理海事争议，不但能稳定航运经济秩序，使法官在法律不健全和合同解释条款不明了、内容不完备的困境中大大得到解放，而且对于海事法律通过法官的司法活动不断

① 参见肖永平：《法理学视野下的冲突法》，高等教育出版社2008年版，第349页。

② “外国法律说”认为，这种情形可以作为当事人约定适用“外国法律”的情形对待。“国际惯例说”认为，可以把这类国际条约视为国际惯例。“合同内容说”认为，这种国际条约构成当事人之间合同的组成部分，据以确定当事人之间的权利义务。参见高晓力：《最高人民法院〈关于适用《中华人民共和国涉外民事关系法律适用法》若干问题的解释（一）〉解读》，载《法律适用》2013年第3期。

③ 参见高晓力：《最高人民法院〈关于适用《中华人民共和国涉外民事关系法律适用法》若干问题的解释（一）〉解读》，载《法律适用》2013年第3期。

④ 参见丁伟：《论国际海商海事领域法律适用的特点》，载《法学》1997年第2期。

得到丰富和发展具有深远的意义。[①] 因此，适当认可国际海事惯例的自治性对于提高我国法律对国际海事实践的适应性、借鉴外国立法的成功经验以及避免我国法律对国际海事领域既存秩序的破坏具有重要意义。[②] 鉴于此，我国立法明确规定了国际惯例的地位。

《海商法》第 268 条第 2 款[③]和《适用国际条约和国际惯例的解释》第 5 条[④]和第 6 条[⑤]对国际惯例在我国的适用做出了明确规定。上述法律条款中的"国际惯例"一词，指的是国际民事交往中形成的各种惯例，主要指国际贸易惯例和国际海事惯例（也称国际航运惯例）。[⑥] 根据我国立法规定，国际惯例在两种情况下可以得到适用：当事人的选择适用和法院的选择适用。

1. 当事人的选择适用

从国际立法的趋势看，任意性的国际海事惯例可以通过当事人的选择而得到适用，因为当事人之间的惯常做法或普遍接受的国际商事惯例或习惯，通常反映了当事人的合理期待。[⑦] 在我国，国际海事惯例能否作为"法律"被当事人选择作为准据法，《海商法》和《适用国际条约和国际惯例的解释》都作出了肯定性的规定。最高人民法院民事审判第四庭颁布的《涉外商事海事审判实务问题解答（一）》也明确肯定涉外

---

① 参见郭春凤：《论航运惯例》，载大连海运学院国际海事法律系编：《海商法论文集》，学术书刊出版社 1989 年版，第 220 页。

② 参见陈亚芹：《有关海事国际惯例的立法思考》，载罗国华主编：《中国海事审判年刊(2007)》，人民交通出版社 2008 年版，第 55 页。

③ 《海商法》第 268 条第 2 款："中华人民共和国法律和中华人民共和国缔结或者参加的国际条约没有规定的，可以适用国际惯例。"

④ 《适用国际条约和国际惯例的解释》第 5 条："涉外民商事合同当事人明示选择适用国际惯例，当事人主张根据国际惯例确定合同当事人之间的权利义务的，人民法院应予支持。"

⑤ 《适用国际条约和国际惯例的解释》第 6 条："中华人民共和国法律和中华人民共和国缔结或者参加的国际条约没有规定的，人民法院可以适用国际惯例。当事人仅以未明示选择为由主张排除适用国际惯例的，人民法院不予支持。"

⑥ 在国际私法范围内，国际惯例依法律规范的性质可分为强制性惯例和任意性惯例。前者是指不需要当事人选择而必须遵守的惯例，后者则是只有经过当事人的选择，才对其有约束力的惯例。本书提到的国际惯例均指任意性国际惯例。

⑦ 参见左海聪：《论统一实体法在国际商事案件中的优先适用》，载《人民法院报》2007 年 11 月 8 日 006 版。

合同当事人可选择的准据法包括“国际公约、国际惯例、外国法或者有关地区的法律”。在司法审判实践中，各法院也一致认为涉外、涉港澳经济纠纷案件的双方当事人在合同中选择适用的国际惯例只要不违背我国的社会公共利益，就应当作为解决当事人间纠纷的依据。例如，在“平安保险诉香港友航货损赔偿纠纷”案中，中国法院在审判中就充分尊重当事人在合同中约定适用国际惯例的意愿。[①]“‘金路’船空载航行共同海损保险索赔纠纷”案中，法院对“船舶空载且不出租的情况”作出了共同海损成立的判决，理由就是《海商法》第193条对船舶空载且不出租的情况没有规定时，根据《海商法》第268条第2款“可以适用国际惯例”，而国际惯例承认船舶空载且在不出租的情况下存在共同海损。[②]“台新海运有限公司（TAI SHING MARITIME CO.，S. A.）与青山控股集团有限公司共同海损纠纷”案中，法官认为：“案涉提单背面记载的共同海损理算条款符合航运实践惯例并具有可操作性，亦不存在加重青山公司责任或排除权利的情形，该条款合法有效。”[③] 因此，国际海事惯例通过当事人的选择作为准据法在我国具有相应的立法依据和司法基础。

2. 法院的选择适用

国际惯例（尤其是国际海事惯例）在我国的法律体系中具有不可忽视的地位和作用。《约安规则》是海事领域非常著名的规范共同海损的国际航运惯例，在事实上起着调整共同海损实体权利义务的功能，实践中经常被当事人确定为调整共同海损法律关系的准据法。

---

① 参见平安保险公司代位诉实际承运人海上货物运输合同货物锈损赔偿案，湖北省高级人民法院民四庭：《关于涉外海事案件适用国际条约、国际惯例和外国法律的调查》，载万鄂湘主编、最高人民法院民事审判第四庭编：《涉外商事海事审判指导》，人民法院出版社2004年版，第141~144页。

② 参见叶伟膺：《空载航程共同海损——兼谈船舶保险条款（共损部分）的修改》，载唐金龙主编：《海商法保险法评论》（第1卷），知识产权出版社2007年版，第99页。又见步玉春：《一起被保险船舶空载航行共同海损保险索赔纠纷案》，载《中国海商法年刊》1998年第0期。

③ 厦门海事法院民事判决书，（2022）闽72民初325号，参见北大法宝：《最高人民法院发布十二个涉外民商事案件适用国际条约和国际惯例典型案例》之案例八。

《海商法》作为我国调整海事领域最重要的单行法律，是确定国际海事惯例在共同海损领域法律地位的主要依据。由于海商法的习惯性起源，其很多条文是对国际海事惯例的纳入和转化。因此，我国《海商法》第十章基本上是对1974年《约安规则》的援引。① 加之《海商法》第268条认可国际海事惯例作为国内法的独立法源，在制定法没有规定的情况下对海事活动具有直接的约束力。

《适用国际条约和国际惯例的解释》第6条进一步明确在我国法律和缔结参加的国际条约都没有规定的情况下，人民法院可以适用国际惯例，并且在人民法院主动选择适用国际惯例的情况下，当事人无权仅以未明示选择为由主张排除适用人民法院选择适用的国际惯例。因此，在司法审判实践中，法院选择适用国际惯例作为案件纠纷的准据法也是具有法律依据的。

（三）公共秩序保留原则的规定

由于国家对经济的干预和对公共利益的关注，国内法上对契约自由限制的同时也引起了在国际私法上对当事人选择法律的充分自由的限制。② 公共秩序保留制度就是这样一种旨在排除外国法适用的制度，它是建立在“最重要的，并几乎会得到世界各国承认”的原则基础之上的。③ 尽管这一无所不能的“解毒剂”应当得到限制性的而不是扩张性的适用，否则冲突法的目的将难以实现，但它确实是必要的且存在于几乎每一个冲突法体系中，④ 是世界各国普遍承认的基本原则。美国等一些发达国家已经开始将公共政策的作用提前至法律选择阶段，并与政府利益分析紧密结合，使之成为选择准据法时所考虑的因素。例如，1972

① See Herbert M. Lord, *The New Chinese Maritime Code*, International Business Law Journal 7, p. 926 (1993).

② 参见傅静坤：《契约冲突法论》，法律出版社1999年版，第87页。

③ 参见［加］威廉·泰特雷：《国际冲突法：普通法、大陆法及海事法》，刘兴莉译，黄进校，法律出版社2003年版，第74页。

④ See Cheshire, North & Fawcett, *Private International Law*, 14th ed., Oxford University Press, 2008, p. 121; See also Dicey & Morris, *Dicey and Morris on the Conflict of Laws*, 13th ed., Sweet & Maxwell, 2000, p. 13 and p. 81. 参见涂广建：《解读我国〈涉外民事关系法律适用法〉》，载《时代法学》2011年第2期。

年的M/S Bremen v. Zapata Off-Shore Co. 案[①]中，美国最高法院判决，无论是根据立法规定还是司法判例，合同中的管辖权条款或法律选择条款如果违反了法院地的公共政策，都是无效的。

“公共秩序”是大陆法系的称谓，英美法系用“公共政策”一词，评论家似乎更愿意把这两个术语看作是同义的，结果是促进了普通法和大陆法之间法律同义的目标，中国学者称为“公共秩序保留”。[②] 在1980年《罗马公约》中，“公共秩序”被用作彼此通用的译文术语。[③] 虽然各国关于这一制度的措辞千差万别，但其目的均在于限制外国法的适用以维护法院地的公共秩序与善良风俗。公共秩序保留机制作为冲突法中的“安全阀”，可以排除与当地法院的基本原则或道德标准有冲突的外国法律的适用。[④] 换言之，当内国法院按照冲突规范本应适用外国法时，如该外国法的适用将与法院地国家的法律的重要原则、国家的根本利益或社会的重大利益相抵触，则内国法院可以据此拒绝适用。也就是说，法院不能适用一项与其社会、法律、道德的基本原则及重大的社会利益相违背的法律，“公共秩序”的内容不仅包括具体的法律规定，还包括抽象的政策。[⑤] 因此“公共秩序”不仅是一个法律概念，还是一个政治概念。

我国《海商法》第276条[⑥]、《法律适用法》第5条[⑦]、《法律适用

---

① M/S Bremen v. Zapata Off-Shore Co. , 407 U. S. 1, 92 S. Ct. 1, 907, 1972 A. M. C. 1407, 32 L. Ed. 2d 513.

② 参见韩德培主编:《国际私法》，武汉大学出版社1989年版，第73页。

③ 参见《罗马公约》第16条：凡依本公约规定所适用的任何国家的法律，只有其适用明显地违背法院地国的公共秩序时，方可予以拒绝适用。

④ A. Mills, *The Dimensions of Public Policy in Private International Law*, Journal of Private International Law 4, p. 201 (2009); See also A. Chong, *The Public Policy and Mandatory Rules of Third Countries in International Contracts*, Journal of Private International Law 2, p. 27 (2006).

⑤ 参见傅静坤:《契约冲突法论》，法律出版社1999年版，第69页。

⑥ 《海商法》第276条：“依照本章规定适用外国法律或者国际惯例，不得违背中华人民共和国的社会公共利益。”

⑦ 《法律适用法》第5条：“外国法律的适用将损害中华人民共和国社会公共利益的，适用中华人民共和国法律。”

法解释（一）》第7条[①]、《适用国际条约和国际惯例的解释》第7条[②]都对公共秩序保留制度作出了规定。作为排除外国法适用的一种手段，公共秩序的含义往往具有一定的相对性和模糊性，很难准确地给予定义，其实际含义随着国家制度的不同、时代的不同而产生巨大的差异。分析上述有关公共秩序保留规定的法律条款可知，我国关于该制度的立法规定有以下特点：(1）在形式上，采取了直接限制的立法方式，《法律适用法解释（一）》还进一步列举了直接限制的范畴，适用明确。(2）在标准上，我国采取了“结果说”，即只有适用外国法或国际惯例的结果有损我国公共利益的，方可排除适用，这样可以防止公共秩序的滥用。(3）在内容上，我国的公共秩序保留条款不仅指向外国法律，还指向国际惯例。(4）在名称上，我国立法用“社会公共利益”来表述公共秩序保留制度，过于简单、模糊，不够清晰。2024年实施的《适用国际条约和国际惯例的解释》已经意识到了单纯用“社会公共利益”的表述范围过窄，采用了“主权、安全和社会公共利益”的表述，从内容上进一步拓展了公共秩序的内涵。

（四）当事人意思自治原则、最密切联系原则和分割法的规定

在涉外合同纠纷案件中，最典型的就是涉外海商合同纠纷案件。法院在处理这类案件时，适用何国法律是首先要解决的问题，运用什么方法来解决法律适用问题则是法官们首先必须要掌握的。笔者曾统计过2002年至2013年各地法院对于涉外案件选法方法，具体统计情况见表7：

---

① 《法律适用法解释（一）》第7条：“当事人在合同中援引尚未对中华人民共和国生效的国际条约的，人民法院可以根据该国际条约的内容确定当事人之间的权利义务，但违反中华人民共和国社会公共利益或中华人民共和国法律、行政法规强制性规定的除外。”

② 《适用国际条约和国际惯例的解释》第7条：“适用国际条约和国际惯例损害中华人民共和国主权、安全和社会公共利益的，人民法院不予适用。”

表 7　我国各地法院涉外海事案件选法方法情况统计

选法方法	具体案件	
意思自治原则	1	（2013）广海法初字第 681 号
	2	（2012）广海法初字第 270 号
	3	（2004）广海法初字第 321 号
	4	（2011）广海法初字第 412 号
	5	（2013）闽民终字第 1072 号
	6	（2012）辽民三终字第 15 号
	7	（2007）青海法海商初字第 116 号
	8	（2009）粤高法民四终字第 296 号
	9	（2012）甬海法商初字第 40 号
	10	（2002）沪高民四（海）终字第 110 号
	11	（2004）广海法初字第 59 号
	12	（2008）广海法初字第 402 号
	13	（2005）武海法商字第 255 号
	14	（2013）广海法初字第 61 号
	15	（2012）广海法初字第 239 号
	16	（2012）广海法初字第 182 号
	17	（2011）广海法初字第 601 号
	18	（2013）津高民四终字第 13 号
	19	（2009）津高民四终字第 574 号
	20	（2013）津高民四终字第 4 号
	21	（2013）津高民四终字第 0054 号
	22	（2008）津高民四终字第 58 号
	23	（2013）广海法初字第 494 号
	24	（2011）津高民四终字第 0163 号
	25	（2011）广海法初字第 666 号
	26	（2012）浙海终字第 157 号
	27	（2013）浙海终字第 28 号
	28	（2011）青海法海商初字第 273 号
	29	（2011）青海法海商初字第 85 号
	30	（2011）广海法初字第 667 号
	31	（2013）广海法初字第 479 号

续表

选法方法		具体案件
最密切联系原则	1	（2010）粤高法民四终字第84号
	2	（2013）津高民四终字第34号
	3	（2010）津高民四终字第0012号
	4	（2011）青海法海商初字第176号
	5	（2012）青海法海商初字第309号
分割法	1	（2009）粤高法民四终字第65号
	2	（2003）甬海商初字第353号
	3	（2013）津高民四终字第91号
援引一般冲突规范	1	（2010）津高民四终字第109号
没有说明理由（径直适用中国法）	1	（2011）闽民终字第169号
	2	（2006）沪高民四（海）终字第23号
	3	（2012）浙海终第145号
	4	（2013）浙海终字第97号
	5	（2010）民提字第213号
	6	（2013）津高民四终字第24号
	7	（2009）津高民四终字第13号
	8	（2013）广海法初字第34号
	9	（2013）浙海终字第33号
	10	（2013）浙海终字第46号

注：本表格选取了2002年至2013年我国法院审理的50件涉外海事案件的裁判文书作为样本进行统计，案件来源于中国涉外商事海事审判网，http：//www.ccmt.org.cn，2013年12月11日最后访问。2022年，最高人民法院将原“中国涉外商事海事审判网”和“海事审判工作平台”升级为“中国海事审判网”，网址为https：//www.ccmt.org.cn/。

从表7的统计中我们可以得出关于涉外海事案件现状的两点初步结论：第一，从涉外案件的法律选择方法看，法院运用的最多的是意思自治原则，有31件，占62%；其次为没有说明理由（径直适用中国法），有10件，占20%；适用最密切联系原则的有5件，占10%；采用分割法的有3件，占6%；尚有1件占2%的案件援引了一般冲突规范。这表明我国法院能够运用不同的法律选择方法（80%）来处理涉外海事案件。第二，意思自治原则在我国司法实践中具有非常突出的地位，无论是当事人还是法院都充分认可了该原则在涉外海事案件中的重要作用；最密切联系原则的适用相对较少，这既与最密切联系原则在我国的“补遗性”地位有关，[①] 也与该原则缺乏明确性有关，但随着“特征性履行”原则的引入，该原则的适用情况会有所改观；分割法在我国立法上确立得相对较晚，实践中一般都是伴随着意思自治原则和最密切联系原则而获得适用，随着立法对该原则的明确肯定，分割法将获得日趋广泛的应用。上述推论符合涉外海事审判立法和司法的国际发展趋势，具体到共同海损领域，同样应顺应这一趋势。

1. 当事人意思自治原则是解决共同海损法律冲突的首要原则

《海商法》第269条第1句[②]、《法律适用法》第3条[③]和第41条第1句[④]都明确了意思自治原则是确定涉外合同准据法的首要原则。只要不逾越“法律规定”这一限制，即在我国法律所准许的范围内，当事人无不可以明示地协议选择涉外民事关系所应适用的法律，即便该法律与合同并没有实质性的联系。世界上还没有哪个国家的国际私法立法将当事人意思自治原则置于如此突出的地位，并在如此广泛的领域准许当事人协议选择涉外民事关系所应适用的法律。[⑤]

在共同海损的法律适用问题上，我国《海商法》也强调意思自治原则的应用，该法第203条规定：“共同海损理算，适用合同约定的理算规则……”当海运合同或提单中订有共同海损条款时，意思自治原则应首先得到尊重。共同海损冲突法领域适用最广泛的《约安规则》亦

① 我国立法将最密切联系原则作为一项补遗性原则，即在法律对涉外民事关系的法律适用没有规定，当事人亦没有约定的情况下，起到补充适用的作用。

② 《海商法》第269条第1句：“合同当事人可以选择合同适用的法律，法律另有规定的除外。”

③ 《法律适用法》第3条：“当事人依照法律规定可以明示选择涉外民事关系适用的法律。”

④ 《法律适用法》第41条第1句：“当事人可以协议选择合同适用的法律。”

⑤ 参见陈卫佐：《涉外民事关系法律适用法的中国特色》，载《法律适用》2011年第11期。

是通过当事人的合意选择而实现，从而回避了其自身的任意属性。因此，意思自治原则在共同海损冲突法中具有广泛的适用空间。

2. 最密切联系原则是解决共同海损法律冲突的补充原则

《海商法》第269条第2句①、《法律适用法》第2条第2款②赋予了最密切联系原则明确的法律地位。《法律适用法》第41条③还将“履行义务最能体现该合同特征的一方当事人经常居所地法律”明确规定为“与该合同有最密切联系的法律”之一，从而首次将“特征性履行说”正式引进了我国涉外民事关系法律适用法，进一步将最密切联系原则具体化，这正是对现行司法解释的相关补充规则的制定法化。④

《海商法》中“共同海损理算，适用理算地法律”的法律规定，是最密切联系原则在共同海损领域的具体应用。理算是一项需要具备专业技术的复杂的工作，适用理算师熟悉的理算法律和规则是及时、顺利理算的重要保证。通常船东指定的理算师在没有特别约定的情况下会适用理算地的法律，理算地系与海损理算联系最密切的因素之一，所以适用理算地法是最密切联系原则的具体体现。考虑到共同海损法律关系不断发展且日益复杂的特性，应考虑适当提升最密切联系原则在解决我国共同海损法律冲突问题中的地位。

3. 分割法的运用

分割法通过《法律适用法解释（一）》第11条⑤的规定在我国立法中得到了明确的宣示，该方法也已为我国司法实践所广泛接受。

---

① 《海商法》第269条第2句：“当事人没有选择的，适用与合同有最密切联系的国家的法律。”

② 《法律适用法》第2条第2款：“本法和其他法律对涉外民事关系法律适用没有规定的，适用与该涉外民事关系有最密切联系的法律。”

③ 《法律适用法》第41条第2句：“当事人没有选择的，适用履行义务最能体现该合同特征的一方当事人经常居所地法律或者其他与该合同有最密切联系的法律。”

④ 参见陈卫佐：《比较国际私法——涉外民事关系法律适用法的立法、规则和原理的比较研究》，法律出版社2012年版，第260页。

⑤ 《法律适用法解释（一）》第11条：“案件涉及两个或者两个以上的涉外民事关系时，人民法院应当分别确定应当适用的法律。”

在“华埠经济贸易公司与中国外运山东威海公司等船舶进口代理合同、废钢船买卖合同纠纷”案[①]中，法院认为：“当事人合同事实均在中国境内，应适用中国法，但涉案船舶系从俄罗斯进口，部分证据源于俄国，故有关船舶所有权的转移及源于俄国的证据的效力，应适用中俄双边条约。”在“中国·江苏省轻工业品进出口集团股份有限公司诉中国·江苏环球国际货运有限公司等海上货物运输合同纠纷”案[②]中，武汉海事法院认为，当事人在提单首要条款中约定适用的美国《1936年海上货物运输法》并未规定承运人能否不凭正本提单向记名收货人交付货物问题，应认定为选择的法律只调整合同当事人的部分权利义务关系；对合同的其他争议事项的处理没有选择适用的法律，因此，应依照最密切联系原则确定其所适用的法律。[③]

上述两案法院较好地采用了分割法，在区分不同法律关系的基础上适用了不同法律，这种司法实践与晚近国际私法的立法趋势相一致，体现了追求法律适用“明确性”与“灵活性”的最大平衡的精神。[④]

2013年后各地法院在审理涉外民商事法律纠纷时，关于法律适用问题，基本上还是以意思自治原则和最密切联系原则相互补充的方式确定涉外案件应适用的法律。只不过随着强调国家利益的保护，在公共秩序保留方面作出了更为宽泛的规定，以留给审判者更多的自由裁量空间，确保国家利益和社会公共利益不会因为法律适用问题而受到侵害，这也是私法研究的应有之义。

二、共同海损法律适用的具体性立法规定

在通过缔结国际公约等实体统一规范存在重重困难的情况下，通过

---

① 参见华埠经济贸易公司与中国外运山东威海公司等船舶进口代理合同、废钢船买卖合同纠纷案，载《最高人民法院公报》2000年第3期。

② 武汉海事法院民事判决书，（1999）武海法宁商字第80号。

③ 参见许俊强：《析无单放货纠纷的法律适用》，载金正佳主编：《中国海事审判年刊（2004）》，人民交通出版社2005年版，第338页。

④ 参见黄进、杜焕芳：《关于我国法院审理涉外海事案件适用法律情况的分析》，载金正佳主编：《中国海事审判年刊（2004）》，人民交通出版社2005年版，第332页。

国内立法制定冲突规范来解决法律冲突是一种被普遍采用、切实可行的有效方法。我国目前没有单行的海事法律适用规范，最直接规定共同海损法律适用的规范是 1993 年施行的《海商法》第十章“共同海损”和第十四章“涉外关系的法律适用”中的相关规定。根据《法律适用法》第 2 条第 1 款“……其他法律对涉外民事关系法律适用另有特别规定的，依照其规定”的规定，《法律适用法》与《海商法》有关共同海损的立法规定是一般法与特别法的关系，即有关共同海损的法律关系，优先适用《海商法》的规定；在《海商法》没有相应规定时，补充适用《法律适用法》或其他法律的有关规定。所以下面主要以《海商法》中有关共同海损法律适用的规定进行分析，具体条款有两条，即第 274 条和第 203 条。

（一）对《海商法》第 274 条的分析

《海商法》第 274 条规定：“共同海损理算，适用理算地法律。”

1. “共同海损理算”范畴的争论

《海商法》第 274 条的“共同海损理算”的范畴究竟有多大，我国理论界存在不同的观点，主要观点不外乎“严格解释”和“扩大解释”两种。

持严格解释立场的学者认为，《海商法》第 274 条中的“理算”应作狭义的解释，共同海损理算和共同海损分摊是分立的两个重大问题。共同海损理算解决的是各受益方具体分摊数额的问题，其不受当事人是否存在过失的制约；共同海损分摊解决的是共同海损损失和费用能否分摊以及如何进行分摊的问题，其与当事人的过失具有密切的关系。同时，船方所采取的措施是否构成共同海损行为也不是共同海损理算规则所能解决的问题。[①] 也就是说，共同海损理算只是共同海损制度中的一个具体的方面，与共同海损其他法律关系之间是一种独立并行的关系。共同海损理算准据法的调整范围应只限于有关共同海损理算的业务，而

① 参见司玉琢：《海商法专论》，中国人民大学出版社 2007 年版，第 677 ~ 678 页。

不包括共同海损诉讼案件的法律适用。[①]

做扩大解释的学者则认为，《海商法》第274条中的“共同海损理算”代表了“共同海损”的全部，即“共同海损理算”的法律适用包括了共同海损成立、理算、分摊等一系列法律关系所适用的法律。该观点认为理算依据的规则中对共同海损成立的条件、共同海损的范围以及分摊标准等均有规定，即理算业务几乎包括了有关共同海损的所有问题，因此应对“共同海损理算”一词做广义解释，其准据法应适用于共同海损的各个方面，而不仅仅限于理算程序。[②] 司法实践中也有法院持此种观点，在“海南华联轮船公司诉广西国际合作经贸公司、中国人民保险公司广西壮族自治区分公司共同海损分摊纠纷”案[③]中，原告因被告拒绝承担共同海损分摊额而提起诉讼，北海海事法院主张，可参照《海商法》第274条“共同海损理算，适用理算地法”的规定，对共同海损的成立以及有关共同海损分摊的诉讼都适用共同海损理算地法律。

2. “共同海损理算”范畴的分析

从《海商法》第274条本身分析，在当事人没有约定的情况下，“理算地法律”一般指的是航程终止地或航程中断地的法律。“理算地”之所以能成为共同海损案件法律适用的一个连接点，是因为在共同海损理算过程中，该地有利于对残存船货价值以及分摊金额的确定，但其并不一定是确立共同海损是否成立、共同海损分摊以及共同海损追偿的最佳地点。根据最密切联系原则，“理算地法律”对于共同海损理算具有非常重要的意义，是确定共同海损理算的最合适的法律之一。但是通过上述分析我们可以得知，该地点也只能是理算的最合适的法律，对于共同海损的其他法律关系来说并非如此。实践中，当根据合同约定共同海损理算适用理算地规则时，对整个共同海损案件审理的法律适用，在没有当事人约定的情况下，常常适用的是法院地法，而不是共同海损的理算地法，法院并不把共同海损的理算和对共同海损案件的审理作为同一

---

① 参见禹华英：《论海事国际私法中的法律适用》，载《现代法学》1998年第3期。

② 参见屈广清主编：《海事国际私法新编》，法律出版社2005年版，第138页。

③ 参见北海海事法院民事判决书，（2000）海商初字第054号。

法律来适用。[①] 所以，《海商法》第 274 条中的“共同海损理算”应该是指狭义的理算，而不是指整个共同海损案件的处理。

共同海损和共同海损理算是不同的两个概念。共同海损是一项法律制度，包含着十分复杂的海事法律关系，是由共同海损行为、共同海损损失、共同海损理算及共同海损分摊等内容构成的海商法特有的一种损害负担法律制度。[②] 从范畴上来说，共同海损包括共同海损成立、理算、分摊、追偿等一系列法律关系，共同海损理算只是处理共同海损案件的具体步骤之一，虽然该步骤在共同海损制度中最具有技术性，但是它不能代替所有的共同海损法律关系。所以《海商法》第 274 条中的“共同海损理算”是狭义的概念，该条仅确定了“共同海损理算”的法律适用，其调整的范围不包括共同海损的其他法律关系，因为单一的理算地法律并不能必然适用并解决所有的共同海损法律冲突。

（二）对《海商法》第 203 条的分析

《海商法》第 203 条[③]是第十章“共同海损”中的条款，所以条款后半部分的“本章”是指第十章。分析该条款，以下几个问题需要明确。

1. “共同海损理算”的范畴

笔者认为，《海商法》第 203 条中的“共同海损理算”指的是狭义的“理算”，具体有以下理由：第一，《海商法》第十章都是有关共同海损理算金额及各方权利义务的内容，也就是狭义的共同海损理算所包含的内容，《海商法》第 203 条是第十章中的条款，所以与该章的内容相对应，该条应是指狭义的“共同海损理算”。第二，《海商法》第 203 条后半部分规定“合同未约定的，适用本章的规定”，即在合同中没有对共同海损理算应适用的法律作出约定的情况下，应适用《海商法》

---

① 参见司玉琢：《海商法专论》，中国人民大学出版社 2007 年版，第 678 页。

② 参见胡正良主编：《海事法》（第 2 版）（修订本），北京大学出版社 2012 年版，第 243 页。

③ 《海商法》第 203 条：“共同海损理算，适用合同约定的理算规则；合同未约定的，适用本章的规定。”

第十章的规定。分析整个第十章的内容全部是关于共同海损理算的规定，也就是说《海商法》第203条当事人如果作了约定，也仅仅是关于理算的法律适用，如果超出该范围，则不是第十章所能解决的问题了。从这一点上看，“共同海损理算”也仅仅是指“理算”而已。第三，从立法的统一性原则出发，《海商法》第274条中的“共同海损理算”指的是狭义的“理算”，同一部法律中的第203条的“共同海损理算”自然也应与其一致对应，否则将导致法律体系的混乱。

2.《海商法》第203条的优点与不足

运输合同的当事方同时也是共同海损的当事方，所以大量的海运合同或提单中对共同海损理算适用的法律都作出了约定，适用最广泛的是1864年制定、后经多次修改的《约安规则》。《海商法》第203条的前半部分“共同海损理算，适用合同约定的理算规则”的规定，充分尊重了当事人的意思，符合共同海损理算实践的客观需要和冲突法的发展趋势。《海商法》第203条的后半部分规定“合同未约定的，适用本章的规定”，即如果当事人未在合同中对共同海损理算准据法作出特别的约定，那有关共同海损理算的法律关系应该适用我国《海商法》第十章的规定。我国《海商法》第十章都是有关理算的具体规定，其基本上是对1974年《约安规则》的转化，全部是任意性规范，能够较好地解决共同海损理算的具体问题。

从性质上看，《海商法》第203条是一条冲突法规范，解决的是共同海损理算的法律适用问题，而第十章是关于共同海损理算实体法的规定，第203条作为冲突规范放在该章，从体系上讲是不妥当的。尤其是在《海商法》第十四章有专门关于共同海损理算的法律适用的规定的情况下，第203条无论是在体系上还是在内容上，都存在问题。

我国海事法律适用法在立法上已初具规模。具体到共同海损的法律适用规定，虽然原则性较完善，但具体条款较少，仅在《海商法》中有两条，且这两条规定还存在立法范围狭窄，前后规定不一致等问题，难以满足实践的需要。在具体规定不足的情况下，只能依靠《海商法》或其他法律的原则性规定来确定共同海损的准据法。这种做法虽然能够在一定程度上弥补我国法律规定不足的缺陷，但是在具体司法实践中易引发适用混乱，不利于共同海损纠纷的解决。鉴于此，我国海事法律适用法的立法应该兼顾原则性与灵活性，针对错综复杂的海事关系制定较为全面、细致的法律适用规则，以适应我国涉外海事关系不断发展的实际需要。因此，完善我国《海商法》中有关共同海损法律适用的具体规定是及时、顺利地解决共同海损纠纷的重要前提。

第二节 中国共同海损法律适用的立法不足

我国现行立法通过设立特别的法律冲突规则和对一般法律原则的沿用，已经初步确立了解决共同海损法律冲突的法律适用规定，但基于共同海损法律关系的复杂性以及立法技术固有的局限性，现有的共同海损法律适用规范仍难免存在这样或那样的瑕疵。[①]

一、法律规范之间存在冲突

我国现有的关于共同海损制度的法律规范之间，既有同一部法律内部规定的冲突，也有不同法律规范之间的冲突。这些冲突既涉及冲突规范，也涉及实体规范。

（一）同一部法律内部规定的冲突

1.《海商法》第203条和第274条的冲突

《海商法》第十章是关于共同海损实体法的规定，该章第203条[②]从性质上看，是一条有关共同海损理算的冲突规则，规定当事人可以就共同海损理算的法律适用在合同中进行约定，如果合同没有约定，则按照《海商法》第十章的规定。该条说明《海商法》第十章的适用规定

---

① 参见陈亚芹：《从实证的角度看我国现行海事冲突规范的几个问题及其解决》，载罗国华主编：《中国海事审判年刊（2006）》，人民交通出版社2007年版，第69页。

② 《海商法》第203条："共同海损理算，适用合同约定的理算规则；合同未约定的，适用本章的规定。"

是任意性质的，当事人可以约定排除适用。

《海商法》第十四章“涉外关系的法律适用”，是有关海事法律关系冲突法的集中规定。该章第274条规定：“共同海损理算，适用理算地法律。”该条同样是有关共同海损理算的冲突规范，连接点单一，规定得直接明确。

《海商法》第203条和《海商法》第274条都是有关共同海损理算法律适用的冲突规范，但是第274条规定直接适用理算地法律，第203条依据现代合同冲突法规则，首先适用当事人约定适用的法律，在没有约定的时候适用我国《海商法》中有关共同海损的实体法规定。关于如何解决二者之间的冲突，有学者认为应根据条款在《海商法》中的不同位置进行判断。由于第274条规定在“涉外关系的法律适用”一章中，应该首先得到适用；如果根据该条确定的准据法为我国法律时，则再根据第203条的规定，即合同有约定的依约定，无约定的适用《海商法》第十章的规定。[①] 笔者认为，这种协调方法或者说对二者关系的解释并不妥当。首先，无论是第203条还是第274条，虽然分属不同章节，但均为冲突规范，在法律没有明确规定的情况下，优先适用第274条再适用第203条的理由并不充分。其次，如果依据第274条优先于第203条的观点适用法律，会得出“依据冲突规范指引确定的准据法包括冲突法”的结论。目前大多数国家或地区的立法都认可在合同领域内不存在反致，[②] 即依据冲突规则指向的法律仅限于实体法，不包括冲突规则，这样可以增加准据法确定中的确定性和可预见性。[③] 根据第274条“共同海损理算，适用理算地法”的冲突规范，指引确定的“理算地法”是指理算地的实体法。而第203条仍然是一条冲突规范，不应包括

---

① 参见屈广清主编：《海事国际私法新编》，法律出版社2005年版，第137页；又见龚轶：《论海事关系的法律适用》，吉林大学2004年硕士学位论文。

② 比如英国、法国、美国以及欧盟等，都否认合同领域中的反致制度。参见许军珂：《国际私法上的意思自治》，法律出版社2006年版，第36～37页；又见丁伟主编：《国际私法学》，上海人民出版社2004年版，第111页。我国在合同实践中也排斥反致制度，参见丁伟主编：《国际私法学》，上海人民出版社2004年版，第113页。

③ 参见陈卫佐：《涉外民事法律适用法的立法思考》，载《清华法学》2010年第3期。

在“理算地法”的范围内。

也有学者驳斥“第 274 条的效力优先于第 203 条”的观点，理由是共同海损理算的规则适用和共同海损理算的法律适用不是同一概念，第 203 条的规定针对的是规则而不是法律；第 274 条规定共同海损理算应该适用的是法律而不是规则。[①] 笔者认为该观点也有待商榷，首先，规则在共同海损领域通常是指《约安规则》，《约安规则》的法律属性是国际惯例，国际惯例属于国际私法的渊源之一，也是法律的一种，[②] 将“规则”和“法律”对立的观点与国际主流观点不符。其次，依据该观点，第 203 条规定共同海损理算首先适用当事人约定的规则，而第 274 条规定直接适用理算地法，到底谁先谁后？理由是什么？上述观点并没有给出结论，仍然无法解决共同海损理算法律适用的冲突。

2. 《海商法》第 269 条和第 274 条的冲突

中国国际私法立法和实践并不主张推定当事人意图，而是在当事人没有明确选择法律的情况下，按照最密切联系方法选择法律。[③] 这样的立法规定能够避免默示推定所带来的混乱和不确定性。《海商法》第 269 条[④]在没有当事人选择的情况下，直接采用了“与合同有最密切联系国家的法律”的原则，似乎没有明确默示或推定的选择，这是值得称道的。[⑤]《海商法》第 274 条却直接规定：“共同海损理算，适用理算地法律。”

上述两条都是规定在《海商法》第十四章“涉外关系的法律适用”中，从体系上说，二者的效力及法律地位应该是一样的。从该章的规定看，上述两条应该属于任意性规定。也就是说，共同海损理算并不是必

---

① 参见傅廷中：《海商法论》，法律出版社 2007 年版，第 572 页。

② 参见丁伟主编：《国际私法学》，上海人民出版社 2004 年版，第 39 页。

③ 参见袁发强：《中国涉外海事仲裁中法律适用状况评析》，载《华东政法大学学报》2009 年第 4 期。

④ 《海商法》第 269 条：“合同当事人可以选择合同适用的法律，法律另有规定的除外。合同当事人没有选择的，适用与合同有最密切联系的国家的法律。”

⑤ 参见［加］威廉·泰特雷：《国际冲突法：普通法、大陆法及海事法》，刘兴莉译，黄进校，法律出版社 2003 年版，第 720 页。

须适用理算地法律，否则，第269条规定的“合同当事人可以选择合同适用的法律”就失去了意义。但是，第269条规定的“法律另有规定的除外”中的“另有规定”应属于强制性规定，因为只有强制性法律规定才能排除当事人的合意，否则当事人意思自治原则就失去了适用空间。因此，第274条无法排除第269条的适用，二者并行不悖地适用于共同海损理算。既然如此，在共同海损理算案件中，是应该适用当事人选择的法律，还是应该适用理算地法律呢？

《海商法》在规定了第269条的前提下，规定第274条的目的是否可以理解为：从有利于共同海损理算的角度出发，理算地是与共同海损理算联系最密切的连接因素之一，适用该地的法律有利于理算工作的顺利进行，因此根据最密切联系原则确定共同海损理算适用理算地法律。换言之，共同海损理算首先适用当事人选择的法律；当事人没有选择的，适用理算地法。但是这种解释也存在问题，首先，根据最密切联系原则最终选定的并不一定是理算地法。其次，根据《海商法》第203条的规定，“合同未约定的，适用本章（《海商法》第十章）的规定”，而《海商法》第十章的规定并不一定就是理算地法。

从第十四章的立法本意看，第269条应该是对海事合同冲突法的总则性规定，第274条则是对共同海损理算法律适用的直接规定。但是由于共同海损本身具有契约的法律属性，也适用海事合同冲突法的适用原则，所以在出现上述不一致规定的情况下，如何适用法律就有些无所适从。

（二）不同法律和规则之间的冲突及发展

2022年以前，我国有关共同海损及其法律适用的相关规定主要体现在《海商法》和1975年《中国国际贸易促进委员会共同海损理算暂行规则》（以下简称《北京理算规则》，已废止）中；2022年以后，《北京理算规则》被《中国国际贸易促进委员会共同海损理算规则》取代。国际上相关规定主要体现在《约安规则》[①] 中，所以笔者将重点结

① 由于我国《海商法》第十章主要是对1974年《约安规则》的采纳，所以此处的《约安规则》是指1974年《约安规则》。

合上述法律和规则进行分析。

1. 《海商法》的规定

《海商法》第197条①是关于共同海损分摊与过失关系的规定，其基本上引自1974年《约安规则》字母规则D。关于分摊与过失的关系，理论界一直存在争议。

有学者认为，在决定共同海损损失分摊时，如果确定航程中某一方确实存在不可免责的过失，则非过失方可以拒绝参加分摊。② 该观点不承认承运人在犯有不可免责过失的情况下，有要求非事故方分摊共同海损的权利。也有学者认为，《约安规则》中已经明确了“不得影响其在共同海损中进行分摊的权利”，即过失不影响分摊，分摊之后货方保留向过失方追偿的权利。也就是说，考量当事方是否有过失不应在分摊阶段。③ 观点之争的焦点围绕在“抗辩”的对象是“分摊权”还是“追偿权”的问题上。

（1）“抗辩”是对“分摊权”的抗辩。可能受英国判例法的影响，一提到过失引起的共同海损，有人就将其分为可免责过失引起的共同海损和不可免责过失引起的共同海损，对前者共同海损分摊之债可成立，对后者“法律不承认过失方有要求非过失方分摊共同海损的权利”④。依照该观点，对《海商法》第197条的理解是，可以在推定各方都没有过失的情况下先进行共同海损理算；理算结束之后，在决定是否可以要求其他方分摊时，则要考虑共同海损与当事人的过失关系。如果事故系当事一方的过失所致，则非过失方可以拒绝分摊。我国司法实践中有案

① 《海商法》第197条：“引起共同海损特殊牺牲、特殊费用的事故，可能是由航程中一方的过失造成的，不影响该方要求分摊共同海损的权利；但是，非过失方或者过失方可以就此项过失提出赔偿请求或者进行抗辩。”

② 参见邹志洪主编：《海上保险追偿法律与实务》，首都经济贸易大学出版社2011年版，第152页。又见韦经建编著：《海商法》（修订版），吉林人民出版社1996年版，第379～380页。

③ 参见胡正良主编：《海事法》（第2版）（修订本），北京大学出版社2012年版，第364页。

④ 参见韦经建编著：《海商法》（修订版），吉林人民出版社1996年版，第379～380页。又见司玉琢主编、傅廷中等撰稿：《海商法》（第2版），法律出版社2007年版，第318页。

件判决持上述观点。在“韩进海运有限公司诉山东中粮国际仓储运输公司等危险品货物运输纠纷”案[1]中，青岛海事法院对《海商法》第 197 条的理解是：当引起共同海损的事故系承运人可以免责的过失造成时，则各受益方均依法接受共同海损的分摊；当引起共同海损的事故系航程中某方不可免责的过失造成时，该过失方不但无权要求他方分摊损失，还须对他方因此事故所遭受的相关损失承担赔偿责任。在福建“畅达船务马尾公司诉烟台华联商厦对外经济开发总公司等共同海损分摊纠纷”案[2]中，原告船东宣布共同海损，被告货方抗辩承运人没有尽到保证按期航行和使船舶适航的义务，共同海损的费用是由于原告不能免责的过失所造成的，拒绝分摊。广州海事法院认可了被告的观点，认为原告并没有证明自己本身的过失可以免责，无权要求其他方分摊共同海损。

上述观点及案例对《海商法》第 197 条中的“抗辩”一词的理解是，该“抗辩”是针对共同海损分摊权的抗辩，一方不可免责的过失导致的危险不存在共同海损问题，或者更确切的说法应该是有过失方不能请求共同海损分摊。[3] 非过失方可以就过失方要求分摊的权利提出“抗辩”。

（2）“抗辩”是对“追偿权”的抗辩

“抗辩”是对“追偿权”的抗辩的观点认为：《海商法》第 197 条的规定未对“过失”进行区分，既未排除可免责的过失，也未排除不能免责的过失，而是规定所有过失引起的共同海损分摊权都不受影响，就如同没有过失一样要进行理算和分摊。也就是说，宣布共同海损，要求共同海损分摊的权利只是请求权，而不是胜诉权。过失方可能因为过

① 青岛海事法院民事判决书，（2001）青海法海商初字第 140 号。参见金正佳主编：《中国海事审判年刊（2003）》，人民交通出版社 2004 年版，第 430～446 页。

② 参见最高人民法院中国应用法学研究所编：《人民法院案例选》（海事·交通运输卷）（1992－1999 年合订本），中国法制出版社 2000 年版，第 436～442 页；又见《“铨宝湖”轮共同海损分摊纠纷案》，载金正佳主编：《中国典型海事案例评析》，法律出版社 1998 年版，第 565～571 页。

③ Grant Gilmore & Charles L. Black, *The Law of Admiralty*, 2nd ed., The Foundation Press, Inc., 1975, p. 266.

失而失去胜诉权，但其请求权仍然是存在并可行使的。

过失不影响分摊，但是过失引发的共同海损，非过失方有权追偿。在航运实务中，船方采取挽救措施后，通常都会宣布共同海损，要货方提供共同海损担保和签署共同海损协议，对船方保证一旦理算结果出来后，按理算书分摊货物共同海损分摊额。现实中确实存在货方以不适航为由加以拒绝的情形，这时船方就会行使货物留置权迫使货方就范，使货方处于不利的地位，因此，从立法上规定货方有索赔权加以保护。[①]货方要求赔偿的请求并不总是合理的，立法规定过失方有权抗辩，这种抗辩是针对已经分摊的共同海损之债要求赔偿的抗辩，而不是非过失方对分摊的抗辩，是立法对船方的保护。将“抗辩”理解成是对“追偿权”的抗辩，既有对货方的保护，也有对船方的照顾，体现了共同海损制度的公平原则。

“抗辩”是对“追偿权”的抗辩的观点对《海商法》第 197 条的解释是：过失引发的共同海损分摊权不受影响，这种分摊权不妨碍非过失方向过失方的索赔权，也不妨碍过失方对非过失方索赔要求的抗辩。根据我国《海商法》第 197 条的规定，过失一方的共同海损分摊请求权不受影响，包括免责的过失和不能免责的过失，这实际上是采取了对过失不问的态度。实践中也有案例判决持上述观点，“明阳船务有限公司、志成船务有限公司诉中国人民保险公司共同海损分摊纠纷”案[②]中，被告以原告船舶不适航为由拒绝分摊共同海损。法院指出，我国《海商法》第 197 条中所指的“抗辩”是承运人对被分摊方提出的赔偿要求的抗辩，而并非被分摊方对承运人要求分摊的抗辩，承运人有权要求分摊共同海损金额。最终法院根据“先理算、后分摊”和“先分摊、后追偿”的原则处理了案件。

《海商法》第 197 条基本上是对 1974 年《约安规则》的转化，与

---

① 参见［日］加藤修：《国际海上运输货物保险实务》，周学业、王秀芬译，大连海事大学出版社 1995 年版，第 372 页。

② 参见金正佳主编：《中国海事审判年刊（2000）》，人民交通出版社 2000 年版，第 420 ~ 425 页。

1974 年《约安规则》的精神应该是一致的，即无论何种性质的过失都不影响共同海损的分摊。但是，《海商法》的措辞导致实践中对共同海损分摊与过失之间的关系产生争论，这不利于纠纷的解决，应该结合 1974 年《约安规则》做进一步的修订，明确过失对共同海损产生影响的考量阶段。

2.《北京理算规则》的规定

《北京理算规则》于 1975 年 1 月 1 日起公布实施，2019 年启动修订工作，2022 年 9 月 1 日公布实施《中国国际贸易促进委员会共同海损理算规则》，废止了《北京理算规则》。《北京理算规则》承担了中国共同海损理算近 50 年的规则依据使命，研究中国的共同海损理算，不能遗漏对《北京理算规则》的研究。《北京理算规则》的应用折射出我国共同海损理算规则实体规定与国际理算规则变化的映射关系，也能够推演出我国共同海损理算工作的发展和进步。

《北京理算规则》包括 8 条，其主要特点是简明、扼要，但同时也因为追求简洁而略显粗糙，不够细致。

如果共同海损事故系一方过失所致，应如何进行理算和分摊？根据《北京理算规则》第 2 条第 3 款的规定①，承运人有无过失成为货方是否接受共同海损理算的前提。《北京理算规则》的理算和分摊原则是“先判定责任，后进行理算和分摊”。提出共同海损理算要求的一方负有举证的责任，证明他们提出的损失并非由于自己不可免责的过失所引起，应列入共同海损；否则，由此引起的海损则不能进行理算。该规定与我国《海商法》第 197 条关于理算不与过失挂钩的规定不同，否定了共同海损的存在与共同海损理算及分摊之间的独立性。在我国的司法实践中，有案例依上述解释作出判决。

---

① 《北京理算规则》第 2 条第 3 款：“对作为共同海损提出理算的案件，如果构成案件的事故确系运输契约一方不能免责的过失所引起，则不进行共同海损理算，但可根据具体情况，通过协商另作适当处理。”

在“‘龙桥’轮共同海损分摊纠纷”案[①]中，两船发生碰撞后，船舶所有人起诉要求货主分摊共同海损。法院认为，由受益方分摊的共同海损必须是在海上货物运输中不涉及任何一方的过失，或者是依据法律规定或协议的约定可以免责的过失造成的。该案的共同海损不成立，故驳回其诉讼请求。该判决认为只要导致共同海损的原因是一方不可免责的过失所造成的，共同海损则不能成立，更不能进入理算和分摊程序，这符合《北京理算规则》的精神，但与《海商法》第 197 条的规定明显相悖。

依据《北京理算规则》，遵循原因和结果不能分割的原则，共同海损理算和过失是紧密联系在一起的，是否存在过失是能否进行理算的前提。也就是说，在共同海损理算之前，要先确定一方是否存在不可免责的过失。如果有过失，则不予理算；只有在没有过失的情况下，才能进行理算，将对过失的考量提前到了理算阶段。这样做的目的是防止理算结束后发现一方存在过失，导致理算工作失去意义。但是，将共同海损是否成立与共同海损理算是否进行联系在一起，超越了理算机构的业务范围。因为海损理算人的职责是对共同海损进行鉴定、审核和理算，至于运输合同一方的过失与共同海损理算的关系则是法院或仲裁机构管辖范围内的事情。同时，这样的规定与共同海损的构成要件是有冲突的。也就是说，《北京理算规则》的规定将共同海损的成立要件变成五项，即共同危险、危险非不可免责的过失所致、措施有意且合理、牺牲和费用特殊、措施有效。这与我国《海商法》的规定和国际习惯做法有明显的冲突。

原中国国际贸易促进委员会海损理算处也发现了这一问题，2019 年 10 月 9 日，其特意对《北京理算规则》第 2 条第 3 款作出了“运输契约一方责任问题的解释”，指出该款中“事故确系运输契约一方不能免责的过失引起”的案件，包括法院判决、仲裁裁决、责任方自认三种

① 该案虽然是沿海案件，但是对于分析我国处理“共同海损成立、理算、分摊与过失之间的关系”的司法实践具有一定的参考意义，所以笔者做了引用。参见金正佳主编：《中国典型海事案例评析》，法律出版社 1998 年版，第 572～575 页。

情况下确认的一方负有不能免责的过失，可以不做共同海损理算。除此之外的情况下，案件共同海损理算将依照常规正常进行，并特地强调“共同海损理算书不是当事人对事故有无责任的最后依据”[①]。从规则效力层面看，这种由原中国国际贸易促进委员会海损理算处单方地、不严肃地对规则进行解释的效力如何难以判断，毕竟这种解释与规则条款的文字字面意思还是有差异的。当事人在选择《北京理算规则》的时候是不会去深究文字背后的意义的，这种与规则条款文义本身有差异的解释也很难获得当事人认可。同时，《海商法》和《北京理算规则》是国内处理共同海损纠纷的主要依据，[②] 但是两者在共同海损制度的某些规定上存在着矛盾冲突，不利于共同海损纠纷的解决。

2022 年 9 月 1 日，《中国国际贸易促进委员会共同海损理算规则》成为通行规则。该规则第 2 条第 3 款[③]改变了《北京理算规则》“先判定责任，后进行理算和分摊”的理算和分摊原则，采用了与《海商法》一致的“先理算、后分摊”和“先分摊、后追偿”的处理原则。

至此，国内共同海损理算法律与规则的冲突随着规则的改变而获得了圆满的解决。

3. 国内法律与国际规则的差异

1974 年《约安规则》字母规则 D[④] 对共同海损分摊与过失之间作了“先分摊、后追偿”的规定。根据该条的规定，共同海损的成立与承运人的任何性质的过失之间都没有必要的联系，只要船方是为了避免共同危险采取措施而有意造成的损失都可以构成共同海损，但是不影响

---

① 《关于〈北京理算规则〉第二条第三款运输契约一方责任问题的解释》，载中国国际贸易促进委员会网 2019 年 10 月 19 日，https://daa.ccpit.org/articlesDaa/76。

② 参见韩振兴：《我国共同海损制度相关问题研究——以〈2004 年约克—安特卫普规则〉为视角》，大连海事大学 2010 年硕士学位论文。

③ 《中国国际贸易促进委员会共同海损理算规则》第 2 条第 3 款：“提出共同海损理算的案件，如果构成案件的事故可能是航程中一方不能免责的过失所引起，不影响要求分摊的权利及理算，但这也不妨碍非过失方与过失方之间就此项过失可能提出的任何索赔或抗辩。”

④ 《约安规则》字母规则 D：尽管引起牺牲和费用的事故可能是由于航海事业中一方的过失所造成，亦不得影响其在共同海损中进行分摊的权利。但这并不应对于就此项过失而得向该方提出的任何赔偿要求，或该方就此而进行的抗辩有妨碍。

利害关系方向过失方追偿损失的权利。[①] 我国《海商法》第十章“共同海损”几乎完全采用了1974年《约安规则》的内容，但是，在条文的具体措辞方面，《海商法》第197条或许是为了追求语言的简洁，在法条的后半部分是这样规定的：“但是，非过失方或者过失方可以就此项过失提出赔偿请求或者进行抗辩。”

分析《海商法》第197条的规定可知，“提出赔偿请求”和“抗辩”是两个并行的词，二者之间是并列关系，连接词是“或者”，也就是说行使该权利的主体可以是过失方，也可以是非过失方。从字面意思上看，非过失方可以就过失方的过失提出赔偿请求或抗辩，过失方也可以就非过失方的赔偿请求或抗辩提出赔偿请求或抗辩。这样的分析有些凌乱，而且容易引起歧义、引发误解。而1974年《约安规则》字母规则D的规定就比较清楚：“但这并不应对于就此项过失而得向该方提出的任何赔偿要求”，此处“该方”是指过失方，而且非过失方向过失方只有提出赔偿要求的权利；“或该方就此而进行的抗辩有妨碍”，根据一致性原则，此处的“该方”仍指过失方，其享有就非过失方提出索赔请求的抗辩权。字母规则D的措辞无论是主体还是彼此对应的权利规定得都非常清楚，不会引起歧义。

1974年《约安规则》字母规则D强调的是共同海损的分摊权不受影响，而不论引起这种损失的过失是一种什么性质的过失。该规定的意图是将货物运输合同项下的索赔权利与共同海损项下的索赔权利区别开来，即不论要求分摊共同海损的一方有无过失，违反货物运输合同的过失并不使共同海损项下的权利遭受损害。[②] 这样就可以避免出现船方和货方在货物抵港要求分摊时就共同海损过失的有无发生争执，船方不得不留置货物，而招致无谓的损失和迟延。[③]

---

① 参见张梅生：《试论共同海损的成立与共同海损不理算的关系——兼谈我国〈海商法〉第197条规定》，载《法学》2001年第10期。

② 参见王恩韶、许履刚：《共同海损》，大连海事大学出版社1996年版，第123页。

③ 参见吴焕宁主编：《国际海上运输三公约释义》，中国商务出版社2007年版，第214页。

关于过失与共同海损分摊关系的问题，总体来说，发展趋势是一致的，那就是根据《约安规则》确定的“先分摊、后追偿”原则，将对过失的考量放在追偿阶段。但是我国立法者或对 1974 年《约安规则》字母规则 D 的理解存在差异，或是追求立法用词的简洁，在立法过程中使用了容易引起误解的词语，导致实践中法院和当事人对规定的理解产生混乱，妨碍了共同海损纠纷的及时、顺利解决，这是亟须立法者解决的问题，令人遗憾的是，《海商法》修订稿中依然未改变这种表述方式。令人欣慰的是，国内规则制定者通过修订规则，采取与国内立法和国际规则一致的原则，既符合立法一致性，又有利于司法实践中更好地解决共同海损纠纷。

二、法律规定不全面

作为海商法中的特殊制度，共同海损主要由《海商法》进行规范，所以下面主要是围绕《海商法》中有关共同海损的相关规定进行分析。

（一）对最密切联系原则的规定不全面

自由裁量权的滥用导致最密切联系原则逐渐处于失范状态，灵活性可能被偏激适用，这也正是最密切联系原则的致命弊端。[①] 我国《海商法》第 269 条在规定将最密切联系原则作为意思自治原则的补充时，并未采用以“特征性履行”为确定最密切联系因素的客观依据的立法技术，导致海事法院在适用该原则时缺乏必要的指导，灵活性过大。[②]

1. 法律适用过程过于机械

最密切联系原则本质上需要法官综合考虑案件的各种因素，对各种连接点进行质和量的分析，找出与案件最适合的法律予以适用。而实践中，法院在确定最密切联系地时，有时会机械地列举各地连接点来判断合同准据法，而非依据具体情况有所侧重，使该原则具有一定的空洞

---

① 参见马志强：《最密切联系原则的利弊分析》，载《河南教育学院学报（哲学社会科学版）》2010 年第 3 期。

② 参见屈广清主编：《海事国际私法新编》，法律出版社 2005 年版，第 105 页。

性。有的判决并未对罗列的连接点如何体现最密切联系做出分析，只把最密切联系原则作为适用中国法的依据而已。例如，“上海华申诉南美智利国家航线无单放货纠纷”案[①]中，法院认为，“本案中双方当事人没有选择法律，根据货物运输合同的签订地、履行地、货物的装货港、托运人住所地、提单签发地均在中国，中国与本案具有最密切、最实际的联系，因此，中国法律应作为解决本案纠纷的准据法”。有的案例甚至没有适用中国法的原因分析和理由说明，径直适用中国法进行裁判。例如，“中国太平洋保险股份有限公司大连分公司诉法提赫航运有限公司海上货物运输合同纠纷”案[②]中，法院确定中国法为案件准据法的理由是：综合考虑，中国与本案合同纠纷的联系最密切，因此，应适用中华人民共和国法律处理本案。这种法律适用方法背离了最密切联系原则的本质和真谛。

2. 通过管辖权简单推定法律适用

实践中，有的案件判决把管辖权作为最密切联系原则的标准。例如，“中国人民保险公司河北省分公司诉塞浦路斯瓦赛斯航运有限公司海难救助分摊追偿纠纷”案[③]中，法院依照最密切联系原则适用了中国法律，理由是：“按最密切联系的原则，收货人因海难救助费用的追偿可以在中国法院向承运人提起诉讼，并适用《中华人民共和国海商法》。”[④] 法院将管辖权的取得作为最密切联系原则的决定性连接因素来考察，这容易在个别法官中形成一种依据最密切联系原则适用法律的僵硬公式——只要当事人选择了中国法院就适用法院地法，为过度适用法院地法提供了便利，这显然违背了最密切联系原则的本意。[⑤]

---

① 郑肇芳主编：《海上货物运输无单放货案例》，上海人民出版社 2006 年版，第 230 ~ 232 页。

② 青岛海事法院民事判决书，(2012) 青海法海商初字第 309 号。

③ 宁波海事法院民事判决书，(1996) 甬海商初字第 207 号。

④ 汤能忠主编：《海事司法理论与实践》，法律出版社 2002 年版，第 393 ~ 402 页。

⑤ 参见龚轶：《论海事关系的法律适用》，吉林大学 2004 年硕士学位论文。

3. 客观化标准的缺失

通过比较表8中案例依据最密切联系原则适用中国法的理由，可以看出我国法官对于最密切联系原则的适用标准不够统一。

表8　海上货物运输依据最密切联系原则适用中国法的理由举例

序号	案号/案例名称	适用最密切联系原则确定中国法为准据法的理由
1	(1996) 甬海商初字第207号	按最密切联系原则，收货人可以在中国法院向承运人提起诉讼，并适用《海商法》
2	(2010) 粤高法民四终字第84号	原告所在地、运输合同履行地位于中国，依据最密切联系原则适用中国法
3	(2010) 津高民四终字第0012号	当事人未对案件纠纷适用法律提出主张，依据最密切联系原则适用中国法
4	(2011) 广海法初字第256号	原、被告双方均为在中国境内注册登记的企业法人，因此与本案争议具有最密切联系的法律应为中华人民共和国法律
5	(2012) 青海法海商初字第309号	未说明理由，仅依据最密切联系原则适用中国法
6	(2012) 广海法初字第402号	原、被告住所地、运输合同签订地和运输始发地都在我国，因此我国法律是与本案货物运输合同具有最密切联系的法律
7	(2013) 津高民四终字第34号	行为结果地位于中国，依据最密切联系原则适用中国法
8	“中国抽纱深圳公司诉日本大阪商船三井船舶株式会社”案	被告未能在审理期间提供双方约定适用的法律，法院亦无法查明，根据最密切联系原则适用中国法律

注：1－7号案例来源于中国涉外商事海事审判网，http://www.ccmt.org.cn，2014年5月12日最后访问。2022年，最高人民法院将原“中国涉外商事海事审判网”和“海事审判工作平台”升级为中国海事审判网，网址为https://www.ccmt.org.cn/。8号案例参见司玉琢主编：《海商法学案例教程》，知识出版社2003年版，第49～55页。

由于我国《海商法》没有明确规定怎样才构成“最密切联系”，因此实践中法院在运用此原则时就具有一定的随意性。为了维护地方利益，法官有一种天生的倾向认定法院地与案件有更紧密的联系，在解决多国问题时有足够的能力原创性地提出灵巧的规则，① 从而容易造成法院地法的扩大适用。② 不仅如此，客观化标准的缺失，甚至导致司法实践中出现同案不同判的结果。例如，在“中国·江苏省轻工业品进出口集团股份有限公司诉中国·江苏环球国际货运有限公司、美国·博联国际有限公司海上货物运输合同纠纷”案③和“江苏省纺织品进出口集团股份有限公司诉北京华夏企业货运有限公司上海分公司等海上货物运输合同无单放货赔偿纠纷”案④中，武汉海事法院和上海海事法院都认为当事人选择的法律无效的情况下，应根据最密切联系原则确定案件的准据法。不同的是，武汉海事法院在适用该原则确定案件的准据法时，强调了“交货行为地”的重要性，认为“交货行为地法律是事实上支配争议最有效的法律”，确定案件适用美国法；上海海事法院并没有着重强调“交货行为地”的重要性，而是根据涉案提单的签发、货物的出运以及合同的当事人等因素，确定该案应适用中国法律。⑤

法官的自由裁量权只有保持在不影响规定性和规范性的限度内，才能有助于法律稳定性与变动性的统一。然而，立法上的简单化使得最密切联系原则的基础未及量化，从而使“对最密切联系原则的判断成为法

---

① Friedrich K. Juenger, *Choice of Law and Multistate Justice*, Leiden, Martinus Nijhoff Publishers, 1992, p. 165.

② 国内抽样调查表明，我国法院在涉外司法实践中，适用中国法的概率在97%左右。我国司法系统2008年的涉外案件中，适用中国法的概率为97%；2009年的概率也高达96.9%。参见黄进、胡炜、杜焕芳：《2008年中国国际私法司法实践述评》，载黄进、肖永平、刘仁山主编：《中国国际私法与比较法年刊（2009）》（第12卷），北京大学出版社2009年版，第439页；黄进、杜焕芳、孙吉：《2009年中国国际私法司法实践述评》，载黄进、肖永平、刘仁山主编：《中国国际私法与比较法年刊（2010）》（第13卷），北京大学出版社2010年版，第498页。

③ 武汉海事法院民事判决书，（1999）武海法宁商字第80号。

④ 上海海事法院民事判决书，（2003）沪海法商初字第299号。参见郑肇芳主编：《海上货物运输无单放货案例》，上海人民出版社2006年版，第243~246页。

⑤ 参见蒋跃川：《再论无单放货案件的法律适用》，载《2008全国博士生学术论坛（国际法）论文集》，2008年，第140~141页。

官个人的价值观念和思想情感的综合结果"①。法官面对原则化的指引途径，只能谨慎遵从自己的内心确信，避免对最密切联系法律关系的价值偏离，有时反而会妨碍了该原则的准确运用。② 罗斯科·庞德曾指出："一个法律制度之所以成功，是由于它成功地达到并维持了极端任意的权力与极端受限制的权力之间的平衡。"③ 通过上述的分析可以得出以下结论：最密切联系原则并非完美的规则，但"失败的风险不会阻止在冲突法中制定规则的努力……完美不适合于这个世界"④。故在具体适用最密切联系原则时，应通过立法明确其适用标准，以期实现法律选择适用的适当性和实质公正性。否则，当自由裁量权变成滥觞，实质正义变得失范，原则便会脱离理性框架而无存续意义。⑤

（二）对共同海损法律适用的具体规定不全面

共同海损是一项复杂的法律制度，涉及共同海损是否成立、理算、分摊、追偿等一系列海事法律关系。我国目前对共同海损制度法律适用的具体规定较为单一且不完善，仅规定了共同海损理算的法律适用，而未针对不同情形下的海事关系法律适用作出具体规定，如共同海损的成立、分摊以及共同海损之债的追偿等的方面的法律适用均未明确规定。

《海商法》第197条从字面上理解是对"共同海损理算"法律适用的规定，正是由于该规定过于单一，有人主张将"共同海损理算"作广义解释，即试图将"共同海损理算"等同于"共同海损"，认为第197条对共同海损理算法律适用的规定，就是对共同海损的成立、理

---

① 谭岳奇：《从形式正义到实质正义——现代国际私法的价值转换和发展取向思考》，载《法制与社会发展》1999年第3期。

② 参见张鸣鸣：《最密切联系原则的正义规制》，载郑鄂主编：《中国涉外商事审判研究》（第2辑），法律出版社2011年版，第139页。

③ ［美］博登海默：《法理学——法哲学及其方法》，邓正来、姬敬武译，华夏出版社1987年版，第311页。

④ W. Reese, *Choice of Law: Rules or Approach?*, Cornell Law Review 57, p. 322 (1972).

⑤ 参见张鸣鸣：《最密切联系原则的正义规制》，载郑鄂主编：《中国涉外商事审判研究》（第2辑），法律出版社2011年版，第142～143页。

算、分摊、追偿等一系列法律关系法律适用的规定。但是，只要稍加分析，就会发现该观点明显站不住脚。首先，共同海损理算指的是一种行为或者一项工作，虽然是共同海损法律关系中最具有技术性的一个环节，[①] 但也仅仅是整个共同海损过程中的一个步骤而已；而共同海损是一项具体的制度，指的是一系列的法律关系，是冲突规范所要调整的共同海损的所有对象。其次，虽然理算地与共同海损理算有最密切联系，但是其与共同海损其他法律关系并不具有密切联系，单一的理算地法律并不能必然适用于所有的共同海损法律关系，无法解决所有的共同海损法律冲突问题。因此，理算地法不宜用作其他共同海损关系的准据法。[②]

根据前后一致的解释原则，《海商法》第 203 条中的“共同海损理算”也应作狭义解释，该冲突法原则不适用于共同海损的其他法律关系准据法的确定。共同海损并不仅涉及理算的问题。在进行理算前，必须首先确认共同海损是否成立，只有满足法定条件的海损事故才能成立共同海损；如果确认为共同海损，在通过理算确认了分摊价值问题后，还处理具体的分摊事宜，其中关于过失对分摊的影响也存在颇多争议；即使完成分摊，还有过失导致的分摊之债能否获得赔偿以及如何赔偿的法律关系。在这些复杂的法律关系中，理算主要由专业人士处理，并不是最复杂的，我国《海商法》却唯独对此做出重复性规定，体现出法律规定的不全面性。

我国《海商法》自 1993 年实施以来，为海事海商纠纷的解决提供了法律依据。随着航运业的不断发展和国际交往的不断加深，当初先进的《海商法》经过实践的检验也发现了种种问题。仅就共同海损法律适用而言，无论是在《海商法》内部规定之间，还是在不同规则的协

---

① 共同海损理算，首先要提出委托，然后理算人再进行调查研究，确定哪些项目属于共同海损，哪些项目属于单独海损。在此基础上确定出各方的损失金额和应该参加分摊的受益方及其分摊价值，最后再确定各受益方应该分摊的数额和结算办法，并编制理算书。See Grant Gilmore & Charles L. Black, *The Law of Admiralty*, 2nd ed., The Foundation Press, Inc., 1975, p. 249 – 251.

② 参见王国华：《海事国际私法专题研究》，辽宁大学出版社 2012 年版，第 242 页。

调方面，都存在着冲突甚至矛盾之处。部分原则和具体性规范规定不够全面导致实践中缺乏法律依据，法官也因为理解不同甚至出现同案不同判的现象。上述问题的根源在于我国法律体系中移植外国法程度较高的《海商法》既没有与时俱进地结合现实需要和国际立法的发展趋势进行修改又在借鉴国际先进立法经验时存在不适当的删减和修改，导致法官对《海商法》的理解和解释产生困难和混乱。因此，对《海商法》进行修改已刻不容缓。

第三节 中国共同海损法律适用的立法完善建议

在海事国际私法中，不但制定了大量的统一实体法条约和统一冲突法条约，而且在长期的航运实践中，形成了一些国际航运惯例。同时，各国的海事私法也出现了采取相同原则或规则的趋势，如国际条约优先原则、国际惯例补缺原则、意思自治原则、最密切联系原则等。[①] 世界法律发展的历史和我国改革开放以来法治建设的实践表明，借鉴和吸收国际上先进的立法经验是加快我国立法步伐，推动我国法律发展的有效途径。[②] 趋同性是海事国际私法发展的一个重要特征，海商法具有与国际条约和国际惯例相接轨的趋同性，这也是当代法律发展的必然趋势。[③] 我国在制定《海商法》时，立法者的指导思想是“各方面的规定都应同国际上通行的做法保持一致……严格按照国际标准制定海商法规”[④]。比如《海商法》的“船舶”章援引了1993年《船舶优先权和抵押权国际公约》的规定，“海上货物运输合同”章参照了《海牙规

① 参见王国华：《海事国际私法的冲突原则及我国立法的有关规定》，载《武汉大学学报》（人文科学版）1995年第5期。

② 参见杨斐：《从〈海商法〉的特点看我国法制国际化的趋势》，载《现代法学》1998年第1期。

③ 参见王国华：《海事国际私法专题研究》，辽宁大学出版社2012年版，第51页。

④ 邬福肇：《努力学习，认真贯彻〈海商法〉》，载《海商法学习必读》，人民交通出版社1992年版，第15页。

则》《海牙—维斯比规则》《汉堡规则》，“海上旅客运输合同”章与1974年《海上旅客及其行李运输雅典公约》相协调，“船舶碰撞”章引用了1910年《统一船舶碰撞某些法律规定的国际公约》的相关规定，“海难救助”章与《1989年国际救助公约》保持一致，“海事赔偿责任限制”章则参照了1976年《海事索赔责任限制公约》，因此后续我国在修改《海商法》的相关规定时也应注意与国际上的有关规定协调一致。

我国的《法律适用法》中规定“其他法律对涉外民事关系法律适用另有特别规定的，依照其规定”，鉴于共同海损是《海商法》中的特殊制度，因此，明确共同海损法律适用的这一重任应当由我国《海商法》承担。

目前，《海商法》的修改工作正在紧锣密鼓地进行中，要想使未来的法律经受住时间的考验，就要在《海商法》系统阐述相关理论的基础上，对《法律适用法》进行全面分析的前提下，沿着共同海损冲突规则立法的本土性与国际性相结合的思路，提出完善我国共同海损法律适用的立法建议。一方面，要考虑《海商法》突出的国际性特点，顺应海事国际私法的统一化趋势，深入研究当前国际上流行的海事冲突法学说及各国海事国际私法实践，参考借鉴国际条约和国际惯例的规定，与国际规则接轨；另一方面，应当立足我国国情，结合实际情况，最终形成一部既具有中国特色又符合国际标准的《海商法》。

一、重视对共同海损法律适用原则性规定的完善

（一）公共秩序保留制度的完善

公共秩序保留制度不仅是调整各国实际利益和政策冲突的重要机制，更是维护各国主权观念的需要，是排除外国法适用和保护国家整体利益的重要手段之一。虽然我国已确立了公共秩序保留制度，但是与国际通行实践相比，现行立法仍存在以下三方面的完善空间。

一是“公共利益”直接关系到社会不特定多数人的共同利益，是

一个高度抽象的概念，具有一定的不确定性，这种立法势必会影响人们对法律的理解和司法实践的运用，立法有必要明确“公共利益”特定的内涵和外延，防止“公共利益”概念的泛化和滥用。同时，“公共利益”的提法缩减了公共秩序的范围，公共秩序还应包括法律的基本原则和道德的基本观念等内容，“公共利益”的提法容易误导法官仅仅从我国当事人的利益角度运用这个制度，不利于国际主体在法律地位上的平等。

二是公共秩序保留排除适用的对象不仅应包括外国法律和国际惯例，① 还应包括国际条约。对于我国缔结或参加国际公约，其规定通常不会与我国的公共秩序相抵触，但是对于我国没有加入的国际条约，若因当事人的选择而得到适用，则仍应适用公共秩序保留原则。②《法律适用法解释（一）》虽然注意到了这一问题，但仍有必要通过国家立法对现行的司法解释制定法化。③

三是我国《海商法》第276条没有解决排除外国法或国际惯例适用后应当如何适用法律的问题。排除本应适用的外国法和国际惯例以后，如果一概适用法院地法，会诱导法官滥用公共秩序保留制度，这与冲突法的基本目的不相符。④ 所以不能把适用法院地法作为固定的规则绝对化，而应该让法院有机会根据个案的实际情况选择最适当的

---

① 对于国际惯例的排除主要是指当事人选择适用的情况，这种情况下法院实际是在被动地适用国际惯例，如果意图排除适用，则由公共秩序的途径来解决，但必须满足国际惯例本身的内容具有可厌性、有害性或邪恶性这一前提条件。

② 比如，虽然我国没有加入调整海上货物运输的《海牙规则》《海牙—维斯比规则》《汉堡规则》，但是由于这些规则可以通过当事人选择而在我国得到适用，而且其某些规定是强制性的，这样就有可能与我国的强行法产生冲突，从而违背我国社会的公共秩序，因此在公共秩序的对象中加入“国际公约”是非常有必要的。

③《法律适用法解释（一）》第7条：“当事人在合同中援引尚未对中华人民共和国生效的国际条约的，人民法院可以根据该国际条约的内容确定当事人之间的权利义务，但违反中华人民共和国社会公共利益或中华人民共和国法律、行政法规强制性规定的除外。”

④ 例如，“江苏省纺织品进出口集团股份有限公司诉北京华夏企业货运有限公司上海分公司等海上货物运输合同无单放货赔偿纠纷”案［上海海事法院（2003）沪海法商初字第299号］中，法院就以提单选择的准据法有违我国公共秩序为由拒绝适用，而直接适用我国《海商法》。

法律规范。

概括以上意见，《海商法》第276条关于公共秩序保留的立法修改建议为："依照本章规定适用外国法律、国际条约或者国际惯例，不得违背中华人民共和国社会公共秩序，否则将由法院依据中华人民共和国法律确定应适用的准据法。"

（二）明确国际惯例在《海商法》中的地位

涉外海事法律关系是复杂的，并且是不断变化发展的。一切成文法，包括国内立法和国际条约都因种种条件的限制具有相对滞后性，难以及时适应客观法律关系发展的需要。国际惯例具有广泛性、任意性、概括性、现实性的特点，比成文法灵活得多；同时，由于国际惯例是以各主权者宽泛许可为基础，并由当事人自主抉择约束其民商事关系的规则，回避了个别主权意志性的法律，易于达到消除主权者之间的对抗，受到当事人的欢迎。[①] 因此，国际海事惯例肩负着调整海事法律关系的重要使命，积极适用国际海事惯例将有利于各种纠纷及时有效解决。

1. 确定适用国际惯例的应然性规定

从司法实践的角度而言，当我国法律和我国缔结或参加的国际条约没有规定的情况下，如果有规范涉案法律关系的国际海事惯例，那么参照该惯例是妥善解决纠纷的很好途径，应该得到采纳。这样不仅有利于照顾当事人来源于不同文化传统和法治环境的特点，而且能够实现平等保护中外当事人的合法权益的目的。国际海事惯例在共同海损领域的适用既具备理论基础，又不乏实践依据，具有灵活性和实用性的特点，能够弥补国际公约和我国国内法的不足，许多国家立法及国际公约都作了

---

① 参见李双元、李金泽：《世纪之交对国际私法性质与功能的再考察》，载《法制与社会发展》1996年第3期。

适用国际惯例的明确规定。[①] 因此，建议修改《海商法》中268条第2款中“可以适用国际惯例”的规定，明确规定“应参照适用国际惯例”。这样可以在一定程度上遏制法院忽视海事案件的特殊性而动辄援引民法普通法的不当势头，进而限制法院参照国际惯例的自由裁量权。

2. 明确规定当事人可以选择国际惯例作为准据法

依据意思自治原则，应允许当事人选择法律的范围做扩大解释——涵盖一切可适用的规则，包括国际惯例，这样更加符合国际私法寻求案件审理结果的一致性的价值目标。

从我国现实的情况看，一方面，由我国制定的以中国法为准据法的标准合同在国际海事领域的适用范围仍较狭窄，而国际惯例避开了主权属性的法律冲突，承认当事人选择的国际惯例作为准据法，容易为当事人所接受。另一方面，允许当事人通过选择国际惯例而部分或全部排除本应适用的国内法，有利于避免挑选法院现象的产生，求得判决结果的一致。基于此，应在海事立法中对当事人可以选择国际海事惯例做出明确的肯定。但为确保司法的便利可行以及对当事人利益的平衡保护，有必要对当事人选择国际惯例的方式及范围做出限制。[②] 在选择方式上，要求当事人用明确的语言选择确定的国际海事惯例作为准据法，拒绝认可当事人在合同中笼统地约定“适用国际惯例”具有法律选择的效力。

---

① 《日本商法典》第1条规定：关于商事，本法无规定者，适用商习惯法，无商习惯法，适用民法。《瑞士民法典》第1条规定：本法无相应规定时，法官应依据惯例。西班牙和伊拉克的法律规定，西班牙的一切进口交易和伊拉克的所有进出口交易，都必须受《国际贸易术语解释通则》的约束。1964年《国际货物买卖统一法》第9条第2款规定：当事人还须受一般人在同样情况下认为应适用于契约的惯例的约束。1980年《联合国国际货物销售合同公约》第8条第3款规定：在确定一方当事人的意旨或一个通情达理的人应有的理解时，应适当地考虑到……当事人之间确立的任何习惯做法、惯例和当事人其后的任何行为，从而直接认可了国际商事惯例的效力。参见李双元、徐国建主编：《国际民商新秩序的理论建构——国际私法的重新定位与功能转换》，武汉大学出版社1998年版，第362~363页。《俄罗斯联邦商船航运法典》第285条第2款规定：双方在协议中有明确规定适用，在海损评估、共同海损损失理算和分摊方面以及所适用的法律规定不完善的情况下，应适用有关共同海损的《约安规则》及其他国际商船的惯例。韩立新、王秀芬编译：《各国（地区）海商法汇编：中英文对照》（下卷），大连海事大学出版社2003年版，第1412页。

② 参见陈亚芹：《有关海事国际惯例的立法思考》，载罗国华主编：《中国海事审判年刊（2007）》，人民交通出版社2008年版，第59~60页。

在选择范围上，将当事人选择的国际惯例限于内容确定的成文国际惯例或被广泛认可、接受的国际海事惯例。在条件上，当事人选择的国际惯例不得违背我国的强制性法律和社会公共秩序。

3. 在特定领域内适当并入成文的国际海事惯例

目前中国海事立法对国际海事惯例的认可方式仍过于单调，过分依赖个别纳入的途径，不仅使法律规定过于僵化，而且也容易在纳入的过程中出现不应有的疏漏。而实际上，在立法过程中对所有国际惯例的内容进行细致的考证和取舍是不现实的，这将导致立法的不必要拖延和成本的增加。因此，在无须立法强制调整的领域，采用直接并入成文国际惯例的方式替代个别纳入无疑是不错的选择。[①] 这种做法可以克服个别纳入带来的种种问题。[②] 国际海事惯例并不是一成不变的，它会随着客观情况的发展变化进行不断修改，我国在立法时也要注意将调整新的海事问题的成文国际海事惯例及时并入国内法，或对已被并入的成文国际海事惯例的版本做出调整，与国际立法趋势保持一致，以符合与时俱进的立法要求。

由于共同海损的习惯法起源，该制度对国际海事惯例的“依赖”是整个国际社会普遍存在的法律现象，正因为如此，船方、货方和保险人都非常重视《约安规则》的每一次修订。但立法具有滞后性，如我国《海商法》吸收了当时《约安规则》最新的1974年版本的规定，但是1994年、2004年和2016年版本相继产生，在立法无法及时修改的基础上，规定一条原则性的法律适用条款是非常有必要的。因此，建议《海商法》第268条第2款修改为：“中华人民共和国法律和中华人民共和国缔结或者参加的国际条约没有规定的，应参照适用国际惯例。”

---

① 参见陈亚芹：《有关海事国际惯例的立法思考》，载罗国华主编：《中国海事审判年刊(2007)》，人民交通出版社2008年版，第60页。

② 比如：语言模糊不清而引发解释不一；为了追求立法术语的简洁，做了不必要的删减和修改；对惯例的内容取舍不当，破坏了纳入内容的整体性；等等。

(三) 明确“最密切联系”的确定标准

《海商法》第十四章“涉外关系的法律适用”中，第 269 条[①]是对海事合同冲突法的原则性规定，明确了最密切联系原则作为意思自治原则的一项补充性原则的法律地位，符合我国在涉外合同法律适用领域的持续和稳定的司法实践，也与《法律适用法》第 2 条[②]的精神相一致。考虑到共同海损法律制度的复杂特性，有必要适当扩大最密切联系原则在该领域的适用，以增加传统冲突规范的弹性，从而使其法律适用原则更为合理。但是何为“最密切联系”，第269 条并没有给出确定的标准。为了确保我国海事法律适用的合理性和准确性，有必要通过立法规定将具体规则与最密切联系原则相结合，矫正依现行立法规定可能带来的模糊性司法弊端。

2011 年施行的《法律适用法》提供了很好的解决方法。该法第 41 条将“履行义务最能体现该合同特征的一方当事人经常居所地法律”明确规定为“与该合同有最密切联系的法律”之一，首次将“特征性履行说”正式引入了我国立法。这一规定使得最密切联系原则得以回归实践，在避免了传统冲突规范的僵硬性的同时，还能够适当限制法官的自由裁量权。正如有的学者所言，特征性履行理论与最密切联系原则相结合，克服了最密切联系原则的抽象性，[③] 有利于实现普通法系学者注重的灵活性、公正性与大陆法系学者追求的确定性、可预见性和结果的一致性的平衡。

当然，特征性履行理论的适用范围也是有限度的。该理论只是一种考虑问题的方法，而不是代替最密切联系原则的“万能钥匙”。实践中，对连接点的灵活化亦是有限度的：既不能简单地否定传统连接点的

---

① 《海商法》第 269 条：“合同当事人可以选择合同适用的法律，法律另有规定的除外。合同当事人没有选择的，适用与合同有最密切联系的国家的法律。”

② 《法律适用法》第 2 条：“涉外民事关系适用的法律，依照本法确定。其他法律对涉外民事关系法律适用另有特别规定的，依照其规定。本法和其他法律对涉外民事关系法律适用没有规定的，适用与该涉外民事关系有最密切联系的法律。”

③ 参见李旺：《国际私法》，法律出版社 2003 年版，第 208 页。

作用，又需要通过综合分析的方法来确定准据法。同时，特征性履行理论是对最密切联系原则进行具体化的理论，如果适用特征性履行理论无法确定最密切联系地，则立法应规定例外调控。《法律适用法》采纳了最密切联系原则、特征性履行理论和例外条款相结合的立法方式，并未单纯地依赖特征性履行理论来确定最密切联系地，还规定了"其他与该合同有最密切联系的法律"的例外情况，这种立法规定是全面且合理的。

关于涉外民商事法律关系的法律适用，《海商法》和《法律适用法》是特别法和一般法的关系，参照《法律适用法》的相关规定，在《海商法》"涉外关系的法律适用"中规定特征性履行及例外情况是非常有必要的。目前各国关于特征性履行的立法大致分为两种：（1）立法者在立法时将合同分为多种，采用列举方式对每一类型合同的特征性履行方事先以立法方式予以确定，这被称为"列举式立法"，如《瑞士联邦国际私法》。[①]（2）立法者在立法时确定最密切联系原则，并规定最密切联系地一般情况下应按照特征性履行理论予以确定，但立法中不明确规定合同的特征性履行方，具体案件中确定合同履行方的任务由法院来承担。[②] 实践中，这种立法方式称为"原则性立法"，如我国《法律适用法》。[③]

现代合同种类繁多，列举式立法容易导致法律篇幅过长，而且容易出现遗漏。原则性立法规定具有更大的灵活性，赋予法官一定的自由裁量权能够适用复杂的客观现实的需要。结合我国《法律适用法》的条款设计，建议将《海商法》第 269 条修改为："合同当事人可以选择合

---

① 《瑞士联邦国际私法》第 117 条第 3 款规定：以特征性义务履行人来决定最密切联系的关系时，下述合同的特征性义务履行人分别为：（1）赠与合同中，赠与人；（2）财产使用合同中，给予使用的一方当事人；（3）劳务合同中，提供劳务的一方当事人；（4）仓储合同中的保管人；（5）担保合同中的担保人。

② 参见秦瑞亭：《冲突法的理论与实务》，对外经济贸易大学出版社 2007 年版，第 252 页。

③ 《法律适用法》第 41 条规定："当事人可以协议选择合同适用的法律。当事人没有选择的，适用履行义务最能体现该合同特征的一方当事人经常居所地法律或者其他与该合同有最密切联系的法律。"

同适用的法律，法律另有规定的除外。合同当事人没有选择的，适用履行义务最能体现该合同特征的一方当事人经常居所地法律或者其他与该合同有最密切联系的法律。”

二、注重法律体系之间的协调

现行《海商法》对共同海损的法律适用规定得既简单又不全面，而且缺乏系统性和一致性，不利于解决不同情况下共同海损的法律冲突问题。因此，在《海商法》中对共同海损的法律适用问题作出统一、具体和全面的规定是非常必要的。

（一）强调同一法律内部的协调

1. 明确“共同海损理算”的冲突法原则

共同海损理算的法律适用规定在《海商法》第十章和第十四章，第十章是关于共同海损当事方实体权利义务的规定，其中第 203 条是关于共同海损理算的法律适用的规定，从体系上讲，把它放在第十章关于共同海损的实体规定中是不妥当的。第十四章是关于“涉外关系的法律适用”的规定，其中第 274 条也是关于共同海损理算的法律适用的规定。本可以在一个条文中解决的问题，却放在不同的章节不同的条文中，而且规定还有差异，从体系设计上缺乏系统性和一致性，适用时势必会出现混乱，不符合立法的一致性和协调性的原则。

同时，第十四章第 269 条对合同的法律适用原则作出了规定，是解决海上货物运输合同法律冲突的重要依据。共同海损与海上货物运输合同具有密切的牵连关系，当事人完全可以在航运合同中对共同海损的法律适用作出约定。实践中，国内外运输契约（提单）中一般都订明共同海损应按照《约安规则》进行理算，此时的理算规则，应以运输契约规定的为准。[①] 在当事人未就共同海损理算的准据法做出约定的情况下，适用最密切联系原则确定法律。第 274 条约定的“理算地法”可以“视为与合同有最密切联系的法律”之一，所以第 269 条和第 274 条结

① 参见王恩韶、许履刚：《共同海损》，大连海事大学出版社 1996 年版，第 237 页。

合在一起也就是第203条的内容。

为准确表达共同海损理算的法律适用规则，建议将《海商法》第203条和第274条的内容进行合并，在结构上做必要的修改，即取消第203条，将原来的第274条修改为："共同海损理算，适用合同约定的法律；合同没有约定的，适用共同海损理算地法。"也有学者主张突出最密切联系原则的选法方法，建议将第203条和第274条合并为第274条："共同海损理算，适用当事人约定的理算规则，当事人没有约定的，根据最密切联系原则，从船旗国法、侵权行为地法或者理算地法中选择适用的法律。"①

可喜的是，学者的建议已获得了立法者的重视。2024年11月8日公布的《海商法（修订草案）》第304条②采纳了学者提出的分割法适用规则：对共同海损理算通过直接指引适用的方式确定为理算地法律；对共同海损分摊请求采用当事人意思自治和最密切联系原则相结合的冲突规范，并明确最密切联系地即航程终止地。虽然最密切联系地是否就是航程终止地有待商榷，但这是共同海损法律适用立法规定的一大进步。

2. 明确"共同海损"的冲突法原则

《海商法》只是对共同海损理算法律适用作出了规定，对于共同海损的其他法律关系，譬如共同海损是否成立、共同海损分摊、共同海损追偿等的法律适用未作出明确规定，从整个法律体系来看是不全面的。笔者已经在前文中分析了"共同海损理算"并不等同于"共同海损"，所以有必要在立法中对共同海损的其他法律关系的法律适用作出规定，以实现法律规定的全面性和协调性。

为准确表述共同海损法律适用问题，有学者建议将《海商法》第274条修改为："共同海损的理算与分摊（或者笼统称'共同海损'）

---

① 屈广清：《屈广清新论文集》，吉林大学出版社2011年版，第30页；屈广清：《中国海事法律适用法修改的具体建议》，载《海峡法学》2011年第2期。

② 《海商法（修订草案）》第304条："共同海损理算，适用理算地法律。当事人可以协议选择共同海损分摊请求适用的法律；当事人未选择的，适用航程终止地法律。"

适用合同约定，合同没有约定的适用共同海损理算地法。”① 笔者认为，上述建议条款中，在共同海损领域突出意思自治原则的首要地位是值得肯定的，但有两个问题值得商榷：一是理算和分摊是否就代表了共同海损的全部？成立、追偿也是共同海损范畴内的法律关系，而其与理算和分摊是有区别的，也不存在谁包含谁的关系，所以将共同海损的理算和分摊等同于“共同海损”有扩大概念外延之嫌。二是条款中没有体现出最密切联系原则在共同海损领域的应用，在当事人没有选择准据法的情况下直接适用共同海损理算地法是不妥的。理算与理算地法之间的密切关系不言而喻，采用理算地法有利于理算的迅速、顺利进行，但是分摊也适用理算地法的依据并不充分。实践中，法院常常对整个共同海损案件适用是法院地法，而不是共同海损理算地法。② 所以，笔者认为上述条款仍有需要改进、完善之处。

有学者依据默示推定的原则作出了这样的建议条文：“共同海损，适用当事人约定的理算地的规则或法律；当事人没有约定理算地的，适用有关的运输合同的准据法。”③ 上述条文认为：如当事人约定了理算地，则希望适用约定的理算地的规则或法律；如当事人没有约定理算地，则可以推定当事人希望适用与调整有关的运输合同的法律，这样就将共同海损的法律适用和海上货物运输合同紧密地联系了起来，这是值得肯定的。只不过这种默示推定的方式是否符合当事人的真实意愿却值得商榷，也不符合我国的立法原则。④

在共同海损诸多的法律关系中，共同海损理算是比较特殊的一种法律关系。一方面，共同海损理算专业性较强，需要专门的机构或人员适用专门的理算规则进行；另一方面，其法律规定比较明确单一，当事人通常会选择国际上通行的《约安规则》或某一国家的法律或规则作为

① 司玉琢、胡正良主编：《〈中华人民共和国海商法〉修改建议稿条文、参考立法例、说明》，大连海事大学出版社 2003 年版，第 639 页。

② 参见司玉琢：《海商法专论》，中国人民大学出版社 2007 年版，第 678 页。

③ 司玉琢、胡正良主编：《〈中华人民共和国海商法〉修改建议稿条文、参考立法例、说明》，大连海事大学出版社 2003 年版，第 639 页。

④ “立法原则”是指我国在合同法领域否认默示推定的原则。

理算依据，在当事人没有选择的情况下，理算地法是与理算具有最密切联系的法律，因此，《海商法》对此直接作出了规定。相比较而言，共同海损的其他法律关系与海上货物运输合同的关系更加紧密一些，共同海损的分摊和追偿都与当事方是否具有过失密切相关，而过失存在与否与海运合同适用的法律又有着紧密的联系，要受到海运合同法律适用原则的约束。海事法院审理海上货物运输合同纠纷时，首先适用当事人协议选择的合同准据法；在当事人没有任何约定的情况下，依照最密切联系原则适用法律。顺应这一冲突法发展趋势，笔者对共同海损其他法律关系的法律适用做出以下建议："除共同海损理算外，共同海损其他法律关系的准据法，由当事人约定；当事人没有约定的，适用最密切联系地法律。"

《海商法（修订草案）》第 304 条关于共同海损理算之外，另行规定了共同海损分摊请求的法律适用，采纳当事人意思自治和最密切联系原则的冲突法规则，并且将特征性履行地直接确认为航程终止地。该修订条款与原 274 条相比是一大进步，但是依然存在两个问题：第一，共同海损不仅仅包括共同海损理算和共同海损分摊请求，还包括共同海损确认及追偿等，该条规定依然不够全面。第二，依据最密切联系原则，共同海损分摊请求权的特征性履行地是不是航程终止地还有待商榷，航运合同准据法、法院地法都有可能依据最密切联系原则成为准据法。

实际上，"理算地法"也是"共同海损理算"的最密切联系地法。因此，一方面，为了防止以偏概全，建议将理算和分摊请求统一用"共同海损"这一制度名称总括表述；另一方面，为了避免固化最密切联系原则的特征性履行地，建议增加最密切联系原则可选择法律范围，将依据该原则确定准据法的自由裁量权交给法官。鉴于上述分析，《海商法》第 274 条建议修改为："共同海损的准据法，由当事人约定；当事人没有约定的，根据特征性履行原则适用最密切联系地法律。"这样既能够避免法律规定的重复和烦琐，也使得处理共同海损不同法律关系的法律冲突时有法可依。

(二) 注重不同法律和规则之间的协调

1. 改变国内规则与国内立法的不一致之处

依据1975年《北京理算规则》第2条第3款规定:“对作为共同海损提出理算的案件，如果构成案件的事故确系运输契约一方不能免责的过失所引起，则不进行共同海损理算，但可根据具体情况，通过协商另作适当处理。”可见，关于共同海损分摊和过失的关系，《北京理算规则》的理念是“先定责、后理算”，这与我国《海商法》第197条规定的“先分摊，后追偿”的原则是冲突的，与国际上通行的理算规则也不一致。共同海损纠纷在我国进行理算时，要么是依据《海商法》第十章“共同海损”的相关规定，要么是依据《北京理算规则》的相关规定，所以，协调《海商法》和《北京理算规则》有关“过失与理算”之间的冲突是非常必要的。

从立法地位来说，《海商法》是由全国人大常委会批准通过的法律，而1975年《北京理算规则》仅仅是中国国际贸易促进委员会办理海损理算业务的依据，是一个民间规则，而且还是暂行规则，并不是法律；从时间上来说，《海商法》于1993年开始生效，而《北京理算规则》从1975年就开始作为理算业务的依据，参照“后法优于先法”的原则，二者有冲突时应该依据《海商法》的规定；从与国际接轨的程度看，无论是《海商法》的共同海损章，还是《北京理算规则》都是参照《约安规则》制定的，《北京理算规则》在某些条款方面与国际规则明显冲突，因此有必要做出修改。综合以上几个方面，在《北京理算规则》与《海商法》相冲突的情况下，应该修改《北京理算规则》的相关规定，以保持我国共同海损理算依据的协调性和一致性。

笔者曾对1975年《北京理算规则》第2条第3款的修改建议为:“对作为共同海损提出理算的案件，如果构成事故的案件可能系运输契约的一方的过失所引起，不影响该方要求理算和分摊共同海损的权利；但是，这并不妨碍非过失方就此项过失可能提出的任何赔偿要求，也不影响该过失方可能具有的任何抗辩。”① 2022 年颁布实施的《中国国际贸易促进委员会共同海损理算规则》确立了和《海商法》一致的“先分摊、后追偿”的原则。但遗憾的是，2024 年公布的《海商法（修订草案）》中却将原第 197 条（修订草案中的第 207 条）中的“过失”改为“过错”，一字之差又引发了新的不一致。从概念范畴上讲，过错包括故意和过失，无论是《约安规则》还是《中国国际贸易促进委员会共同海损理算规则》所认可的“先分摊，后追偿”的前提条件是承运人可能存在过失的情形，但如果承运人主观存在过错且不符合《海牙规则》中的“可免责过失”中的“过错”情形，共同海损的牺牲和费用是不能获得理算和分摊的。《海商法（修订草案）》将原第 197 条从“过失”改为“过错”，大大拓展了航运人宣布共同海损并要求进行理算和分摊的范围，对于承运人或其代理人的故意行为引起的损失进行共同海损理算和分摊的结果必然会引发货方分摊后的追偿。这不仅增加了货方的成本和双方的讼累，而且明显对货方不公，同时也违背了《约安规则》和《中国国际贸易促进委员会共同海损理算规则》规定的“先分摊、后追偿”以提高共同海损案件处理效率的立法本意。

《中国国际贸易促进委员会共同海损理算规则》顺应法律一致性原则要求做了相应修订，建议《海商法（修订草案）》对原第 197 条的措辞不做改动，既维持立法本意，又与共同海损国际惯例和国内规则保持一致。

2. 改变国内立法与国际规则的不一致之处

《海商法》在制定过程中对国际海事惯例的大量借鉴使其呈现出明显的国际化和先进性，同时也保证了所纳入的国际惯例与立法目标的协调一致。但是，或者由于对国际惯例缺乏充分的解读，或者由于过分追求立法的本国特色，再或者可能仅仅是出于立法时的疏忽，《海商法》

---

① 中国国际贸易促进委员会海损理算处曾经试图对 1975 年《北京理算规则》进行修改，并形成了 1994 年《北京理算规则（草案）》，但由于诸多原因该草案并未予以公布实施。根据笔者搜集到的资料，即使是 1994 年《北京理算规则（草案）》也未改变“先定责、后理算”的原则。

在纳入国际惯例的过程中，对于与立法整体目标不相冲突的国际惯例做出了不必要的变更和取舍，而实际上，并没有充分的理由可以证明上述改动和取舍是出于对公平正义或其他特殊价值追求的需要。这些不适当的变更和取舍显然使国际惯例的整体性遭到破坏，人为地导致本国法与国际通行做法的冲突，与立法纳入国际惯例的初衷相悖。[①] 在共同海损领域，具体表现在两个方面。

(1)“共同海损”一章（《海商法》第十章）在制定过程中，第193条是对1974年《约安规则》字母规则A和字母规则C的纳入；第194条是对《约安规则》数字规则十的采用。1974年《约安规则》“解释规则”第2款中明确规定：“除数字规则已有规定的以外，共同海损应按字母规则理算。”也就是说，如果数字规则和字母规则发生了冲突，首先以数字规则为准。我国《海商法》第十章在制定过程中，主要是参照了1974年《约安规则》的规定，[②] 但是并没有保留该规则中的“解释规则”，这样在航程中船舶发生意外驶入避难港后发生的费用，究竟是按第193条（字母规则）所规定的原则适用，还是按照第194条（数字规则）中关于“避难港口”或“安全完成本航程”的规定适用，《海商法》并未明确。

修改建议：在《海商法》第十章中加入解释规则的内容，明确数字规则优先于字母规则适用，以保持我国法律规定与国际通行做法的一致性，同时也保证该法律更具可操作性，即在第194条加入第2款：“本条规定优先于193条适用。”[③]

(2)《海商法》第197条后半部分是这样规定的：“非过失方或者

---

① 参见陈亚芹：《有关海事国际惯例的立法思考》，载罗国华主编：《中国海事审判年刊(2007)》，人民交通出版社2008年版，第56页。

② 《海商法》第193条至第203条是以1974年《约安规则》为基础制定的。See Herbert M. Lord, *The New Chinese Maritime Code*, International Business Law Journal 7, p. 926 (1993).

③ 有学者认为《海商法》第193条第1款体现了共同安全主义，而194条体现了共同利益主义。协调二者之间的关系，应在193条后面再加上一句“本法另有规定者除外”。参见韩振兴：《我国共同海损制度相关问题研究——以〈2004年约克－安特卫普规则〉为视角》，大连海事大学2010年硕士学位论文。

过失方可以就此项过失提出赔偿请求或者进行抗辩。”从字面意思上分析，非过失方可以就过失提出赔偿请求或者抗辩，过失方也可以就过失提出赔偿请求或抗辩。这样逻辑上出现了混乱。非过失方可以就过失提出赔偿请求，既已提出赔偿其抗辩的理由是什么呢？过失方可以就非过失方的赔偿请求提出抗辩，其又怎么能够就自己的过失提出赔偿呢？而1974年《约安规则》字母规则D的后半部分的规定是：“但这不应妨碍就此项过失向过失方可能提出的任何赔偿要求或该过失方可能具有的任何抗辩。”分析该条款可知，向过失方提出赔偿请求的主体是非过失方；而过失方可以就此进行抗辩。我国立法者在纳入1974年《约安规则》的规定时所作出的取舍和变更，本意或许是为了追求言语的简洁，但导致法律条文意思的模棱两可，无法作出正确、一致的理解。

《海商法》第197条建议修改为：“引起共同海损特殊牺牲、特殊费用的事故，可能是由航程中一方的过失造成的，不影响该方要求分摊的权利；但是，非过失方可以就此项过失提出赔偿请求，过失方可以就非过失方的请求提出抗辩。”

3. 重视《海商法》与国际条约和外国法律的协调性

前文已经详细阐述了海上货物运输领域的国际海事公约通过对共同海损法律适用的作用进而影响到共同海损当事方的权利和义务，所以《海商法》中有关海上货物运输的法律适用问题也应成为立法者关注的对象。具有较强的统一化趋势是海事国际私法的特性之一，该领域存在着大量的国际条约是这种特性的重要体现，而且各国在制定各自的海商法时也比较注重同国际上的有关规定相统一，尽管这个国家可能并不是某一国际条约的缔约国或参加国。① 比如说，我国虽然不是《海牙规则》《海牙—维斯比规则》《汉堡规则》的缔约国或参加国，但是我国《海商法》第四章以《海牙—维斯比规则》为基础，并适当地吸收了《汉堡规则》的合理规定。② 所以，在修改《海商法》的过程中，要尽

---

① 参见王国华：《海事国际私法研究》，法律出版社1999年版，第7页。

② 参见王国华：《海事国际私法专题研究》，辽宁大学出版社2012年版，第50页。

量与国际条约保持统一和协调。

《海牙规则》《海牙—维斯比规则》《汉堡规则》都有地理适用范围的强制性规定。[①] 我国《海商法》第四章也是强制性规范，该章第44条第1句[②]明确规定了海上货物运输合同（提单）无效的情形，故只要相关提单纠纷属于我国《海商法》第四章调整的范围，则提单中的法律适用条款便有可能因为违反了《海商法》第四章的规定而被认定为无效。但《海商法》第四章没有规定自己的强制性适用范围，只有在合同没有另外约定，根据国际私法的一般原则确定的合同准据法是我国法律时，该章才能适用。由于没有强制性适用范围的规定，所以承运人仅仅通过一个法律选择条款就可以规避掉我国《海商法》确立的“不能通过合同条款减低自己的法定义务”的强制性规定的原则。在AO Smith Electrical Products（Changzhou）Co. Ltd. v. Blue Anchor Line 案[③]中，当事人约定运输涉及美国港口时要适用美国《1936年海上货物运输法》，虽然该法的相关规定违反我国《海商法》的强制性规定，但由于《海商法》的强制性不足而无法否定其效力。

另外，没有规定强制性适用范围还会导致我国《海商法》第四章的适用范围较为狭窄。实践中，我国的货物运输大部分都是和《海牙规则》《海牙—维斯比规则》《汉堡规则》其中至少之一的缔约国之间进行的，而这三个条约都有自己的强制性适用范围，因此，案件无论是在国外还是在国内审理，可能都必须适用条约或基于条约的外国立法。如从《海牙规则》的一个缔约国的港口到我国某港口的货物运输，提单在该缔约国签发，根据《海牙规则》的强制性适用范围规定，该提单

---

① 《海牙规则》适用于在缔约国签发的一切提单；《海牙—维斯比规则》增加了：（1）货物是从一个缔约国港口起运的；（2）提单中所载为提单所证明的合同规定适用公约或缔约国法律，上述两种情况下也应该适用《海牙—维斯比规则》。《汉堡规则》的适用范围进一步扩大为起运港、卸货港位于缔约国，或提单签发地是缔约国，或合同约定的备选卸货港之一是实际卸货港并位于缔约国，或合同约定适用公约或公约缔约国的法律。

② 《海商法》第44条第1句：“海上货物运输合同和作为合同凭证的提单或者其他运输单证中的条款，违反本章规定的，无效。”

③ AO Smith Electrical Products（Changzhou）Co. Ltd. v. Blue Anchor Line, 2011 WL 5506317（CFI），[2012] 1 HKLRD 301，[2011] HKEC 1525.

应该适用《海牙规则》。而如果是从我国某港口到《汉堡规则》某缔约国港口的运输，货物运输的目的地在《汉堡规则》缔约国，根据《汉堡规则》的规定，该运输合同应该强制适用《汉堡规则》。而如果是一个其运输法强制适用于所有进出其港口的国家，如美国，只要是我国和美国之间的运输，无论我国是起运地还是目的地，都只能适用美国法，这显然是非常不公平的，同时也不利于对我国当事人的保护。[①] 和其他条约一样，我国《海商法》也应该是对某些海上货物运输强制适用的，但遗憾的是哪些应该纳入强制适用的范围缺少法律依据。

也有学者认为，我国法院并没有因为《海商法》第四章没有规定强制适用的范围而使其强制性受到限制，其引用了"江苏省纺织品进出口集团股份有限公司诉北京华夏企业货运有限公司上海分公司等海上货物运输合同无单放货赔偿纠纷"案[②]来说明这一点。该案中涉案提单地区条款所指向的美国《1936 年海上货物运输法》及该法指明的美国《提单法》，允许承运人向记名收货人无单放货。最终，法院以该案中的地区条款违反了我国《海商法》第 44 条的强制性规定为由，对其法律效力不予认可，而以"直接适用的法律"适用我国《海商法》。但是上述案件中法院适用我国《海商法》是建立在管辖权是我国法院的前提下；如果案件不是在我国法院审理，我国的强制性规定就会被规避掉。而且司法实践中并不是所有的法院都持上述观点，在"福建省工艺品厦门进出口公司诉裕利航运有限公司等无单放货纠纷"案[③]中，根据提单背面条款约定的香港特别行政区法律，承运人在未获得正本记名提单的情形下即放货给指明的收货人并不违反承运人义务，虽然该法律规定与《海商法》有关承运人应承担凭单交货的强制性规定相冲突，但厦门海事法院仍认可了香港法律作为准据法的效力。在"广州市兆鹰五

---

① 参见尹东年、郭瑜：《海上货物运输法》，人民法院出版社 2000 年版，第 340 ~ 341 页。

② 上海海事法院民事判决书，（2003）沪海法商初字第 299 号；又见郑肇芳主编：《海上货物运输无单放货案例》，上海人民出版社 2006 年版，第 243 ~ 246 页。

③ 厦门海事法院民事判决书，（2004）厦海法事初字第 51 号。

金有限公司诉北京康捷空货运代理有限公司广州分公司等海上货物运输无提单交付货物纠纷”案[①]中，广州海事法院同样认为当事人在提单条款中约定适用美国《1936 年海上货物运输法》的意思表示不违反我国利益，从而确认了该条款的法律效力。

立法的不明确导致理论界的分歧，而理论界的分歧又造成了司法实践的不一致。为免于此，我国应规定《海商法》第四章强制适用的范围，既可以确保案件无论在哪个国家审理，我国的强制性法律规范都不会被规避，又可以避免司法实践中出现“同案不同判”的现象。大连海事大学修改《海商法》课题组已经充分意识到了这一问题，在其建议稿中将强制适用《海商法》的提单或者其他运输单证证明的海上货物运输合同限定为“单证的签发地或者合同的履行地在中华人民共和国境内的”[②]。由于我国《海商法》是在《海牙—维斯比规则》的基础上适当吸收了《汉堡规则》的合理性规定，因此关于第四章强制性适用范围的具体条款设计可以参照这两大规则。《海商法（修订草案)》充分采纳了这一建议，在“涉外关系的法律适用”章中第 297 条在原《海商法》第 269 条的基础上增加了“装货港或者卸货港位于中华人民共和国境内的国际海上货物运输合同，适用本法第四章的规定”。该修订弥补了我国《海商法》无法获得强制适用的缺憾，但是该补充条款的位置是否合适有待商榷。首先，该补充条款仅是规定符合条件的国际海上货物运输合同强制适用《海商法》第四章的规定，是放在原第 269 条的第 2 款的位置；原第 269 条第 1 款是关于所有的海商法相涉合同的选法规则，即当事人意思自治原则和最密切联系原则，其适用范围包括海上保险合同、救助合同、共同海损理算合同等。而增加的第 2 款仅仅与海上货物运输合同相关，法条覆盖范围不一，放在一起不妥。建议：《海商法》第四章增加第 46 条：“本章适用于在中华人民共和国签发的一切提单，货物的起运港、卸货港或备选卸货港之一位于中华人民共和

① 广州海事法院民事判决书，(2004) 广海法初字第 59 号。

② 司玉琢、胡正良主编：《〈中华人民共和国海商法〉修改建议稿条文、参考立法例、说明》，大连海事大学出版社 2003 年版，第 636 页。

国境内的，适用本章规定。”原来条款相应下移；或者将《海商法（修订草案）》第297条的两款分列在两个条款中，维持原第269条的完整性和统一性，另行增加就国际海上货物运输合同法律强制适用的单独条款。

完善我国的海商立法首先要强调系统化，不能只是各个法规的简单相加，或者是没有内在逻辑联系的条文的简单堆砌，而必须建立合理的体系结构，以协调法规之间的相互关系，避免条文之间的重复、交叉，甚至相互矛盾。[①] 由此，在修改我国《海商法》时既要考虑到规范内容的完整性，又要关注法规间、条文间的逻辑性和合理性。

本章小结

在国际海运业飞速发展的今天，如何让以公平原则为基础、共同分担风险为目的的共同海损制度更好地为海上货物运输保驾护航，是摆在立法者面前的一个重要课题。具体到我国，共同海损冲突法规则包括原则性规定和具体性规定两个方面。前者包括国际条约优先原则的规定，国际惯例补充原则的规定，公共秩序保留原则的规定，意思自治、最密切联系原则和分割法的规定四个方面；后者包括《海商法》第274条、第203条和第269条的具体规定。通过对宏观和微观两个方面的分析论述，笔者发现主要存在两个方面的不足：第一，法律规范之间存在冲突，既包括同一法律规定的冲突，也包括不同法律和规范之间的冲突。第二，法律规定不够全面，包括对共同海损法律适用原则和具体规定的不全面两个方面。

国际上关于共同海损方面的立法大体上遵循“消除法律或规则中过

---

① 参见毕道俊、汪金兰：《我国海事国际私法立法问题探析——兼评〈民法典（草案）〉相关条款的不足和完善》，载金正佳主编：《中国海事审判年刊》（2005年），人民交通出版社2006年版，第342页。又见毕道俊：《中国海事冲突法的立法研究》，安徽大学2007年硕士学位论文。

时的内容，并随着航运实践以及立法的发展对其进行补充和完善，使共同海损制度与其他法律制度相统一”的原则。[①]《海商法》修订专家已经充分意识到了修法的必要性，但是《海商法（修订草案）》中依然存在着这样那样的问题。建议在实体内容方面，我国《海商法》应该吸收2004年和2016年《约安规则》中的合理和先进之处，与2022年《中国国际贸易促进委员会共同海损理算规则》同步修订，使得国内共同海损制度与发展着的国际国内理算规则协调统一，以减少法律冲突。在冲突法方面，《海商法》中有关共同海损法律冲突的立法规定应该竭力避免不同章节之间的冲突，尽量使得相关规定全面并具有可操作性，与国际上海事冲突立法的发展趋势相一致。我国《海商法》中的共同海损法律规则需要与时俱进，唯有如此，才能满足客观实践的需要，有效地避免和解决共同海损纠纷。由此，《海商法》的修改任务依然任重而道远！

① 参见司玉琢主编、冯闻军等撰：《国际海事立法趋势及对策研究》，法律出版社2002年版，第409页。

参考文献

一、著作类

［1］肖永平：《法理学视野下的冲突法》，高等教育出版社 2008 年版。

［2］李玉泉：《保险法》（第 2 版），法律出版社 2003 年版。

［3］侯军、侯广燕编著：《当代海事法律适用法学》，世界图书出版公司 1998 年版。

［4］王国华：《海事国际私法研究》，法律出版社 1999 年版。

［5］王国华：《海事国际私法专题研究》，辽宁大学出版社 2012 年版。

［6］王国华：《海事国际私法原论》，北京大学出版社 2007 年版。

［7］黄进主编：《国际私法》，法律出版社 1999 年版。

［8］屈广清主编：《海事国际私法新编》，法律出版社 2005 年版。

［9］傅静坤：《契约冲突法论》，法律出版社 1999 年版。

［10］韩德培、李双元主编：《国际私法教学参考资料选编》（上册），武汉大学出版社 1991 年版。

［11］王恩韶、许履刚：《共同海损》，大连海事大学出版社 1996 年版。

［12］胡正良主编：《海事法》（第 2 版）（修订本），北京大学出版社 2012 年版。

［13］司玉琢、李志文主编：《中国海商法基本理论专题研究》，北京大学出版社 2009 年版。

［14］司玉琢主编：《海商法学案例教程》，知识产权出版社 2003

年版。

［15］王千华、向明华主编：《海商法》（第 2 版），中山大学出版社 2007 年版。

［16］司玉琢：《海商法专论》，中国人民大学出版社 2007 年版。

［17］司玉琢主编、冯闻军等撰：《国际海事立法趋势及对策研究》，法律出版社 2002 年版。

［18］李浩培：《李浩培文选》，法律出版社 2000 年版。

［19］饶中享主编、王建新等撰稿：《海事应用法学研究》，湖北人民出版社 2004 年版。

［20］杨良宜：《航运实务丛谈：海事法》（第 8 册），大连海事大学出版社 1999 年版。

［21］杨良宜编著：《航运实务丛谈：提单》（第 1 册）（第 2 版），大连海运学院出版社 1994 年版。

［22］司玉琢主编：《海商法专题研究》，大连海事大学出版社 2002 年版。

［23］韩德培著、黄进等编：《韩德培文选》，武汉大学出版社 1996 年版。

［24］韩德培主编：《国际私法》，高等教育出版社 2000 年版。

［25］韩立新：《海事国际私法》，大连海事大学出版社 2001 年版。

［26］李双元、蒋新苗主编：《现代国籍法》，湖南人民出版社 1999 年版。

［27］司玉琢等编著：《海商法详论》，大连海事大学出版社 1995 年版。

［28］张丽英、赵劲松、赵鹿军编：《中英海上保险法原理及判例比较研究》，大连海事大学出版社 2006 年版。

［29］张湘兰编著：《海上保险法》，中国政法大学出版社 1997 年版。

［30］邓正来：《美国现代国际私法流派》（修订版），中国政法大学出版社 2006 年版。

［31］陈小云：《英国国际私法本体研究》，知识产权出版社 2008 年版。

［32］黄进主编：《国际私法》，法律出版社 1999 年版。

［33］秦瑞亭：《冲突法的理论与实务》，对外经济贸易大学出版社 2007 年版。

［34］陈卫佐：《比较国际私法——涉外民事关系法律适用法的立法、规则和原理的比较研究》，法律出版社 2012 年版。

［35］金正佳、翁子明：《中国海事审判的理论与实践》，海天出版社 1993 年版。

［36］侯军主编：《当代海事国际私法》，上海科学技术文献出版社 1990 年版。

［37］吴焕宁主编、陈文秋等撰：《海商法学》（第 2 版），法律出版社 1996 年版。

［38］郁志轰、沈秋明编著：《海商法学》，杭州大学出版社 1996 年版。

［39］沈木珠：《海商法比较研究》，中国政法大学出版社 1998 年版。

［40］赵国玲：《海商法概论》，北京大学出版社 2000 年版。

［41］司玉琢主编：《海商法》，法律出版社 2003 年版。

［42］郭瑜：《海商法的精神——中国的实践和理论》，北京大学出版社 2005 年版。

［43］邢海宝：《海商提单法》，法律出版社 1999 年版。

［44］金正佳主编：《中国典型海事案例评析》，法律出版社 1998 年版。

［45］金正佳主编：《中国海事审判年刊（2000）》，人民交通出版社 2000 年版。

［46］邵景春：《国际合同——法律适用论》，北京大学出版社 1997 年版。

［47］李守芹：《海事诉讼与海事（商）法》（第 2 版），人民法院

出版社 2007 年版。

[48] 司玉琢、胡正良主编：《〈中华人民共和国海商法〉修改建议稿条文、参考立法例、说明》，大连海事大学出版社 2003 年版。

[49] 刘萍：《无单放货中国际私法问题研究——基于中国的理论分析与实证考察》，法律出版社 2008 年版。

[50] 郑肇芳主编：《海上货物运输无单放货案例》，上海人民出版社 2006 年版。

[51] 张忠晔主编：《各国和各地区海商法比较》，人民交通出版社 1994 年版。

[52] 屈广清、赵劲松等编：《海事判决和仲裁裁决的执行——英国典型海事案例评析》，大连海事大学出版社 2006 年版。

[53] 袁发强主编：《海商法案例教程》，北京大学出版社 2012 年版。

[54] 邹志洪主编：《海上保险追偿法律与实务》，首都经济贸易大学出版社 2011 年版。

[55] 许军珂：《国际私法上的意思自治》，法律出版社 2006 年版。

[56] 丁伟主编：《国际私法学》，上海人民出版社 2004 年版。

[57] 傅廷中：《海商法论》，法律出版社 2007 年版。

[58] 韦经建编著：《海商法》（修订版），吉林人民出版社 1996 年版。

[59] 吴焕宁主编：《国际海上运输三公约释义》，中国商务出版社 2007 年版。

[60] 汤能忠主编：《海事司法理论与实践》，法律出版社 2002 年版。

[61] 尹东年、郭瑜：《海上货物运输法》，人民法院出版社 2000 年版。

二、译著类

[1] [加] 威廉·泰特雷：《国际冲突法：普通法、大陆法及海事

法》，刘兴莉译，黄进校，法律出版社2003年版。

［2］［英］Donald O'may、［英］Juliam Hill：《OMAY海上保险——法律与保险单》，郭国汀等译，法律出版社2002年版。

［3］［加］威廉·泰特雷：《国际海商法》，张永坚等译，法律出版社2005年版。

［4］［美］伯尔曼：《法律与革命——西方法律传统的形成》，高鸿钧等译，中国大百科全书出版社1993年版。

［5］［美］G. 吉尔摩、C. L. 布莱克：《海商法》（上），杨召南等译，中国大百科全书出版社2000年版。

［6］［挪］S. 布雷柯斯：《国际航运中的法律选择》，侯军译，载《上海海运学院学报》丛书（法律），上海海运学院出版社（现大连海事大学出版社）1988年版。

［7］［英］莫里斯：《法律冲突法》，李东来等译，中国对外翻译出版公司1990年版。

［8］［日］北胁敏一：《国际私法——国际关系法II》，姚梅镇译，法律出版社1989年版。

［9］［德］马丁·沃尔夫：《国际私法》，李浩培、汤宗舜译，法律出版社1988年版。

［10］［英］沃克编辑：《牛津法律大辞典》，北京社会与科技发展研究所译，光明日报出版社1988年版。

［11］［法］达维德：《当代主要法律体系》，漆竹生译，上海译文出版社1984年版。

［12］［法］巴蒂福尔、［法］拉加德：《国际私法总论》，陈洪武等译，中国对外翻译出版公司1989年版。

［13］［日］加藤修：《国际海上运输货物保险实务》，周学业、王秀芬译，大连海事大学出版社1995年版。

［14］［美］博登海默：《法理学——法哲学及其方法》，邓正来、姬敬武译，华夏出版社1987年版。

三、文集类

［1］陈亚芹：《有关海事国际惯例的立法思考》，载罗国华主编：《中国海事审判年刊（2007）》，人民交通出版社2008年版。

［2］缪建民：《〈1974年约克·安特卫普规则〉的修改》，载《中国海商法年刊》1990年第0期。

［3］王国华：《我国海事法律适用法立法问题研究》，载上海海事大学海商法研究中心编：《海大法律评论（2006）》，上海社会科学院出版社2007年版。

［4］彭高俭：《认识〈约克—安特卫普规则〉的几个重要角度》，载《中国海商法年刊》2007年第0期。

［5］郭萍、荣璞珉等：《国际海事立法最新动态——国际海事委员会第40届大会（北京）会议综述》，载《中国海商法研究》2012年第4期。

［6］李海：《论海事优先权法律冲突的解决途径》，载大连海运学院国际海事法律系编：《海商法论文集》，学术书刊出版社1989年版。

［7］叶伟膺：《评〈2004年约克—安特卫普规则〉》，载《中国海商法年刊》2004年第0期。

［8］叶伟膺：《〈2016年约克—安特卫普规则〉评介》，载上海海事大学海商法研究中心编：《海大法律评论2016－2017》，上海浦江教育出版社2017版。

［9］胡正良：《试论船舶碰撞中的法律适用问题》，载大连海运学院国际海事法律系编：《海商法论文集》，学术书刊出版社1989年版。

［10］陈波：《对我国〈海商法〉中“共同海损”一章的修改意见》，载《中国海商法年刊》2001年第0期。

［11］傅廷中：《海商法系列讲座（四十七）——共同海损与当事人过失的关系》，载《世界海运》2003年第2期。

［12］郭玉军、徐锦堂：《从统计分析看我国涉外民商事审判实践的发展》，载黄进、肖永平、刘仁山主编：《中国国际私法与比较法年

刊·2007》第10卷，北京大学出版社2009年版。

［13］任明艳：《最密切联系原则适用中的问题与对策研究》，载郑鄂主编：《中国涉外商事审判研究》（第2辑），法律出版社2011年版。

［14］王国华：《涉外海事合同法律适用问题探析》，载上海海事大学海商法研究中心编：《海大法律评论2007》，上海社会科学院出版社2008年版。

［15］郭春风：《论航运惯例》，载大连海运学院国际海事法律系编：《海商法论文集》，学术书刊出版社1989年版。

［16］郭国汀：《提单法律适用条款与首要条款若干问题研究》，载北京大学法学院海商法研究中心主编：《海商法研究》（总第2辑），法律出版社2000年版。

［17］韩立新：《论提单中有关法律适用条款》，载《中国海商法年刊》1996年第0期。

［18］吴冬：《浅论提单中的准据法条款》，载陈安主编：《国际经济法学刊》（第8卷），北京大学出版社2004年版。

［19］龚婕：《论提单法律适用的一般原则》，载金正佳主编：《中国海事审判年刊（2000）》，人民交通出版社2000年版。

［20］刘栋：《论提单中的首要条款》，载关正义主编：《海事审判实务研究》，大连海事大学出版社2006年版。

［21］刘晓红：《仲裁条款独立性理论的法理及实证探析》，载王虎华、丁成耀主编：《当代国际法论丛》（国际私法卷），上海人民出版社2003年版。

［22］刘寿杰：《租约仲裁条款并入提单——海事仲裁裁决司法审查的理论与实践》，载关正义主编：《海事审判实务研究》，大连海事大学出版社2006年版。

［23］黄永申：《英国“租约并入提单”百年史话及现状》，载《中国海商法年刊》2009年第Z1期。

［24］叶伟膺：《空载航程共同海损——兼谈船舶保险条款（共损部分）的修改》，载唐金龙主编：《海商法保险法评论》（第1卷），知

识产权出版社 2007 年版。

[25] 步玉春：《一起被保险船舶空载航行共同海损保险索赔纠纷案》，载《中国海商法年刊》1998 年第 0 期。

[26] 黄进、杜焕芳：《关于我国法院审理涉外海事案件适用法律情况的分析》，载金正佳主编：《中国海事审判年刊（2004）》，人民交通出版社 2005 年版。

四、期刊类

[1] 丁伟：《论国际海商海事领域法律适用的特点》，载《法学》1997 年第 2 期。

[2] 禹华英：《论海事国际私法中的法律适用》，载《现代法学》1998 年第 3 期。

[3] 吕岩峰：《"适当论"：国际合同法律适用理论的归结与扬弃》，载《法制与社会发展》1999 年第 5 期。

[4] 吕岩峰：《英国"适当法理论"之研究》，载《吉林大学社会科学学报》1992 年第 5 期。

[5] 徐崇利：《我国冲突法立法应拓展意思自治原则的适用范围》，载《政治与法律》2007 年第 2 期。

[6] 刘想树：《论最密切联系的司法原则化》，载《现代法学》2012 年第 3 期。

[7] 王国华：《涉外海事合同法律适用原则及发展》，载《上海海事大学学报》2009 年第 2 期。

[8] 陈宪民：《海事法律冲突研究》，载《河北法学》2006 年第 9 期。

[9] 杨建国编译：《英国法下共同海损理算地点和适用法律》，载《中国对外贸易》2000 年第 2 期。

[10] 董水清：《论提单中载入首要条款的必要性》，载《中国海商法研究》2013 年第 2 期。

[11] 韩立新：《论提单中有关法律适用条款》，载《中国海商法年

刊》1996年第0期。

［12］高晓力：《最高人民法院〈关于适用《中华人民共和国涉外民事关系法律适用法》若干问题的解释（一）〉解读》，载《法律适用》2013年第3期。

［13］涂广建：《解读我国〈涉外民事关系法律适用法〉》，载《时代法学》2011年第2期。

［14］陈卫佐：《涉外民事关系法律适用法的中国特色》，载《法律适用》2011年第11期。

［15］陈卫佐：《涉外民事法律适用法的立法思考》，载《清华法学》2010年第3期。

［16］袁发强：《中国涉外海事仲裁中法律适用状况评析》，载《华东政法大学学报》2009年第4期。

［17］张梅生：《试论共同海损的成立与共同海损不理算的关系——兼谈我国〈海商法〉第197条规定》，载《法学》2001年第10期。

［18］杨斐：《从〈海商法〉的特点看我国法制国际化的趋势》，载《现代法学》1998年第1期。

五、英文专著类

［1］René David, *The International Unification of Private Law*, Koninklijke Brill NV, 1975.

［2］Raoul P. Colinvaus, *General Average and York Antwerp Rules*, The Law Book Co. of Australia Pty Ltd., 1975.

［3］David W. Robertson et al., *Admiralty and Maritime Law in the United States*, 2nd ed., Carolina Academic Press, 2008.

［4］Grant Gilmore & Charles L. Black, *The Law of Admiralty*, 2nd ed., The Foundation Press, Inc., 1975.

［5］Shirley Robin Letwin, *On the History of the Idea of Law*, Cambridge University Press, 2005.

［6］Schoenbaum & Thomas J., *Admiralty and Maritime Law*,

4th ed. ,Thomson/West, 2004.

[7] Victor Dover, *A Handbook to Marine Insurance: Being a Guide to the History, Law and Practice of an Integral Part of Commerce, for the Business Man and the Student*, 2nd ed. , H. F. & G. Witherby, 1924.

[8] Travers Twiss, *The Black Book of the Admiralty*, Vol. 3, Longman & Co. , Trubner & Co. , Patternoster Row, 1874.

[9] Schoenbaum, Thomas J. , *Admiralty and Maritime Law*, 4th ed. ,Thomson/West, 2004.

[10] Oppenheim, *International Law*, Vol. 1, 8th ed. , Oxford University Press, 1955.

[11] D. Rose, *General Average: Law and Practice*, Informa Publishing, 1997.

[12] David W. Robertson et al. , *Admiralty and Maritime Law in the United States*, 2nd ed. , Carolina Academic Press, 2008.

[13] D. J . Wilson, *The Law of General Average and the York-Antwerp Rules*, 11th ed. , Sweet & Maxwell, 1990.

[14] Leslic J. Buglass, *American Law and Practice*, Columbia University Press, 1974.

[15] Arnould et al. , *Arnould's Law of Marine Insurance and Average*, 17th ed. , Sweet & Maxwell, 2008.

[16] Leslie J. Buglass, *American Law and Practice*, Columbia University Press, 1974.

[17] Lowndes & Rudolf, *The law of General Average and the York-Antwerp Rules*, 13th ed. , Sweet & Maxwell, 2008.

[18] Peter Nygh, *Autonomy in International Contracts*, Oxford University Press, 1998.

[19] Peter North & J. J. Fawcett, *Cheshire and North's Private International Law*, 13th ed. , Butterworths & Co. Ltd. , 1999.

[20] Gerard J. Mangone, *United States Admiralty Law*, Kluwer Law

International, 1997.

[21] Francis Bacon, *The Advancement of Learning*, Book II, The Clarendon Press, 1876.

[22] Alan Mitchelhill, *Bills of Lading: Law and Practice*, Chapman and Hall Ltd., 1982.

[23] Dicey & Morris, *Dicey and Morris on the Conflict of Laws*, 13th ed., Sweet & Maxwell, 2000.

[24] Grant Gilmore & Charles L. Black, *The Law of Admiralty*, 2nd ed., The Foundation Press, Inc., 1975.

[25] Friedrich K. Juenger, *Choice of Law and Multistate Justice*, Martinus Nijhoff Publishers, 1992.

六、英文期刊类

[1] Michael Kerr, *The International Convention on Salvage* 1989 - *How It Came to Be*, International & Comparative Law Quarterly 39 (1990).

[2] N. Geoffrey Hudson, *York-Antwerp Rules, the Principles and Practice of General Average Adjustment*, Arbitration 63 (1997).

[3] Sukhninder Panesar, The Shipment of Dangerous Goods and Strict Liability, International Company and Commercial Law Review 9 (1998).

[4] Francis D. Rose, *General Average: Law and Practice*, Law Quarterly Review 114 (1998).

[5] O. Geoffrey Hudson, *York/Antwerp Rules*, Arbitration 58 (1992).

[6] P. Hugo Tiberg, *Lowndes & Rudolf on the Law of General Average and the York-Antwerp Rules*, Civil Justice Quarterly 13 (1994).

[7] W. Paul Gormley, *The Development of the Rhodian-Roman Maritime Law to* 1681, *with Special Emphasis on the Problem of Collision*, Inter-American Law Review 3 (1961).

[8] Raymond P. Hayden & Kipp C. *Leland*, *General Average - Issues to Consider*, University of San Francisco Maritime Law Journal 23 (2010 - 2011).

[9] N. Geoffrey Hudson, *The Association of Average Adjusters*, Arbitration, Vol. 50: 2 (1984).

[10] Nicholas Kouladis, *The Legal Status of Average Adjusters*, Journal of Business Law (1994).

[11] Raymond P. Hayden & Kipp C. Leland, *General Average - Issues to Consider*, University of San Francisco Maritime Law Journal 23 (2010 - 2011).

[12] A. J. E. Jaffey, *Statutes and Choice of Law*, Law Quarterly Review 100 (1984).

[13] F. A. Mann, *Uniform Statutes in English Law*, Law Quarterly Review 99 (1983).

[14] Regina Asariotis, *Implications of a "British" Jurisdiction Clause*, Journal of Business Law (1992).

[15] Regina Asariotis, *Contracts for the Carriage of Goods by Sea and Conflict of Laws*, Journal of Maritime Law and Commerce, Vol. 26: 2 (1995).

七、国外案例类

[1] Birkley and Others *v.* Presgrave, (1801) 1 East 220, 102 E. R. 86.

[2] The "Star of Hope", 76 U. S. 203, 1869 WL 11539 (U. S. Cal.), 2004 A. M. C. 1198, 19 L. Ed. 638, 9 Wall. 203.

[3] Rebora *v.* British & Foreign Marine Ins. Co., 1932 A. M. C. 403 (N. Y., 1932).

[4] The "Admiral Zmajevic", also known as Jugoslavenska Oceanska Plovidba *v.* American Smelting and Refining Co., [1983] 2 Lloyd's Rep. 86.

[5] The "Evje" (No. 2), also known as EB Aaby's Rederi A/S *v.* Union of India, [1978] 1 Lloyd's Rep. 351.

[6] Tempus Shipping Co. Ltd. *v.* Louis Dreyfus & Co., [1931] A. C. 726.

[7] The "Irrawaddy", also known as Flint *v.* Christall, 171 U. S. 187, 18 S. Ct. 831 U. S. 1, 898, 2004 A. M. C. 1804, 43 L. Ed. 130.

[8] The "Yucatan", also known as New York & C. Mail S. S. Co. *v.* Ansonia Clock Co., 139 F. 894, D. C. N. V. 1905.

[9] The "Jason", 225 U. S. 32, 32 S. Ct. 560 U. S. 1, 912, 2004 A. M. C. 2387, 56 L. Ed. 969.

[10] Chandris *v.* Isbrandtsen-Moller Co. Inc., [1951] 1 K. B. 240.

[11] The "Alpha", also known as Corfu Navigation Co. *v.* Mobil Shipping Co., [1991] 2 Lloyd's Rep. 515.

[12] Coast Lines *v.* Hudig & Veder Chartering NV, [1972] 2 Q. B. 34, [1972] 2 W. L. R. 280, [1972] 1 All E. R. 451, [1972] 1 Lloyd's Rep. 53.

[13] Lauritzen *v.* Larsen, 345 U. S. 571, 73 S. Ct. 921 U. S. 1, 953, 1953 A. M. C. 1210, 97 L. Ed. 1254.

[14] The "Assunzione", [1954] P. 150, [1954] 2 W. L. R. 234, [1954] 1 All E. R. 278, [1953] 2 Lloyd's Rep. 716, (1954) 98 S. J. 107.

[15] The "Asya", [1948] A. C. 351.

[16] Simonds *v.* White (1824) 2B. & C. 805, 811; 4 D. & R. 375; 2 L. J. O. S. K. B. 159; 107 E. R, 582.

[17] Fletcher *v.* Alexander, (1867 – 1868) L. R. 3 C. P. 375.

[18] Tata, Inc. *v.* Farrell Lines, Inc., 1985 WL 1666 (S. D. N. Y.).

[19] Mavro and Another *v.* The Ocean Marine Insurance Company, (1874 – 1875) L. R. 10 C. P. 414.

[20] Hill *v.* Wilson, (1879) 4 C. P. D. 329.

[21] Wavertree Sailiing Ship Company *v.* Love, [1897] A. C. 373.

[22] Green Star Shipping Co. Ltd. *v.* London Assurance, [1933] 1 K. B. 378, 1931 WL 26378, (1931) 39 Ll. L. Rep. 213.

[23] Pacific Employers Ins. Co. *v.* M/V Capt. W. D. Cargill, 751F. 2d 801, 1986 A. M. C. 1058 (5Cir. 1985).

[24] Zim Israel Navigation Co. v. 3 – D Imports, Inc.

[25] The "Armar", also known as Armar Shipping Co. *v.* Caisse Algerienne d'Assurance et de Reassurance, [1981] 1 W. L. R. 207.

[26] Milburn & Co. *v.* Jamaica Fruit Importing and Trading Company of London, [1900] 2 Q. B. 540.

[27] The "Iran Vojdan", also known as Dubai Electricity Co. *v.* Islamic Republic of Iran Shipping Lines, [1984] 2 Lloyd's Rep. 380.

[28] Tzortzis and Another *v.* Monark Line A/B, [1968] 1 W. L. R. 406.

[29] The "Freights Queen", also know as Mineracoas Brasilieras Reunidas *v.* EF Marine SA, [1977] 2 Lloyd's Rep. 140.

[30] The "Parouth", also known as Compania Naviera Micro SA *v.* Shipley International Inc, [1982] 2 Lloyd's Rep. 351.

[31] The "Komninos S", also known as Hellenic Steel Co. *v.* Svolamar Shipping Co. Ltd. , [1991] 1 Lloyd's Rep. 370.

[32] Vita Food Products Inc *v.* Unus Shipping Co. Ltd. , [1939] A. C. 277, [1939] 1 All E. R. 513, (1939) 63 Ll. L. Rep. 21.

[33] The "Njegos", [1936] 1 Lloyd's Rep. 286, [1936] P. 90, (1935) 53 Ll. L. Rep. 286, 1935 WL 7912.

[34] Crooks *v.* Allan, also known as Crooks & Co. and Another *v.* Allan and Another, (1879) 5 Q. B. D. 38.

[35] Thomas *v.* Portsea, also known as T. W. Thomas & Co. Limited *v.* Portsea Steamship Company, Limited, [1912] A. C. 1.

[36] The "Annefield", also known as Owners of the Annefield *v.* Owners of Cargo Lately Laden on Board the Annefield, [1971] P. 168, [1971] 2 W. L. R. 320, [1971] 1 All E. R. 394, [1971] 1 Lloyd's Rep. 1.

[37] The "Nerarno", also known as Daval Aciers D'Usinor et de Sacilor *v.* Armare Srl, [1994] 2 Lloyd's Rep. 50.

[38] Siboti K/ S *v.* BP France SA, [2003] EWHC 1278 (Comm), [2003] 2 Lloyd's Rep. 364, [2004] 1 C. L. C. 1.

[39] The "Delos", also known as Owners of Cargo Lately Laden on Board the MV Delos *v.* Delos Shipping Ltd. , [2001] 1 All E. R. (Comm) 763, [2001] 1 Lloyd's Rep. 703.

[40] Son Shipping Co. *v.* De Fosse & Tanghe, 199 F. 2d 687, C. A. 2 1, 952, 1952 A. M. C. 1931.

[41] Transocean Gulf Oil Co. *v.* Parapada Shipping Co. Ltd. , 547 F. Supp. 93, 1983 A. M. C. 1257.

[42] Henkel, K. G. *v.* M/T Stolt Hippo, 1980 A. M. C. 2618.

[43] Bunge Corp. *v.* M/T Stolt Hippo, 1980 A. M. C. 2611.

[44] Aitchison *v.* Lohre (1879) 4 App. Cas. 755 at 760 per Lord Blackburn.

[45] James Nelson & Sons, Limited *v.* Nelson Line (Liverpool), [1906] 2 K. B. 217.

[46] Oriental Fire & General Ins. Co. *v.* American President Lines, [1968] 2 Lloyd's Rep. 372, (1968) 118 N. L. J. 1126.

[47] The "Esso Bernicia", also known as Esso Petroleum Co. Ltd. *v.* Hall Russell & Co. Ltd. , [1989] 1 Lloyd's Rep. 8.

[48] The "Sucarseco", [1935] 51 Ll. L. Rep. 238.

八、学位论文类

[1] 莫振坤：《中世纪欧洲海商法研究（11 至 15 世纪）》，华东政

法大学 2013 年博士学位论文。

［2］汤立鑫：《论国际代理制度法律冲突的解决》，大连海事大学 2002 年硕士学位论文。

［3］王小波：《〈罗得海商法〉研究》，东北师范大学 2010 年博士学位论文。

［4］王建新：《论海事国际惯例的适用》，武汉大学 2004 年硕士学位论文。

［5］肖建依：《无单放货国际私法问题研究》，复旦大学 2009 年硕士学位论文。

［6］申佳慧：《共同海损法律制度研究》，哈尔滨工程大学 2010 年硕士学位论文。

［7］龚轶：《论海事关系的法律适用》，吉林大学 2004 年硕士学位论文。

［8］韩振兴：《我国共同海损制度相关问题研究——以〈2004 年约克—安特卫普规则〉为视角》，大连海事大学 2010 年硕士学位论文。

［9］毕道俊：《中国海事冲突法的立法研究》，安徽大学 2007 年硕士学位论文。

后　记

当本书定稿之际，我如释重负地长舒一口气。在三年的读博生涯里，我完成了一系列人生大事，深知自己已竭尽全力。博士论文答辩结束后，我踏上了法律实务的征程，后期又涉足投资领域，然而，心中的海商梦始终难以忘怀。对船舶、对货物运输、对海运领域的特殊制度，总有一种难以言喻的亲切感。2022 年，我的学术生涯再度开启，当再次翻开当年的论文时，一种熟悉感扑面而来，曾经那些“痛苦”的思索，如今已成为镌刻在我大脑深处的密码，一旦开启，便如潮水开闸般汹涌而出，势不可当。

共同海损制度作为国际航运领域的重要制度，其公平性一直为世界所赞誉。然而，随着时代的发展，国际海上货物运输发生了巨大的变化。当我们深入研究共同海损制度的新发展时，不禁感慨其面临的挑战之严峻。船舶积载量和货方数量的增多，使共同海损分摊的情况变得更加复杂。货方积极主张共同海损分摊，同一航程中货物票数的大量增加，无疑给法律适用带来了巨大的压力。航海过失免责制度的逐步取消，意味着责任的重新划分，这也对共同海损制度产生了深远的影响。而保险制度的日益发展虽然为各方提供了一定的保障，但也在一定程度上改变了共同海损的处理方式。

恰值《海商法》修订之时，想看看当年自己的建议有多少得到了关注，又有几个被采纳。结果令人欣慰，我当年的思考价值已有充分体现。借此契机，不揣浅陋，在原来博士论文的基础上融入新的思考，并结合《海商法（修订草案)》再次提出个人的意见和建议，以期抛砖引玉，引发争鸣和讨论。本书研究不仅是为了推动共同海损制度不断适应时代的发展，更是为了让我国的《海商法》具备与时俱进的实践性品格，为繁荣中国的海洋经济贡献法律人的一份力量！

作　者

2024 年 11 月 18 日